弓射の文化史

【近世～現代編】

射芸の探求と教育の射

入江康平 著

雄山閣

『**流鏑馬図巻**』1巻　板谷慶舟筆　江戸時代（馬の博物館蔵）
江戸時代の流鏑馬の風景が描かれている。

『**犬追物図巻**』1巻　江戸時代（馬の博物館蔵）
江戸時代の犬追物の風景が描かれている。

重文『三十三間堂通矢図屏風』6曲1隻　17世紀

（公益財団法人 阪急文化財団　逸翁美術館蔵）

画面いっぱいに京都三十三間堂が置かれ、その堂の西縁の軒下で行われている通矢の様子が描かれている。

『流鏑馬之図』 小林幾英筆（筆者蔵）
明治 12 年 8 月、東京・上野公園でグラント将軍同伴の天皇行幸のもとに流鏑馬・犬追物が開催された。この絵は犬追物ではないかと思われる。

はじめに

文化とは人類がこれまで創造してきた有形無形の成果の総体であるということが出来るが、わが国は地理的に日本海を挟み大陸と不即不離の微妙な距離に位置し、また温暖で穏やかな自然環境にあり、原始・古代より大陸の先進文化を採り入れ、それをわが国の風土に適した独自の文化として醸成させてきた。個人に帰する戦闘技術とそれにまつわるさまざまな所産、すなわち武術文化も先哲が長年にわたり創り上げ継承してきた貴重な文化の一つであるといえよう。

武術文化の流れ

この武術文化は世界のほとんどの民族や地域に存在しており、その在り方はそれぞれの置かれた風土の中で育まれた歴史を背景に、特徴ある武術文化を形成し今日に至っている。

世界の武術を管見すると、いずれの民族や地域でも当初は身体そのもののみの操作に頼るものであったが、その後身体の延長としてさまざまな道具（武器）を創りだし、その効果的な操作法を工夫するようになった。この武術の実利・実戦性は世界の各民族や地域に共通するものであり、武術が本来持っているもっとも素朴かつ原初的な性格である。しかし近代になり兵器が発達し、武術の実利的意義が後退することにより、消滅したり伝統文化として細々と継承している在り方がみられる一方、新たに近代スポーツとして蘇生し、世界的に普及発展しているケースもある。

しかしわが国の武術は実利性が希薄になった近世以降において新たに芸道性や教育性にその意義を見いだし、また近・現代においは学校教育教材にも採用され今日に至っている。

弓射文化の学術研究

さてわが国では武術文化について古来より関心が持たれ、関連史・資料が数多く残されているが、この分野を学術的研究の対象として本格的に取り組むようになったのは五輪東京大会が開催された後の昭和四十年代以降のことである。弓射に関する学術研究も他武術分野と軌を同じくしているが、その中でわが国の弓射を通史的に述べた代表的な出版物を管見すると次のようである。

・『弓道及弓道史』斎藤直芳・浦上榮共著　平凡社　昭和十年
・『弓道講座』（全二二巻）雄山閣　昭和十二～十七年：斎藤直芳「日本弓道史」（第一・二・一九・二〇巻）／小山松吉「日本弓道概論」（第一・一七巻）
・『明治前日本造兵史』斎藤直芳　日本学術振興会　昭和三十五年
・『日本武道全集』（全七巻）東京教育大学体育史研究室・日本古武道振興会共編　昭和四十一～四十二年：石岡久夫「弓術編」（第四巻）
・『現代弓道講座』（全七巻）雄山閣　昭和四十五年：小山高茂「日本弓道概論」／斎藤直芳「日本弓道史」／石岡久夫「弓道流派の沿革と特徴」／村上久「現代弓道の発達」（第一巻　総論編）
・『日本武道大系』（全一〇巻）同朋舎　今村嘉雄　他編　昭和五十七年：石岡久夫・入江康平共編「弓術編」（第四巻）／石岡久夫「弓道史」（第一〇巻）
・『日本の武道』（全一五巻）今村嘉雄　他編　講談社　昭和五十八年：今村嘉雄・入江康平・他編「弓道・なぎなた」

（第四巻）
・『近世日本弓術の発展』石岡久夫　玉川大学出版部　平成五年
・『弓道　その歴史と技法』松尾牧則　日本武道館　平成二十五年

その他、特定の課題に対するすぐれた研究論文や関連文献が多数公刊されている（巻末の主な引用・参考文献参照）。これらの中には時代を反映した皇国史観的な記述や史・資料を中心とした内容、さらにはある特定の時代や分野に重点を置いたものもある。

本書の構成・内容

そこで本書はこれまでわが国の弓射史に関してほぼ定着した研究成果を他の研究分野の実績を引・援用しながら、文化史的視点から総合的にまとめ、現代弓道に携わる人々等の利便に供したいと考え上梓したものである。

本書の構成は歴史学で用いられる原始、古代、中世、近世、近現代の五時代区分とし、原始～中世を上巻、近世～近現代を下巻とする二分冊とした。

上巻「原始～中世編」では主な武道用語の名辞について解説し、原始狩猟生活と弓射、古代では大陸の弓射思想の影響を受け朝廷行事の一環として行われた文射、また武士の勃興と戦いの中に占める弓射の有効性、さらには戦乱絶えない中世における戦法や武具・武器の変化に伴う武射としての存在意義、そして封建社会維持のための故実の整備と儀礼式法の中の弓射の文射的位置付け、さらには弓具の変遷や射法・射術について述べるとともに、流派の発生とその意義等について言及した。

下巻「近世～現代編」は上巻の流れを受け、政治的・軍事的に安定した後期封建社会において弓射の実利性が後退する一方、高度な心技を追求しようとする芸道的な在り方や武士教育の教材として意義を見いだしたことについて述べ、近代では時の国家が求める日本人形成のための教育教材、さらに現代では戦後の一時期冬の時代にあった弓道の復興の経緯や、国民の健康や体力向上とスポーツ精神の育成につとめ、文化の進展に寄与することを目的として国内外で普及振興につとめ今日に至っていることなどについて述べている。

本書は弓道実践の場で指導にあたる中堅指導者の人々や、弓射の文化史に関心のある武道史・弓道史・スポーツ史・日本体育史等の研究者にとって、何らかの参考になればと思いで著したものであるが、内容的にはなお未解決の課題が多く残されたままとなっている部分もある。今後このミッシングリンクを埋める後進の奮起を期待したい。

終わりに本書を上梓するにあたりまして、各別のご尽力を戴いた雄山閣の編集部次長羽佐田真一氏をはじめ、貴重な史料・図版等をご提供戴いた小山弓具店会長小山雅司氏、長谷川弓具店の皆様、並びに筑波大学准教授松尾牧則先生に対し心より謝意を表します。

平成三十年四月七日

入江康平

◎弓射の文化史—近世〜現代編—◎目次

◎弓射の文化史—原始〜中世編—◎

第四章　近世

近世という時代区分は、およそ①戦国時代〜江戸時代、②安土桃山時代〜江戸時代、③江戸時代に大別されるが、今日では江戸時代の原型がみられる安土桃山時代から江戸幕府の大政奉還までを指す場合が一般的である。

わが国は応仁の乱（一四六七）以降下剋上の風潮が高まり、全国的に戦乱絶えない戦国の世となったが、戦国大名から成長した織田信長はそれまでの為政者が治めることの難しかった一揆勢力を制圧するとともに、宗教的権威に対しても世俗的優位性を力で示し、全国の武士団に対し上意下達の構造を持った組織を形成しようとしたが、不慮の反逆に遭い死去した。

豊臣秀吉はこれを受け、刀狩により兵農分離を行う一方、太閤検地により耕作農民の耕地所有権を認める政策を打ち出し、兵農分離の社会体制が出来上がった。

そして十七世紀初頭になると、徳川家康が江戸に開いた幕府を全国統治する最高機関としながらも、各地の大名を中心とする二六〇余りの各藩が、それぞれの領地において軍事的にも政治的・経済的にも独立した機能を持った組織を形成した。

幕府は朝廷や寺社に対しても強い影響力を持つとともに、信長時代以来弘まっていたキリスト教への警戒感と、海外との貿易独占権や外交権確保のため鎖国政策をとった。ここに広大な直轄地を支配する幕府と、中世以来全国各地で一定の領地を単位とし、その統治の整備を進めてきた諸藩からなる幕藩体制が確立するのである。

さて秀吉の時代、兵農分離を行い武士と他の身分との間に一線を画す施策をとったが、江戸幕府はこの身分制度をさらに堅固なものとした。そして農本経済を基盤とする一方、工・商に従事する人々はそれぞれの職能をもって武士階級に奉仕すべく城下において貨幣経済のもとに生活するようになっていく。

そして時代が下がるとともに生産技術の向上や水陸交通の活発化に伴う商品の流通とそれに伴う貨幣経済が盛んとなる社会を背景に、武士たちは階級としての立ち位置の拠り所としての中心的思想を儒学（朱子学）に置き、それまでの下剋上を否定し、封建的身分制度を肯定する思想が浸透するようになる。

しかし江戸開幕後およそ一世紀を経た十七世紀末期頃になると、強固な経済力を背景とした新興町人層の勃興とともに、明朗闊達な精神を持った西鶴や近松・芭蕉などに代表されるいわゆる元禄風と称される文化が誕生するようになる。

十八世紀に入るとさらに商業活動が活発となり、有力な商人たちは経済力を増すようになる。一方農村部にも貨幣経済が浸透するようになり、農民からの年貢を基本とする武士経済の財政は次第に困窮するようになる。これに対し幕府や諸藩もさまざまな農政改革を打ち出すが、時代の流れは如何ともし難く、徐々に幕藩体制は崩壊に向かうのである。

思想的にも幕藩体制維持の教学に対し、伝来の外来思想以前の神の道を明らかにしようとする国学や、ヨーロッパの先進的な自然科学・技術の導入に伴う洋学が次第に盛んとなっていく。このような社会状況を背景に、欧米列強の軍事的脅威とそれに伴う内政の混乱の中で、日常生活においても身分社会の垣根を越え融合・同化する傾向がみられるようになり、明治維新を迎えるのである。

第一節　武術界の動向

一　武術の専門・分化と実利性の後退

戦乱に明け暮れた戦国の世がようやく織田信長の手により終わりを告げ、全国に群雄割拠していた各武士団も、信長を頂点とする上意下達の構造を持った政治体制に組み込まれ、豊臣秀吉はこれを受け兵農分離の社会を完成させた。その後徳川家康は江戸に幕府を開き全国を統治する最高機関としながらも、全国の各藩はそれぞれに独立した機能を持った体制を形成した。そして政治的・軍事的に安定しない三代将軍家光頃までの幕府は、改易・転封などによる武断政治を行いながら政治的・軍事的な権力機構を確立していった。

そして四代将軍家綱の頃になると世の中も次第に落ち着きをみせ始め、教学として朱子学を支配思想の基盤とした身分制社会の秩序がみられるようになり、いわゆる安定した文治政治体制が確立するのである。このような社会の動向は武術の在り方にどのような影響をあたえたかについてみてみよう。

二　武術界の風潮

江戸時代に入り社会が実戦の危機から遠ざかるにしたがい、武術も次第に実利的性格を希薄にしていった。また一人がさまざまな武術を訓練するという総合武術の在り方から分野（種目）毎に分化・専門化するとともに、心気の重要性への気付きとそれに伴う高度で精妙な、いわゆる芸道的な世界を追求することに意義をみいだし、心法・技法両面からさまざまな工夫がなされるようになる。

その先鞭をつけた武術として、それまでの山岳仏教（真言密教）からの影響を受けたマジカルな中世的武術の在り方から、禅思想を引・援用しながら兵法の理を説いた新陰柳生流をあげることが出来る。

しかし江戸時代も年を経るとともに実戦の危機から遠ざかることにより、華法化の風潮が武術の性格や武士の気風にもあらわれるようになる。次にその傾向を示す文献を何点かあげてみよう。

・江戸幕府が開かれて半世紀も経たない頃の武術界の風潮について、宮本武蔵は「兵法の道に色を飾り花をさかせ、兵法を生計の手段としてうり物にしており、技を増やすことにより初心者を感服させるという実のない兵法が流行している」（『五輪書』正保二〈一六四五〉年）と嘆いている。

・小出切一雲《こでぎりいちうん》は『夕雲流剣術書（別名『剣法夕雲先生相伝』）』（貞享三〈一六八六〉年）の中で「師である針ヶ谷夕雲《せきうん》がいうには、甲冑を着け戦いに明け暮れている時代は細かな技の吟味よりも自分で工夫し実戦を通して得た心・技を駆使し運よく生き延びてきたが、戦いがなくなって八〇～九〇年経ち泰平の世となると、実利・実戦の剣術を学ぶことがなくなった。そこでせめて心知れた仲間と示し合わせての型稽古などを行い、その中で気の利いた者は剣術の師となる風潮がある」といっている。このように一雲は戦いが遠のくことにより武術の在り方に変容がみられるようになったことを指摘している。

・荻生徂徠は『鈐録《けんろく》』（享保十二〈一七二七〉年）の中で、当時の剣術について「起居振舞いの見事さや痛くない打突を心掛け、板敷に胡桃《くるみ》の油を引き、足皮をはいて転ばないような所作の稽古に励み、大勢の見物人の前で比較《ひこう》（仕合）をして、見事に勝つことを第一としているが、このような剣術は実戦では何の役にも立たない」と厳しく批判している。

・当時の剣術界の風潮を観察した文献の中には、弟子が師について質問しても納得いく答えが出来なかったり、実力がないのに免許を欲しがり、貰うと威張り得意顔をしたり、また入門しても稽古に根気がなく他の遊びに関心が向いてしまうという武士のいたことが、朝日文左衛門の日記『鸚鵡籠中記』（神坂次郎著『元禄御畳奉行の日記』）の中の武術修行の描写に端的に表現されている。

武術界のこのような風潮の理由としては、戦いの危機から遠ざかり平穏な世が打ち続く中で、他流仕合の禁止に伴い他流との比較研究や廻国修行といった人事交流の意識が薄れ、自流派の経営・維持のみを願うという保守的閉鎖的な傾向があったことがあげられよう。

幕府は十八世紀初頭以来の膠着したさまざまな社会の仕組みの立て直しを目的とし、質素倹約な生活の奨励や優秀な人材の登用、さらには殖産興業に力を注ぎ、財政再建（享保の改革）に着手する一方、武術の普及振興にも目を向けるようになる。

戦いの危機がすっかり遠のき、形骸化し活気を失った十七世紀後半から十八紀中期頃の剣術界にあって、その様相を大きく変えることが起こった。それは木刀による型稽古中心であった従来の在り方から、いつ頃からかは特定できないが、槍術や薙刀など異種目との稽古の交流を通して、防具・撓（竹刀）を使用した稽古形式が盛んに行われるようになった（図1）ことである。

図1　「竹刀打ち込み稽古」風景

この稽古法はそれまでの型による稽古法を墨守しようとする方面との利害得失の論争（たとえば井沢長秀著『武士訓』や木村久甫著『本識三問答』）を経ながら次第に普及定着し、ついには型による稽古法を凌駕するようになっていった。今日の剣道の在り方の原型は、この十八世紀初頭以降に弘まったいわゆる「しない打ち込み稽古」

にその萌芽をみることが出来るのである。

一方柔術においても古代末期、大鎧着用の騎馬武者の下馬における組討から、時代が下がるにつれて軽装備の歩兵による戦法へと変化し、鑓や長刀・刀などの素早い操法に対応する技を工夫するとともに、戦場における敵の捕縛法、さらには平時・戦時における坐作進退などにもさまざまな研究がなされるようになった。

また江戸時代の武術の稽古の服装が普段着、或いはそれに近い服装での稽古法になるに及んで、柔術においても「型稽古（勢法）」の他に「形残り（乱取）」と称する自由な攻防の稽古法が行われていたが、当時の稽古はあくまでも「型」稽古が中心であった。

後に講道館柔道を創始した嘉納治五郎は「型は文法、乱取は作文」のようなもので、いずれも欠けてはならないものであるとしたが、時代が下がるにつれてこの「乱取」の稽古法が稽古の中心となり今日に至るのである。

このようにして江戸時代も開幕してしばらくは武断政治のもと戦国時代の荒々しい気風を残し、武術の在り方も実利・実戦的な性格を帯びていたが、四代将軍家綱以降文治政治に転換することにより、その在り方も精妙な心・技を追求するという一部の専門職を除き、見栄えのするような技数を増やし、華やかな起居振る舞いを好むような風潮が横行するようになる。そして武術は武士の教養の一科目として、浅くとも広く嗜むというほどのものとなっていったのである。

そしてこのような傾向は、身分の固定化や権威跪拝主義的な社会の在り方と相俟って金品を受けたり、義理ある人物との関係により止むを得ず技能未熟者に不相応の資格を与える「金許」や「義理許」が行われるという風潮にもあらわれるようになるのである。

第二節　弓術界の動向

一　安土桃山時代の弓射

古代末期に起こった武力を背景とした武士たちが政治を司るようになり、中・近世を通して長く武家が政権を握った。その間十五世紀中頃の応仁の乱に象徴される戦国動乱の世が約一世紀も続いた後、ようやく織田信長が戦国大名の分権的政治体制の頂点に立ったのである。しかし信長の不慮の死を受けて政権の座についた豊臣秀吉は、前政権の政策を踏襲しながらも、刀狩や太閤検地などさまざまな政策を打ち出した。

すなわち秀吉は天正十六（一五八八）年、農民の弓・鉄砲などの武器の所持に対して禁止令を打ち出した。その理由として武器の材を大仏修造などに供すれば、あの世まで救われることが出来るというものであったが、その真意は農民の武装蜂起を防止し、農民を従順に年貢を納める立場に置き、武士の支配を安定させるものであったとされている。ただこの刀狩の目的は単なる武装解除ではなく、実際は農民の武器の所持を認めながら帯刀の権利を禁じ、みだりに武器の使用を規制したものであり、祭祀や害獣駆除のために使用する弓矢や鉄砲などの所持は許されていたというのが実情であったのである。

そして時代が下がるに従い、太閤検地と相俟って兵農分離とその固定化が定着していった。しかし弓矢の所持やその使用については、全国各地で祭祀に使われる行事の一環として定着していたことが今日残されているさまざまな史料から推測出来る。

またこれとは別に軍事的な意義を背景に一部の地方では弓矢の所持・使用が認められていたことが知られている。その一例として当時の三河地方の弓矢の様子についてみてみよう。

ここにあげる一札は碧南市（愛知県）の熊野神社に残されているもので、秀吉の刀狩令の二八年も前の永禄三（一五六〇）年、家康（当時元康）が参拝の折同神社の奉納弓神事を見て与えたと伝えられる「弓許状」（写）で、その内容は次の通りである（図2）。

弓　之　事

今度依忠節駿遠三之内者不論農工商諸士同様ニ免事　若変儀之砌ハ

中山寄召連加勢可致者也

永禄三年六月七日　蔵人元康（花押）

中山庄　天野与惣

鈴木右門三

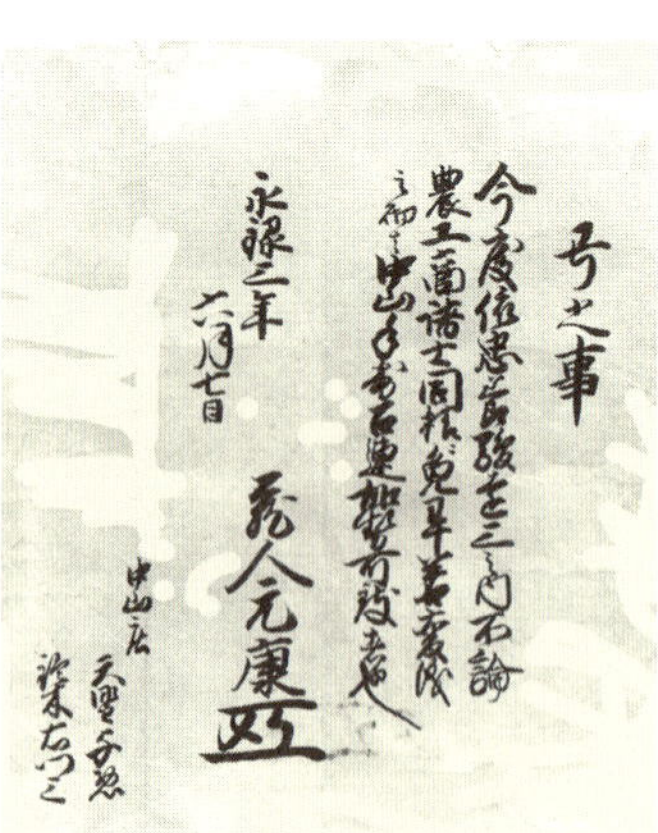
図2　家康（元康）が与えた「弓許状」（写）

要約すれば「駿河・遠江・三河の三国においては農工商の者たちでも武士同様弓を行うことを許可する。また一旦事が起これば（三河国中山庄の者共を引き連れて）我に加勢せよ」となろうか。ただこの文献についてはまだ研究の余地のあるものとする見方がある。

別にこの地方には家康が天正十二（一五八四）年に永代神的料として金一五両を奉納し、弓神事を続けるよう命じたと伝えられている文献も残っている。

古くから「駿遠三は弓所」という詞があるが、この地方は若い頃の家康を育んできた地であることから、弓は武士に限らず、農工商も手にすることを許されたという経緯がある。このようなことからこの地方に散在する各神社では折にふれ弓射の稽古や射会を行ってきており、その伝統を受け継ぎ今日においても同地方の神社では弓行事が盛んに

図3　熊野神社（碧南市）境内の射場内に掲げられた数々の「金的」の額

図4　足助神社の弓神事

図5　「百手祭」（徳島県三好市下名）今もなお農村部では豊作を祈念する弓射行事が連綿として行われている。

行われている。

その例として、愛知県豊田地方では江戸時代～大正時代に同地方の四二の神社で射会が催されていたことが金的奉納額から判明しており（図3）、現在もなお六ヶ所の神社では弓神事・月並が行われている（図4）。

また弓射はその特性から吉凶を占う具として適していることから、農耕民族であるわが国では、古くから農作物の豊凶占いに用いられてきており、弓矢で邪気を払い安全を願うとともに、五穀豊穣を祈願することにより、幸せをもたらしてくれるという古代からの伝統を受け継ぎ、今日においても全国各地の神社行事として行われていることは周知の通りである。

たとえば徳島県西部に位置する三好市の山間部を中心とする各神社では、今もなお旧正月や節分・春祭などの折に「お的（百手）」・「恵方射」などの弓矢の儀を行っていることが報告されており（図5）、また愛媛県や宮崎県南部地方でも同様、奉射・百手などの行事が行われている。このような神社を中心とする弓行事は全国的にみられる行事であり、このことは今もなお日本人の生活の中に弓矢が深く浸透していることを表す証左であるといえよう。

二　弓射の意義の多様化

わが国の弓射文化は、近隣諸国からの先進的文化を吸収消化しながらその風土と歴史の中で、長年にわたり醸成発展し、世界に例をみない特徴を持った弓射文化を形成してきている。その歴史を概観すると、時代の要請によりその目的や性格は多様であり濃淡はあるが、弓射の意義としておよそ次のように整理出来よう。

1　実利性

戦いは人類の宿命であろうか。C・V・クラウゼヴィッツの言を借りれば「(戦争は) 物理的な力を使って自分方の意志を相手に強要し、その抵抗を不可能にすること」であり、個対個の戦いにおいてもその原則は同じであるといっており、このことは武蔵も『五輪書』の中で同意のことを記している。

すなわち武術の最も原初的な目的は、物理的な力で身を守ったり相手を制圧し、土地や権力などを手に入れようとするところにあるが、人類はその原初的な形として個対個の戦いにおいて、その目的を効果的に達するために自分の身体やその延長である武器を有効に操作する技術、すなわち武術を訓練するようになる。

武術は①武器を持たないで身体のみを操作する武術、②身体の延長として敵を刺突・斬撃するための武器を使用する武術、③敵から距離を置き、射出・投擲武器を使用する武術に大別出来る。

弓矢は鉄砲や弩、手裏剣・打根・ブーメランなどと同じく、敵を制するために物を射出・投擲する武器であるが、わが国の弓矢は当初狩猟の具として使用され、その後武器の最右翼として古代~中世には盛んに用いられるようになる。弓射が戦いの場で重視された理由としては、自分の身の安全を確保した上で発射した矢が直進し敵にダメージを与える効果が、斬撃を主とする刀や薙刀などに比較してはるかにすぐれていたことがあげられる。このことはすでに述べたように、中世の戦いの記録から死傷者の原因を分析した結果、明らかに矢疵の多いということからも理解できよう。

このように弓矢は原始・古代・中世と長きにわたり武器の中心的存在として重要視されてきたが、十六世紀中頃の鉄砲伝来・普及により急速にその実利的意義を後退させた。

しかしこのような状況にあっても、弓射は武士のステータスを象徴する武術として、また庶民の間では〝武〟を農業の豊凶占いや農閑期の娯楽などに名を借りて根強く受け継がれていった（図６）。

このことは近世の兵農分離策の中で、表だって武術を訓練することの出来ない人々が考え出した生活の知恵として、今日各地に伝えられている棒や木刀などを使った踊りのような神を慰める民俗芸能と同じような性格を持っているものといえよう。

図６「四半的」に興じる人々（於・都城市）

２　神事性（宗教性）

弓矢と信仰との結びつきは世界的にみられ、原始宗教ではシャーマンが祈祷や占いをする際の道具として用いており、ギリシャ神話やヒンドゥー教、さらには仏教の中にも弓矢の存在がしばしばみられるが、わが国の人々は弓矢に対してどのような在り方を示したのであろうか。

日常生活を取り巻くあらゆる自然環境の中に神の存在を信じ、畏敬や感謝の念を抱くわが国の人々は、稲作文化が伝来した弥生時代以来その豊作を願い、神を慰め神の意志を問うさまざまな農耕神事・祭事を行ってきた。弓射は相撲の勝敗と同様、的中の有無や中り所で吉凶を占い、神意の所在を知る上で適していたものと考えられ、一方ではその威力から悪霊を鎮め退散させるという呪術的な性格があると信じられてきた。

このように弓矢は神が人々に授けた神聖な器、すなわち神器・聖器として尊崇され、古代・中世においては山岳仏教と結びつき蟇目や鳴弦などの弓射行事が公家から庶民に至るまで身分を越えて行われてきた。

また朝廷では古代中国の弓矢信仰からの影響を受け、大晦日に追儺の式で鬼を祓う際に使用する葦の矢に桃の弓、男子誕生にあたり行う厄払いの儀に用いる蓬葉の矢と桑の弓、さらには神社から授かる破魔矢・破魔弓などの意義は、弓矢の威力を背景としたものとして伝承されてきた。

このように今日各地の神社で行われている弓矢行事や、日常生活の中に息づいている弓矢に関わる事柄は、わが国固有の弓矢思想や中国伝来の弓矢信仰に由来するものである。科学技術の進んだ現代においても弓矢の威力に対する信仰は、日本人の意識の奥底にさまざまな形で深く根づいているといえよう。

３　芸道性

「芸」とは、自分の身体の一部または全体の働きを通して、ある文化的価値を創出するための仕方ややり方をいうが、それぞれの専門分野においては長年の試行錯誤の末に確立した独自の規範性や法則性、すなわち「型」を持っている。そしてその定められた手順や方法にしたがって継続的に実践すれば、速やかに目的を達成することが出来、その理は万法に通じ、最終的には悟りの境地に達することが出来るという考え方がある。

これを武術についてみると、中世以降さまざまな武術ジャンルに他の追随を許さないほどのすぐれた技法・技術を編み出した天才的な人物が現れ、その技法・技術が体系化され教習法や伝達法が整備されるようになる。そしてその体系化された技法・技術を、しかるべき教習法にしたがって継続的に修練すれば、速やかに高い技能が体得出来るようになる。

ここに武術流派が誕生するわけであるが、それぞれの専門分野で確立した高度な心・技をしかるべき手順を追って学習すれば、あらゆる世界に通ずる原理や普遍性を見いだす境地にまで到達出来るとする思考が生まれるようになる。このような思考は武術界においては中世末期以降にみられ、特に近世に入ってからそれが顕著となる。わが国の技芸の世界におけるこのような思考は、他の民族や地域にはあまり見られない特徴であるといえよう。

ところで弓射流派は、室町時代に誕生した多くの武術流派に先駆け、その誕生が奈良・平安時代に遡って存在していたとする記述をみることがある。この見解は弓射の儀礼式が重要視された古代朝廷における各家々の独自の弓射儀礼式のやり方を持つ家柄であるとか、中世における上流武家社会の蹴鞠や放鷹などと同様の遊芸的な性格を持つ独自のやり方（特に故実的独自性）にすぐれた特定の家柄の誕生をもって弓射流派の誕生とする見解であり、弓射を射法・射術（特に歩射）という点からみれば、他武術分野と同時代に流派の発生と分流分派活動をみる。

4　教育性

さて武士は本来戦うことを職分とするが、江戸時代に入り幕府は体制維持のための教学として儒教（朱子学）を重視することにより、その生活行動規範を「志をもって道を行う者」、「学問をすることにより人の範たるべき地位にいる者」とした。そして武士たちは「士として人倫の道の自覚を根本とする生き方」が求められるようになり、弓・馬・鑓・剣・砲・柔術などの武芸を訓練するとともに五倫（父子の親・君臣の義・夫婦の別・長幼の序・朋友の信）の道を正し、忠孝義勇を武徳として、人の上に立つにふさわしい見識を持つことが求められるようになる。

しかし一方では武術（兵器の術）は兵法の末であるとする見方もあるように、江戸時代の武術は、一部の専門的立場の人々を除き武士教育の教材の一として広く浅く、しかも技より理が先行する傾向が強くなり、世の中が実戦の危機から遠ざかるにつれ、華法化・形骸化した武術が横行する風潮がみられるようになる。このような傾向の中から剣・槍術界では防具着用の稽古法が創出され、定着するようになるのである（図7）。

5　競技性・遊戯性

①競技性

戦いの技術である武術のもっとも素朴な目的は、敵をいかに制圧するかにあり、その訓練は個対個が対峙し、互いに攻防する形式で行われるのが一般的である。わが国では中世後期以降すぐれた武術家が多く輩出することにより高度な技法・技術が創出されるが、それらを集約したものを「型」として体系化し、しかるべき教習法のもとに訓練が行われてきた。

図７　鎧対防具着用の薙刀の異種稽古
（17 世紀末頃）

さて江戸時代も時が経ち社会が安定するにしたがい、本来は戦いを職分とする武士の在り方から、有能な行政力が求められるような立場に置かれるようになっていった。このような武士の在り方の変化に応じて、武もその実利性よりも、期待される武士像形成のための嗜むべき教養科目としての性格を帯びるようになるとともに、技術修得の際の身体的安全性を確保する工夫や、互いに技を競い合う際の評価規準を設定し、その判定を第三者に委ねるという在り方が定着するようになっていった。

しかし一方では近世武術は権威跪拝主義の強いわが国の国民性のもとに、当時の社会体制を維持するに必要な形式や秩序を重んじるための要件として、由緒ある流派や家柄を権威化し、さらには秘事伝授の際の資格段階を形式化・複雑化する傾向もみられた。

・剣術の場合

剣術界では開幕後一世紀を過ぎる頃には実利・実戦的意義が次第に薄れ、型稽古が形骸化する中で、身の安全確保のもとに互いに打突し合って技の優劣を試し合う風潮の武術の在り方がみられるようになる。すなわち防具着用による竹刀打ち込み稽古法の流行である。

この稽古法は、あらかじめ決められた部位を実際に打突し合うもので、技の評価も第三者（検見）に委ねるというものであった。このような在り方は近代スポーツの条件である身体の安全確保や評価の客観性などをクリアしており、剣術史上一大エポックとなる事象であったといえよう。

このような在り方は伝来の型稽古を墨守しようとする人々からみると承服し難いものであり、そのような人々からさまざまな批判を受けながらも、剣術界から支持され全国的に広まっていったという経緯がある。

また幕末頃になると、剣術を専門職とする人々の中には農民や下級武士が多く見られるようになり、他流試合や廻国修業などを通しての技と人との全国的規模での交流は、それまでの閉鎖された世界での流派的色彩の強かった剣術の在り方を大きく塗り替えるようになっていった。

・弓術の場合

一方弓射はその運動特性から、通常技術修得が対人形式を採る多くの武術種目に対し、古来より一貫して対物形式により行われてきたため身の安全が確保出来、技の優劣も他の武術種目に比べ明確に判定することが出来た。そのため古代朝廷における弓射行事の中で早くから競技化がなされ、武家社会においても競技性を帯びたさまざまな弓射行事が行われた。

すなわち奈良時代の「大射」の式法を平安時代になり整備したのが「射礼」であり、古代朝廷の弓射行事の中でも重要視された。この行事は天皇臨御のもとに開催される行事で、その実施には煩雑な手続きがあったようである。

この行事の翌日行われる弓射行事が「賭弓《のりゆみ》」（賭射）である。この賭弓は荒手結《あらてつがい》、真手結《まてつがい》などの予備練習を行った後、左右の近衛、兵衛の各組から所定の人数を選び競射し、勝方には衣服や銭・金・絹などの賭物、負方には罰酒が与えられるものであり、この行事の終了後大宴会を催すのを恒例とした。また九世紀末に始まった「射場始」の行事でも競射で勝った射手には金品が与えられた。

中世には狩の訓練として、鹿を象った標的を小さな蟇目や神頭で射て、その中り所によって優劣を競う遊射の一種である「草鹿《くさじし》」や、表面に丸みを持たせた的を蟇目や神頭で射て、その中り様により評価する「円物《まるもの》」（丸物）、さらには「百手《ももて》」といって一人百手、或いは十人、十三人、……で百手を競射するという行事もあった。

さらに綱で吊り下げた小さな的を神頭で射、綱の纏い様の違いにより勝負を争う「振々《ぶりぶり》」、古代の賭的が元であるとされる「鬮的《くじまと》」など、さまざまな競技が行われてきた。

一方古代末期、武士の勃興とともに騎射術が重視されるようになるが、この訓練の一環として古代末期〜中世初頭、馬上から野飼いの子牛を射る「牛追物《うしおうもの》」が行われ、これが次第に整備され、後の「犬追物《いぬおうもの》」に発展する。また馬上から素早い矢番えと発射の訓練を主眼とする「流鏑馬」、さらには馬上から正確に敵を射留めるための訓練である「笠懸」が行われ、それらの技に卓越した射手が高く評価された。

さてこれまで縷々述べてきたように、わが国の弓射の在り方は、歩射と騎射に大別出来るが、古代末期に三十三間堂の外縁を射通すことを目的とする堂射が行われるようになり、これが近世に入り盛行し、歩射や騎射と肩を並べるほどクローズアップされるようになる。すなわち近世に入ると弓射の在り方は歩射・騎射・堂射三分野に大別されるようになっていった。

古代末期頃を濫觴とするこの堂射は、当初堂の外縁で己の弓勢の多寡を知ることから始まったものであるが、近世に入ってからは他者との通り矢数を競うような性格を帯びるようになったため、速射や長時間にわたる耐久射のため独特

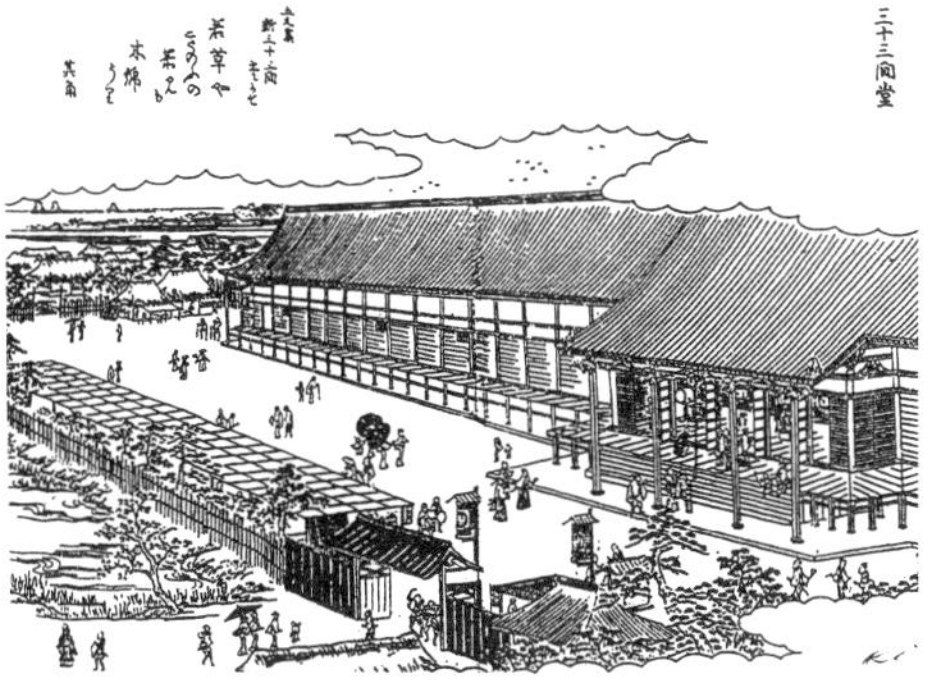

図８　元禄 14 年深川に再建された「江戸三十三間堂」

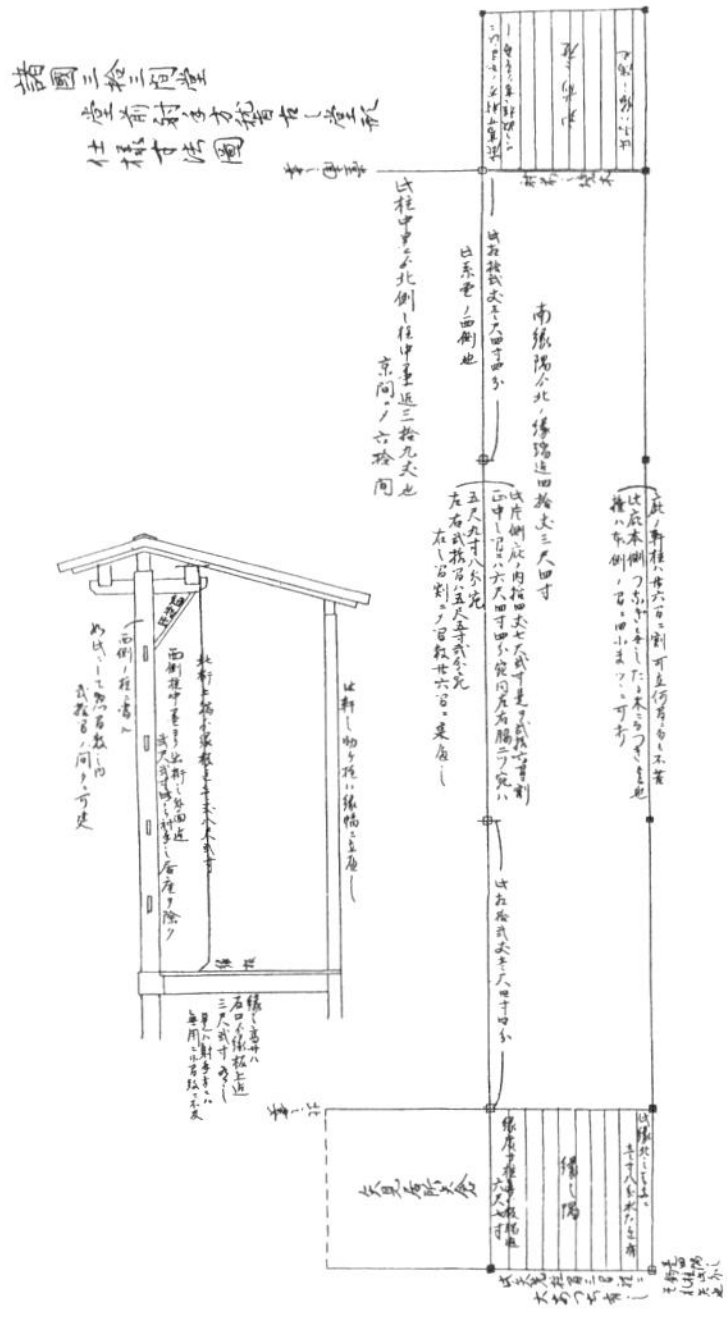

図９「堂形」の寸法図

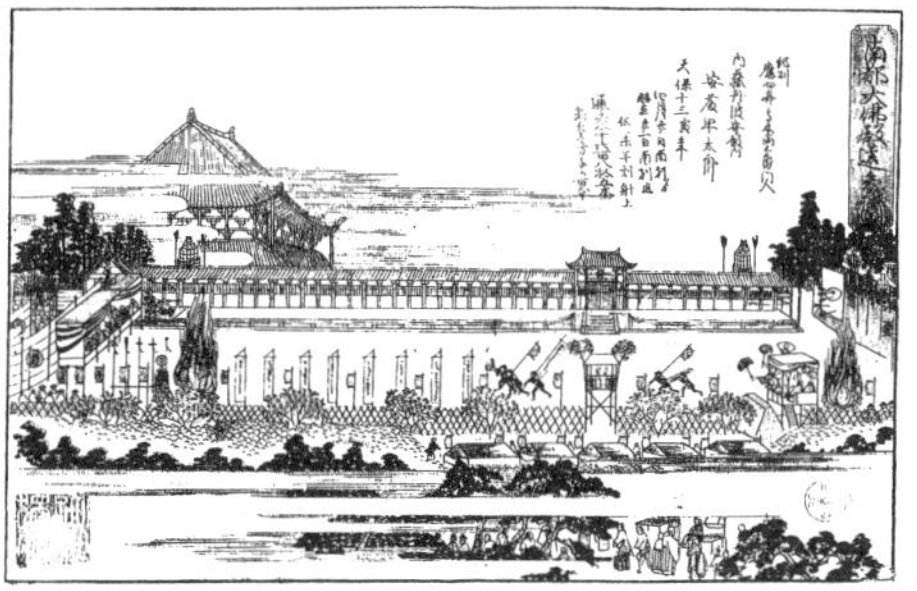

図 10　安藤早太郎「南都大仏殿遠矢之図」（天保 13 年）

の用具や特殊な射法・射術が開発された。

このように古代末期頃の堂射は自分の弓勢を試すことから始まったもので、決して他者と通り矢数を競うような在り方ではなかった。また中世においても繰矢の盛行とともに堂射も継続的に行われていたが、特に十七世紀初頭より通り矢数を競うという傾向が顕著となり、競技性を帯びた在り方が見られるようになっていったのである。

そしてこの競技性が世間の人気を呼んだことから、江戸でも京都三十三間堂に模した堂を寛永十九（一六四二）年浅草（元禄十四〈一七〇一〉年深川に移転　図８）に建立し堂射を行うようになった。さらには京都の堂や江戸の堂に準じた堂形（図９）が各藩にも設置され、東大寺大仏殿でも「遠矢」と称して西側外回廊で堂射に準じた行事が行われた（図10）。

また近世初頭頃までの堂射の在り方は、

射手個人が自分の力量を計るためのものであったが、時代が下がるにしたがって国（藩）の名誉をかけた一大イベントの様相を呈するようになっていった。

一般的に堂射といえば夕六刻より翌夕六刻までの一昼夜に、堂の西外縁の南端より北端までを何本射通したかを競ういわゆる全堂大矢数をいうが、この全堂大矢数の記録がやがて頭打ちになったため、時間・射距離・矢数・年齢などの条件を組み合わせた種目を新たに拵えた。筆者の調査によると、京都堂では一二種目、江戸堂では二三種目が行われたが、近世後期～末期、藩経済の困窮、士風の変化などにより次第に衰退していったという経緯がある。

この堂射の在り方は近代スポーツの持つ条件を多くの点でクリアしており、わが国武術史の中でも特異な存在であったといえよう。このことについては改めて本章第六節で述べることとしたい。

②遊戯性

弓射の技術修得は己れの身体を危険に曝すことなく安全に行うことが出来、その技倆の優劣が的中の有無によって明確に判断出来るという特徴を持っていることから、古くから公家社会や武家社会に限らず、庶民や女性・子どもの遊びの具としても広く親しまれてきた。

この遊びの弓に関する文献として古くは『枕草子』（平安時代中期）に「あそびわざは小弓、碁、……」、また『蜻蛉日記』（天延三〈九七五〉年 藤原道綱母）に「……小弓の事せんとす」、『古今著聞集』（鎌倉時代初頭 橘成季）に「延長五年……清涼殿の東の廂《ひさし》にて又小弓有りけり」などとみえる。その後も小弓会《こゆみえ》、小弓合せなどの記録が残されているように、小さな弓で行うこの「小弓遊」（図11）は平安時代にすでに行われていた。

図11　小弓遊

これに使用する弓具についてみると、弓は四尺一寸（一二三センチ）、矢の長さは雉羽を矧いだ一尺七寸（五一センチ）、的は『小弓肝要抄』によると六寸～一尺八寸（一八～五四センチ）などと記されている。またその射法は坐して左膝を立て、右拳を顎の右下に引き込むようにして射るが、遊びのきまりについての詳細はわからない。

また小弓の一種に「雀小弓《すずめこゆみ》」という遊びの弓があった。この雀小弓は先に述べた小弓と同じで、小さな弓具を使用するという意味から「雀」が冠せられたらしく、定家の記した『名月記』（平安時代末～鎌倉時代）にもみえる。またこの「雀小弓」は雀を糸で括り、これを射る遊びから名付けられたという説もある。

図 12　楊弓遊びに興じる江戸の人々

雀小弓の弓の長さは二尺七寸～三尺二寸（約八二～九六センチ）位、矢の長さは一尺八寸（約五四センチ）で、四寸（一二センチ）の的を射距離五間（約九メートル）から射る室内遊びであった。『貞丈雑記』には「生きたる雀を糸にてくくり、つり置きて小き弓矢にて射あてたるもの……」とあり、鎌倉時代初期から江戸時代の後半（図12）まで行われ、それ以降廃れたという。

さらには「破魔弓《はまゆみ》（浜弓）」という遊びがあった。これは径一尺の的の中心に二～三寸位の穴をあけた木製（または縄で円座様に巻く）の的（ハマ）を転がし、二尺八寸～三尺六寸位の長さの弓でこの的の穴を狙って射る遊びであるという。その元は平安時代に遡るとされ、年の始めに男児が治にいて乱を忘れないようにとの意味で行われた弓遊びであるが、江戸時代（寛政年間頃）より民間でもこの弓が魔を破る縁起物として年の瀬や正月の縁起物として流行った。この風習は今日の生活の中にも生きているようである。

さらに室町時代に公家社会で小弓遊びの一種として行われ、江戸時代に

図 13　17 世紀後期の楊弓師の仕事場

図 14　『射法新書』

図 15　矢場で遊ぶ江戸の人々
18 世紀末～ 19 世紀初頭頃か？

なって民間で流行した小弓遊びの一種として「楊弓《ようきゅう》」（図13）があげられる。この楊弓は楊や紫檀を材料とし、弓長は二尺八寸（約八五センチ）、弦は琵琶の糸、矢は七寸～九寸二分とし、矢羽は白鳥や雁・鴫など、的は径三寸位のものが使われた（図14）。この楊弓は室町時代に公家社会で行われていたものであるが、江戸時代になると巷の盛り場での庶民の遊びとして行われるようになり、楊弓場とか矢場（図15）と呼ばれる遊技場が設けられるようになった。これが後になって風紀上問題となり取締りの対象となった。そして明治時代に入っても厳しい規制を受けながら存続したが、大正時代から昭和初期には姿を消した。

また農民の娯楽として行われた弓の例として、近世初頭から始まったとされる「四半《しはん》的《まと》」と称する弓遊びがある。宮崎県日南地方で現在も行われているこの遊びは、天正時代飫肥地方で農民が半弓で時の藩主を救ったことから、以後も農民に半弓の稽古を許したことが起こりであるという。

この「四半的」は射距離四間半（約八・二メートル）先の四寸半（約一三・六センチ）の的に対し、正座し四尺半（約一・三六メートル）の弓と矢で競射する遊びで、かつては飲酒しながら行うという習慣があった。なお、この「四半的」は現在日南市無形民俗文化財に指定されている。

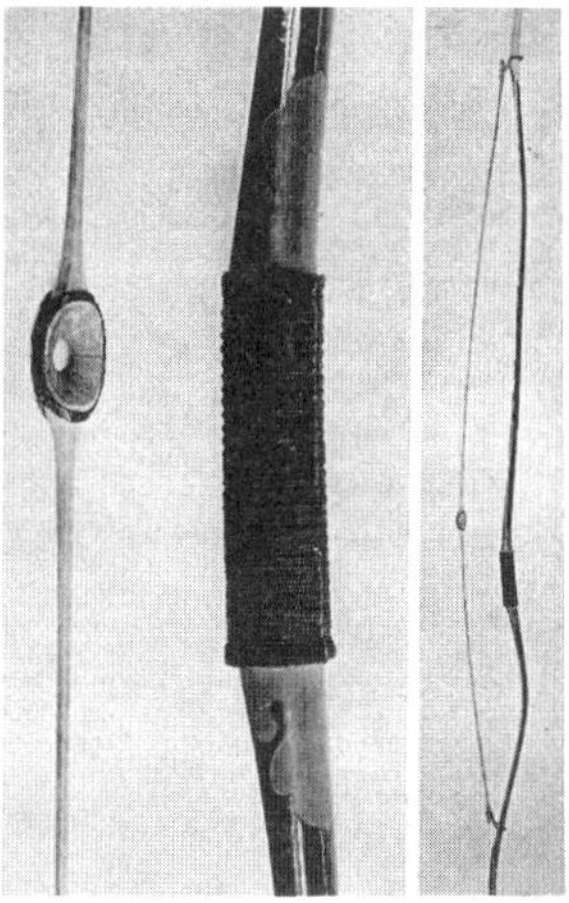

図16 「漆絵弾弓」（正倉院蔵）
弓長 162cm、梓材、白木。竹製弦の中心に丸座を設け、これに小丸を当てて飛ばして遊ぶ。

図17 「投壺具」

その他遊びの弓として正倉院御物として残されている「弾《だん》弓《きゅう》」（図16）があげられる。この「弾弓」は『礼記』にもみえており、奈良時代に中国より伝来し、公家の間の酒宴の余興として流行したが、その後一時途絶え、江戸時代になって復活した遊びである。

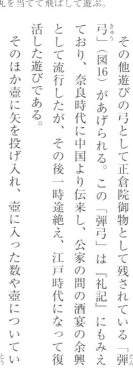

そのほか壺に矢を投げ入れ、壺に入った数や壺についている耳にかかった矢がどのような形で止まるかなどを競う「投《とう》壺《こ》」（図17）や、それから派生して江戸時代に考案された遊びとして、木枕形の上に置いた蝶を象った的に開いた扇を投げ、落ちた的と扇の位置により採点する「投扇興《とうせんきょう》」（図18）がある。

また江戸時代庶民の祭の折、露天商が客に行わせた吹き矢「（図19）」がある。これは木や竹の筒に紙の羽をつけた矢を入れて、一方から息を吹き込み、物に射中る遊びで、西鶴の『好色二代男』（巻四）にも「小鳥を、宗益（奈良の針医）といふ人の、吹矢にて一羽もとまらぬといふ事なし。鴨は申までもなく、

図18　「投扇興具」

図19　楊弓と吹き矢に興じる江戸の人々

雁も吹矢にて留る事、又あるまじき名人なり」とみえる。

ただ「投壺」や「投扇興」・「吹き矢」のような遊びは弓を使用しないことから、果たして弓射の範疇に入れることの是非については疑問が残る。

6　養生（健康法）

長かった動乱の時代に終止符を打ち江戸に開幕した徳川政権下の社会は、時が経つにしたがって安定し、武断政治から文治政策へと転換がはかられることにより、経済や文化面にさまざまな進展が見られるようになる。武術界の在り方もそれまでの実利性を中心とした役割を終え、時代の要求に応じた意義付けがなされるようになる。その中の特徴の一つとして、武術と養生や健康についての言及があげられる。

この武術の実践と養生や健康との関連について、その意義が唱えられるようになることは近世以前までにはなかったことである。そこでこの時代、武術と養生や健康について述べたものに、筆者の管見するところ、次のような文献があるが、その中に若干ではあるが弓射との関連について言及している記述がある。

〈その一〉

『養生訓』を著した貝原益軒は弓射の意義について「（武士は幼少より）弓を射、馬に乗り、武芸をならひて身をうごかすべし。……」（巻一）と述べ、弓射や馬・剣・鑓など武術の実践が健康や養生のために意義があるとしている。

〈その二〉

十八世紀中期の人で有職故実の研究家伊勢貞丈はその著『安斎随筆』の中で「凡そ武芸は心を練るを肝要とせる中にも、特に射芸は尚心を練るを至極とす」（「射心」）とし、その理由を次のように述べている。

五臓の中で心臓は常に動いている。また臍下にある気海はその動きにより血流が変化する。外界からの刺激により心臓が騒げば気が躁ぐ。気が躁げば血が躁ぐ。それによって手足総身が躁ぎ狂い、健康のためにもよろしくない。微妙繊細な心技が要求される弓射においては、心気を鎮め躁がない修練をしなければ的中を得ることは難しい。特に緊張する大場においてはそうである。心気を穏やかにして大切の場で力を発揮するための修練として、弓射は武芸の中でも特に意義がある。

〈その三〉

筑前の人で貝原益軒に学んだ江戸時代中期の医者香月牛山《かつきぎゅうざん》はその著『老人必用《ろうじんひつよう》養草《やしないぐさ》』の中で「若い時代より武術に励んで来た人も、四十歳を過ぎればあまり激しい稽古を控え、心術の工夫に専心すべきである。そして生活を豊かに楽しみとなるように心掛けることが肝要である」と述べている。

〈その四〉

江戸時代後期の著述家八隅景山《やすみけいざん》は『養生一言草《ようしょうひとことくさ》』の中で「武術を実践すれば心身にさまざまな効能がある。中でも心気を平かにし、胸郭を開き気臍下に満ち、呼吸能定まるようになる」といっている。

〈その五〉

江戸時代の医者で蘭学者であった高野長英は自著『蘭説養生録』の中で「運動は武芸をよしとす。尤も余り労倦に過ぎるも宜しからず。又日々同じ事をなすは宜しからず。譬ば弓馬槍剣はかはりかはりすべし」といっている。その理由は「一種目ばかりの稽古では身体的に片寄るようになるからである。したがって稽古は過度にならず、しかもさまざまな種目を万遍なく行うべきである」としている。

このように江戸時代に入って年を経るとともに政治的・軍事的に安定を見せはじめ、実戦の体験者も次第に少なくなる中で、弓術（武術）実践を通しての健康志向、ひいては生命の尊厳に対する認識が高まる傾向がみられるようになる。すなわち武術に対して、しかるべき士像形成のための教育教材や芸道性にその価値が認められるようになる一方、武術実践の中に新たに養生や健康・体育的な面に意義を認めようとする立場の文献も散見するようになったのである。

しかし維新後、伝統的で非西欧的な文物を否定し、欧米先進文化を採り入れながら出発した新政府は、それまでの藩校の中心的存在として行われてきた武術を学校教育現場から放逐してしまった。医学・人類学者として来日したE・V・ベルツは当時の日本人の体育や健康について危惧し「弓馬剣槍ノ如キ日本固有ノ体育ハ只之ヲ野蛮ノ遺風ト蔑視シ省ミルモノナキガ如シ。是ヲ以テ身体ハ唯益々虚弱ニ流レ毫モ強壮ニ向フノ兆候ヲ見ズ。実ニ痛歎ノ至リ」（明治十七年　講演「児童生年ヨリ学齢ニ至ル育如何」）と述べており、日本古来の武術の体育的価値を高く評価していた様子がうかがえる。彼のこのような見解は後の「撃剣柔術適否調査」へと発展するのであるが、この中で弓術は運動量の点からであろうか、調査委の対象となっていない。

第三節　近世における弓術

一　弓術界の概観

戦国動乱の世に終止符が打たれ、織田・豊臣政権の後に誕生した江戸幕府は、それまでの政権と違い幕府にその権力を集中させ、諸藩の幕府への従属度は高められた。幕府は政治・軍事機構を整備し、さらには農業や商業などにもさまざまな施策を打ち出し、三代家光までの武断政治から四代家綱以降の文治政策への転換により、殺伐とした社会風潮は次第に遠のき、偃武の時代を迎え社会も落ち着きを見せはじめた。

図20　犬追物の図

このような状況は武術の在り方に大きな変化をもたらした。すなわち年を経るとともに政治的・軍事的に安定した社会を迎えることにより武術は実利的性格を後退させ、形式化・華法化の傾向を帯びるようになっていったのである。

これを騎射についてみると、正保二（一六四六）年に至り島津家で犬追物が行われた記録（『徳川実記』）がみえる程度で、中世盛んに行われていた流鏑馬・笠懸・犬追物のいずれも当時代初頭にはほとんど行われなくなり、時代が下がり八代将軍吉宗の時になってようやく歩・騎射の式法が復興されるようになる。

しかしこれを流鏑馬についてみれば、「……古の式法其のまゝに伝はりたるにあらねばとて騎射挟物《きしゃはさみもの》と名付給ひ、流鏑馬とは称すまじと仰下されたり」（『有徳院御実記』）とあるように、吉宗時代に復興した流鏑馬は古式に法ったも

図21　小的前を行じる若侍

のではなかったが、この式法を小笠原平兵衛家に預け、以後これに工夫を加え新儀の流鏑馬として行われるようになった。なおこの時代には笠懸や追物射（図20）についても再興されたが、取り上げるほどのものはない。

また永らく途絶えていた歩射についても、八代将軍吉宗の時代になってようやく再興の兆しが見えるようになる。すなわち吉宗はかつて行われていた弓場始の再興を企て、さまざまな関連古書を考究し、ようやくその式法を制定した。そしてこれを小笠原縫殿助《おがさわらぬいのすけ》持廣家に預け、爾来同家において年々行われるようになったのである。

このように当時代は騎射・歩射ともに儀礼射としては特に見るべきものはないが、歩射、特に小的前は中・上流武家社会を中心に、坐作進退の体得や心身の鍛錬法として根強く行われていた（図21）。

一方当時代初頭より藩をも巻き込むほどの人気を呼んだ堂射は、慶長十一（一六〇六）年から時代を追う毎に記録争いが活発となり、貞享三（一六八六）年に空前絶後の大記録が生まれることにより興味が失せ、その打開策として種目の多様化を試みたにもかかわらず、次第に衰退の一途を辿るようになっていった。

二　弓具

①弓

弓体はその構造や長さ・勢において大きな変化は見られないが、堂射の盛行により矢飛びを目的とするための堂弓

（差矢弓）として的弓を詰め、およそ七尺とし、船底勢《ふなぞこなり》で手下《てした》をやや立て、内竹をしっかりと村をした白木弓が工夫された。

その他携帯に利便性のある弓長五尺前後の半弓や、鯨の鬚で作ったとされる弓尺二尺五～八寸の李満弓《りまんきゅう》、さらには弓長二尺ばかりで、駕籠の中や室内に置き、不慮の備えとすることを目的とする駕籠半弓などが考案されたが、果たしてどれほど役に立ったか疑問である。

②矢

通常稽古に使用する小的前用の矢や遠矢前などの矢は、すでに前時代より定着している矢が用いられたが、特にこの時代は堂射の盛行に伴い、通り矢数を増やすために、篦は篦廻りを小さくした麦粒形《むぎつぶなり》とした炙篦《あぶりの》で、根は木製か別竹で、矢羽として鴨の羽を使い、釣合いにも工夫が凝らされた矢が開発された。

③鞢《ゆがけ》

この時代、敵前射法の衰退により五指を覆った手袋様の鞢から、弓射専用の三指のみを覆った三ツ鞢、さらには帽子を固めた堅帽子の鞢が作られるようになり、その後堂射専用として薬指をも参加させた堅帽子の四ツ鞢が開発され、これを小的前にも用いる射手が現れるようになった。

この三ツ鞢と四ツ鞢について『貞丈雑記』によると、『細川玄旨弓馬聞書』（慶長八年写）の中に「ゆかけを四ツかけに射ること射手の習当流（小笠原流）になし、又三ツゆかけと申事御存知なく候。五ツゆかけ本也」とあり、小笠原流では当時代、なお五指を覆う伝来の鞢を使っていたようである。

第四節　弓術界の様相

この時代弓射の稽古は小的前が中心であり、射法は基本的に現代とそれほど変わりなかったと考えられる。ただ当時の射形の絵図、幕末の写真・文献などから推察すると、矢尺は現代よりも若干短く、また現代の放れの動きが大放れの傾向があるのに対し、当時の放れは小放れであったようである。

なお当時の歩射射法の在り方は、世界の射法の一般的な在り方と同様、体斜め前に弓構えし、そのまま体斜め前上方に打起す、いわゆる斜面打起射法（図22・23）であり、これが歩射における自然の動きであることはいうまでもない。このことはわが国の武射系、礼射系いずれにおいても同様であり、また幕末から近代初頭以降堅帽子の四ツ弽を使用した堂射々法・射術の影響を受けた射法・射術で小的前を射ることが流行するようになった。

一　当代の名人・達人の話

さて、十六世紀中頃に鉄砲が伝来することにより、それまでの戦い方が大きく変わる中で、弓は鉄砲隊や槍組などと連携しながらも戦闘の場

図22　弓初の儀

図23　両親の見守る中で稽古に励む若侍

で用いられていたが、徐々にその実利性を薄くしていった。それにもかかわらず弓は武士の尊崇すべき精神的拠り所としてわが国の〝武（器）〟の最右翼に位置付けられ、当時の武将たちに嗜まれ尊重された。ここで当時の武将たちと弓にまつわるエピソードを何点かあげてみよう。

①敵を絶対に射外さない秘訣

秀吉の九州攻め（天正十四〈一五八六〉年）の折、羽柴秀勝（織田信長の四男）の家臣蒲生氏郷の家来野矢甚右衛門が秋月氏の岩石城を攻め、弓で敵を五人射止め、その首を氏郷の検分に供した。氏郷が「どのようにして五人も弓で討ち取ったのか」と尋ねたところ、仁甚右衛門は「敵の太刀が自分の弓手際に当るか当らないかのところまで引き付けてから発射すれば決して射外すことはありません」と答えたという。（明和七〈一七七〇〉年　湯浅常山著『常山紀談』）

②放れの妙手　竹林坊貞次

石堂貞次（為貞）は竹林派如成の子で、尾張義直の臣として活躍した人物である。貞次の入神の技については次のような逸話が残っている。

ある日義直から蓮の上にいる翡翠《かわせみ》を射るように所望されたことがあった。貞次はこれに応え射たところ、蓮の葉は少しも揺るがず、鳥もそのままであった。検分の者が赴いて見ると、鳥は首を射抜かれて死んでいたという。

またある時、土器を割らずに射貫けるかどうかという話が起こり、腕自慢の弓引きがこれに挑戦したが、誰も土器を割らずに射貫くことは出来なかった。そこで貞次がおもむろに愛弓を引き絞り発射すると、土器はすこしのヒビ割れもなく見事に射貫かれていたという。射貫きには放れの良さと澄んだ矢飛びが不可欠であるということの証左である。（近松茂矩『昔咄』第五巻・他）

③配慮の一矢

大蔵派の祖吉田茂氏は加賀藩で活躍した人物で、大坂の陣の折は左手指を半分切られたが、残った親指と人さし指だけでもその妙技を失うことはなかった。或る日藩主前田利常が鷹狩りに出たが、大切にしていた鷹を綜緒《へお》（綜緒―鷹の脚に結びつける紐）がついたまま逃がしてしまった。鷹は近くの森の木の枝にとまったけれども、鷹の足に結んでいた綜緒がもつれてぶら下がってしまった。そこで利常は茂氏を呼び「あの鷹を疵つけないで捕れ」と命じた。一度はこれを固辞した茂氏も止むを得ず承知し、雁俣を番えて射たところ、鷹の真中を射たように見えたが、そのまま飛び去るのを追って捕えた。その有様を見ていた利常は「どのようにして射たのか？」と尋ねたところ、茂氏は「綜緒を射てもこれを解くことは出来ません。そこで施子《もとおし》（鷹狩りの鷹の脚に取り付ける紐の金具）を射たので御座います。またこのような時には鷹の羽を疵つけないように軟らかな矢羽で射るのが慣わしで御座います」と答えたという。（正徳六〈一七一六〉年 熊沢猪太郎『武将感状記』）

またある宿の主人の子にキツネが憑き、茂氏の姿を見ると怖がる様子がある。そこで主人は茂氏にキツネを退散させて欲しいと頼んだ。「私が矢を射かけるとお前の子が死ぬかも知れないが、それでもよいか」と茂氏がいうと、主人は「死んでも構いません。お願い致します」という。そこで誓紙を書かせた上で子を庭の木に縛り付け、それに向かって矢を射る真似をしたところ、ひどく泣き叫んでいたが、しばらくして正気を取り戻したという。（享保元〈一七一六〉年日夏繁高著『本朝武芸小伝』）

④放れの冴え

三河時代の池田輝政の臣に伊庭総兵衛という弓の名人がいた。徳川家康は次女を輝政の継室としてお輿入れさせたが、その出迎えの折、徳川家の者から「めでたい日であるので、あの洲崎にいる羽白の一番を射て欲しい」と所望された。そこで総兵衛は愛弓で満月のごとく引き絞り、しばらく放さなかったがようやくにして放したところ、矢は雄の羽白の胴を射貫き雌の尾を射切っていた。友人が「なぜ引き込んで直ぐに放さなかったのか」と尋ねたところ、総兵衛は「二羽が居並ぶのを待っていたが、なかなか並ばなかったので、このような結果となってしまったのは残念であった」と言った。

また総兵衛は鉄砲と競射しても決して負けなかった。さらに新しい胴結を弱弓で射貫いたり、灰を土器に入れ、これを的にして射ると、矢は土器を貫いただけで割れなかったという。さらに向って来る猪を射たところ、矢はその鼻面から尾まで射貫き、後ろの松の木で止まったという。（前掲『武将感状記』）

⑤鎮西八郎為朝の再来か　喜連川藩の殿様の腕前

下野の国（栃木県）の名家喜連川藩第六代藩主左兵衛督茂氏は享保～宝暦頃在位した人物である。この茂氏は藩主でありながら、小指ほどの太さの弦をかけた一寸弓（約六五キログラム）に篦廻り親指ほどの太さの矢に長さは八寸、茎三尺の鏃を挿《す》げて射ることを常とするという豪の者で、遠矢前では強さ八分（約三八キログラム）の弓で七十五間（一四八メートル）先の一尺の的に対しては百発百中という腕前であった。また三十間先に置いた鉄鎧の胴を完全に射貫いたという。

これほどの腕前を持ちながら、茂氏は外に誇ることなく家来と城内で真摯に稽古するばかりだったので、世間ではあまりその腕前は知られていなかった。しかし茂氏が弓の名手であることを知った時の将軍吉宗は、その真偽を確かめることを家臣に命じた。茂氏はこれを受け、書院近くの築かれた垜の前に正装で八分の弓で行射したところ、的の真中を射貫きその矢は羽まで垜に没し、筈が一寸ばかり残っていたので、矢取り役は矢を抜くことが出来ず、鍬をもってようやく掘り出したという。（昭和十一年　中里介山著『日本武術神妙記』）

二　命をかけた早気《はやけ》矯正の話

〈その一〉

雪荷派の祖吉田重勝雪荷に早気（矢を十分に引き込むことが出来ず、自分の意に反して離してしまう射癖）の病いを持った子息がいた。雪荷はこの子息の早気を矯正しようとし「早気が直らなければ相続させるわけにはいかない。そこで早気を治す覚悟があるかどうかを知りたい。ここで殿から賜った陣羽織を的にして、これに向かってみよ」といい、胴結《どうゆい》にこれをかけた。子息はこれに向かって弓を引き込んだが、やはり我慢出来ず陣羽織を射破ってしまった。そこで雪荷は遂に「わしが的に立つので、わしに向かって引き込んでみよ。それが出来なければ切腹せよ、わしも後を追うぞ」という。子息は観念して父に向かって弓を引き込んだところ、不思議に早気が治っていたという。

〈その二〉

どこの藩の家臣かは定かでないが、弓好きではあるがいつしか早気に罹ってしまい、的に向かうと肩まで引かないうちに放してしまうという武士がいた。胴結に向かっても、耳を過ぎないうちに放してしまうという状態で、師匠も愛想をつかせて「弓の稽古を辞めてはどうか」という。その武士はどうかして早気を治したいと思い、ある時屏風に殿様から拝領した紋服を掛け、これに対して向かったところ、やはり早気の癖が出て放してしまった。そこで武士は最後の手段としてわが子を的とし、これに対し、もし発射すれば自分も腹を切って死のう、と心に決めて引き絞ったところ、いつの間にか早気が治っていたという。この武士の一念が通じたものであろうか、と評判になったという。

〈その三〉

堂射で空前絶後の大記録を打ち立てた和佐大八郎も一時早気に罹ったことがあったという。矢を引き絞るや否やたちまち放すというもので、当人も師の吉見台右衛門（順正）も何とかこれを治そうと工夫したが、一向に治らない。或る時大八郎が稽古をしていると、いきなり師の台右衛門が矢先に立ち塞がった。さすがの大八郎もこれに対し射放すことはなかった。このようなことがあってから大八郎の早気も治ってしまったという。

第五節　享保の改革と歩・騎射

一　徳川吉宗と歩・騎射の再興

慶長五（一六〇〇）年に関ヶ原の戦いが終わり同八（一六〇三）年江戸の地に幕府が開かれ、さらに同十九（一六一四）年大坂冬の陣、同二十（一六一五）年夏の陣を最後に、長かった戦乱の世に終止符が打たれた。そして年が進むにつれて幕藩体制は強固となり、集権的な機構が整備されるようになっていった。

また当初農業経済中心であったものが、時代が下がるにつれて生産技術が向上するとともに、流通経済が活発となっていった。そして十七世紀末頃から十八世紀初頭にかけて京・大坂を中心とする新興町人層による文化活動が盛んとなり、現世を肯定して逞しく生きる町人の姿を反映した現実主義的で明朗闊達な精神を背景に、近松や芭蕉、西鶴などに代表されるいわゆる元禄文化が花開き、農村部にも貨幣経済が浸透する一方、武士の財政は厳しい状態に置かれるようになっていった。

江戸に幕府が開かれて約一世紀余りが経ち、社会・経済構造の変質化、武士の生活が奢侈化する中で、士風の頽廃を刷新し、幕藩体制の安定強化が求められるようになる。しかし将軍家においては六代家宣の死を受け家継が四歳で七代の座に就いたが、間もなく在位わずか四年の八歳で死亡した。そして八代将軍として白羽の矢が立ったのが、かねて紀州藩で疲弊していた藩財政の立て直しに力を発揮していた吉宗であった。

吉宗は享保元（一七一六）年から延享二（一七四五）年の三十年間にわたり将軍の座にあり、江戸幕府三大改革の一つである享保の改革を行った当時代中興の英主とうたわれた人物である。

吉宗は開幕以来百十余年を経過し、社会・経済構造の変質化やそれに伴う武士階級の意識の変化・士風の頽廃に対応する政策を打ち出し、幕藩体制の立て直しを計ろうとし、その政策の一つとして財政の引き締めを行った。

さらに財政の立て直しのために、能力ある人材を抜擢し、新田の開発や学術の振興にもつとめる一方、都市部の防火対策や風紀の粛正に新しい方策を実施した。吉宗のこのような改革の意図は、幕府創業時の武断的な態勢を復活しようとするところにあったと考えられる。

そし狩猟関連組織・制度の見直しや「生類憐みの令」で一時途絶えていた鷹狩りの復活、洋馬の輸入や馬匹の改良、武的方面として洋馬術や砲術の研究を奨励した。中でも吉宗は古代・中世以来途絶えていた歩射の再興に意を注ぎ、「弓場始」を再興する一方、騎射では絶えて久しい流鏑馬の復興につとめた。

この流鏑馬は古代末期以降盛行した騎射の一形態であり、中世初期には東国武士の間で神事的性格のもと武的訓練として盛んに行われ、次第にその式法も整えられたが、十五世紀中頃勃発した応仁の乱以後、政情の混乱に伴い全く行われなくなり、その故実についてもすっかり忘れ去られてしまっていたのである。

その後永い戦乱の時を経てようやく世情の安定と人心の安らぎが見え始めるとともに、吉宗の代になって古儀復興への関心が高まり、その再現についての研究がなされるようになり、成果を見るに至るのである。

永らく中断していた流鏑馬の復興について伊勢貞丈は『貞丈雑記』の中で次のように述べている。

一、流鏑馬の作法は既に室町将軍の比に断絶したり。享保年中有徳院流鏑馬御再興有るべき思召にてありしかども其式詳ならず。依之諸家并諸国へ御尋ありて諸方より伝へ来れる趣を書記して献上しけるを、浦上弥五左衛門と云人に被仰付、右の書共書あつめさせられ流鏑馬類聚と云御書物出来たり。その書の内にて彼是御考を付られ、新にやぶさめの式を定め給ひて当将軍家治公御誕生御祈の為に元文二年二月武州高田村の馬場にて穴八幡へ流鏑馬射させて奉り給ひし也。其式は小笠原平兵衛《後に出羽守》にあづけさせ給ひ、諸士に指南させられて後も度々張行させられし也。

そこで次に吉宗の再興した歩射と騎射の復興の経緯についてもう少し詳しくみてみよう。

二　歩射式の再興―弓場始（射場始・的場始）―

奈良・平安時代に射礼（大射）として行われ、また鎌倉時代以降も幕府の重要な弓射行事として連綿として行われてきた弓始の儀は、戦乱相次ぐ時代にいつの間にか途絶えてしまった。その後永い空白の時を経て江戸時代になり吉宗の手によって弓場始の再興が図られたのである。

すなわち吉宗は水戸藩主徳川綱條《つなえだ》家をはじめ、関係ある諸大名家などに所蔵する歩射儀礼式に関する古文献を目賀田長門守などに命じて調査研究させ、これを小笠原縫殿助持廣家に預け、同家を指南役として、享保十四年二月五日、吹上御庭において復興後初めての弓場始の式を挙行したのである。

このことについて『有徳院殿御実記』（『徳川実紀』）は「五日吹上の御庭にてはじめて弓場始の式行はる。……射手は各矢数十本、皆中のものに紅裏の時服を賜ふ。……すべて射礼の事は紀藩におはせませしときよりひろく古礼をさぐりもとめたまひしが、大統うけつぎ給ひし後も、小笠原縫殿助持廣が伝家の古書をはじめ、其外家々の旧伝、古土佐の絵巻物までをめしあつめ、考合せ給ひしうへ、猶御みづからの御心をもて、新にと、のへたまひ……」、これを「持廣につたへ給ひ、かれをして御家人を教導せしめ給ふ事と成」ったと記録している。そしてこれが前例となり、その後正月十一日を「弓場始」の式日と定め（実際は一月十一～十九日頃）毎年これを実施するようになった。

この他にも吉宗は永らく途絶えていた大的・半的・遠的・草鹿・賭的・籤的などの式も復活させたという記録が残っている。

三　騎射式の再興―騎射挾物・新儀流鏑馬―

1　近世の騎射

①前後左右に移動する標的（牛・犬）を馬上から射る「追物射《おんものい》」、②遠距離の標的を疾走する馬上から正確に射中てるための「（遠）笠懸」、③動揺する馬上から連続した素早い矢番えと発射動作の訓練のための「流鏑馬」、この三種の騎射術、すなわち「騎射の三つ物」の技を体得すれば、どのような戦闘場面でも対応出来るとして、鎌倉武士は盛んにこれらの騎射術の訓練に励んだことはすでに述べたところである。

さて吉宗の騎射復興の経緯について『有徳院殿御実記』に「（吉宗は）騎射は紀州にいた時から関心があったが、八代将軍に任命されてからさらに和漢の書を考究し、長崎に来た異国の人からも知識を入れ、わが国古式の法に基づきながら、近臣らとともにさまざまに試み、やっと思うような式法が出来上ったので、これを小笠原平兵衛常春家に預け、広く御家人に教授すべく命じた」ことが記されている。

さらに古儀復興に志厚かった吉宗は、成島道筑・浦上弥五左衛門などに命じて、かつて行われていた流鏑馬を再現すべく関連故実書を蒐集し研究させた。しかしその成果は「今の世に騎射といふものは、享保の初の頃有徳院の始させられて、諸士に命じて射させ上覧ありしなり。……其式流鏑馬に似たり」とあるように、必ずしも中世初頭以来永年にわたり徐々に整備され確立されてきた流鏑馬の式を正確に復元したものでないことから、これを「騎射挾物《きしやはさみもの》」と呼ばせた。享保九（一七二四）年のことである。

また『有徳院殿御実記』（巻二十六）の中に、享保十三年の高田馬場八幡宮に奉納された騎射も「……神事の騎射命ぜらるゝにより、……」とあるように、この頃もまだ「流鏑馬」とはいっておらず、『同史料記録二』でも「……古の式法、其まゝには伝はりたるにあらねばとて、騎射挾物と名付け給ひ、流鏑馬とは称すまじと仰下されたり。

云々」とみえ、騎射挟物と流鏑馬とを区別している。

吉宗はかつて盛行した流鏑馬を何とか復興させたいと願い、さらに成島や浦上らに古文献の調査を命じる一方、騎射挟物の実地訓練を行いながら検討を加えさせ、元文三（一七三八）年二月九日に行われた光松山八幡宮（武州高田）への奉納騎射をもってようやく「流鏑馬」を冠する式法を完成させた。これがいわゆる「新儀流鏑馬」と称するもので、これを小笠原平兵衛家に預け、長く後世に伝えるよう命じたのである。

2　騎射挟物と新儀流鏑馬の実際

次に騎射挟物および新儀流鏑馬がどのようなものであったかについてその実際についてみてみよう。

①騎射挟物

吉宗が新儀流鏑馬を復興させる前段階として策定されたもので、小笠原流騎射を学ぶ者が最初に身につけるべき式法とされているものである。まず射手の服装は筒袖の着物に袴をつけ、騎射笠・紺足袋に手袋・射小手《いごて》を指し、弓は相位弓《そういきゅう》・重籐弓など、それぞれの資格に応じた弓を用い、箭は神頭矢四筋で、一筋は弓に添え持ち、他の三筋は帯に挟む。

この騎射挟物に関しては特に細かな決まりはなかったらしく、そのやり方についての詳細はわからないが、射手はあらかじめ第一矢を番えた状態で馬を出し、一番的を射た後素早く第二矢を帯から抜き取り矢番えし、二番的・三番的と射るのである。また射る際の掛け声も、それぞれの的に対して独特の掛け声をかける。なお演武は下位から高位への順序で行うのを常とする。

②新儀流鏑馬

騎射挟物をさらに検討・整備した式法で、主に高田馬場（現新宿区戸塚）で行われた。馬場の長さは百三十八間（約二五一メートル）あり、その中に長さ百二十間（約二一八メートル）の埒を設置し、馬場本・馬場末を作る。馬場割

（的の設置場所）にはさまざまあるが、馬場本から一の的まで十七間（約三一メートル）、二の的まで四十二間（約七六メートル）、三の的まで四十二間、留口まで十九間（約三五メートル）を通常とする場合が多かったとされている。

埒《さぐり》は幅四尺（約一・二メートル）、深さ五寸（約一五センチ）に掘り、その上に厚く砂を敷く。また埒は男埒《おらち》（弓手側）を高さ三尺五寸（約一・〇五メートル）、女埒《めらち》（馬手側）を高さ二尺八寸（約八五センチ）とし、埒杭は埒の縁から三尺二寸（約九七センチ）離し、一間（約一・八メートル）間隔に立て、各埒杭間の笠木には萩枝を使用した。したがって両埒間の距離は六尺四寸（約一・九二メートル）と古来行われていたものより広い。さらに馬場の両端には扇形（古法では片開き）の馬場本・馬場末を置く。

また的の立て所は男埒の際から三杖或いは五杖の所に矢留めを置き、その少し前に的を立てる。一杖を七尺五寸（二・二五メートル）とすれば、六・七五〜一一・二五メートルの距離に矢留めを置くわけである。なお高田馬場では埒際より一杖の所に的を立てたという。そして射手は駈足で走る馬上で立透《たちすかし》という姿勢から弓矢を操作するのである。因みにこの立透とは、腰を浮かせて馬から反動を抜くもので、上体が上下動しない乗り方をいう。

さて新儀流鏑馬に奉仕する諸役をみるとおよそ次のようである。

㋑射　手―主役である射手は旗本の士とし、その装束は水干・射小手・手袋・行縢《むかばき》・綾藺笠《あやいがさ》などとし、太刀を帯び鏑矢を盛った箙《えびら》を腰に負い弓を持つ。

㋺総　司―流鏑馬奉行ともいい、時の若年寄や御側御用人がつとめる。

㋩日記役―当日の日記の執筆を担当する役

㋥その他―弓袋持差《ゆみぶくろもちさし》（射手の替弓を持つ随従者）、的立《まとたて》（的持）、矢狩（矢拾いの役）、的奉行（的立関係の一切を執り仕切る役）など

また新儀流鏑馬の際の諸道具をあげると次のようである。

〈その一〉

㈠ 箙　―古法では逆頬箙《さかづらえびら》であったが、新儀流鏑馬で使用する箙の方立《ほうだて》は板で作り、これに薄皮を張り漆塗りとした。また端手《はたて》は丸い籐で作り、矢配りの部分は古くは筬《おさ》と呼ぶ簀子状の櫛形であったのに対し、単に紙で包んだ藁束を方立の中に入れただけとした。これを引肌箙《ひきはだえびら》という。

㈡ 弓　―黒塗りで籐巻の騎射弓とし、相位弓（弣上二〇ヶ所、弣下一五ヶ所に籐巻きした弓）・滋籐弓（弣上三六ヶ所、弣下二八ヶ所に籐巻きした弓）など、それぞれの資格に応じた弓を用いる。なお騎射弓の弦は塗弦、相位弓・滋籐弓は禦弦《せきづる》とする。

㈢ 矢　―古法に同じ（朴の木の鏑矢）

㈣服　装―肩衣《かたぎぬ》と袴の揃った裃に綾藺笠《あやいがさ》・沓・太刀を着し、左右五指の手袋を指す。

〈その二〉諸道具類

㈠射留台―的の後方に置く矢留めの台で、これに畳をかける。

㈡的　幕―幅六尺×六尺の紺色の木綿または麻布で、これを射留台の前に張る。

㈢ 的　―蹠《さぐり》より三杖（上級者は五杖）の距離に大きさ一尺二寸四方（一尺五寸四方とも）の形の厚さ三～四分の檜板を挟物《はさみもの》として立てる。

四　幕府が開催した歩・騎射行事について

開幕から明治維新に至るまでの間に上覧行事（図24）としてどれほど歩・騎射の行事が行われたかについてみると次のようである。

将軍名		在位	歩射	騎射	計	名　称
・三代	家光	二八年	三	一	四	射芸・弓技・犬追物
・四代	家綱	二九年	二七	―	二七	射芸・弓始・的射・射技・的・弓
・五代	綱吉	二九年	一	―	一	射芸
・六代	家宣	四年	一	―	一	的
・七代	家継	三年	―	―	―	
・八代	吉宗	二九年	六九	八二	一五一	半的・弓場始・矢開・射芸・射技・遠的・大的・草鹿・百手・賭的・籤的・騎射・流鏑馬・韓人歩騎射
・九代	家重	一五年	三二	三一	六三	弓場始・射・大的・半的・百手・騎射・流鏑馬
・一〇代	家治	二七年	八三	六六	一四九	弓場始・大的・半的・円物・草鹿・流鏑馬・笠懸
・一一代	家斉	五一年	一一〇	七〇	一八〇	弓場始・大的・半的・円物・籤的・堅物・騎射・笠懸・流鏑馬
・一二代	家慶	一六年	二四	一八	四二	弓場始め・四大的・射芸・騎射・流鏑馬・笠懸
・一三代	家定	五年	五	六	一一	弓場始・大的・騎射・流鏑馬・犬追物
・一四代	家茂	八年	八	八	一六	弓場始・大的・草鹿・騎射・犬追物
・一五代	慶喜	二年	―	―	―	

この上覧弓射行事の動向をみると、家綱時代頃までの弓射の在り方は実利的な性格であったと推測出来、吉宗の時

代になって歩・騎射行事ともに急速に増加しているが、これは吉宗が率先して古儀復興につとめ、再構築した歩・騎射の式法の内、歩射の式を小笠原縫殿助持廣家に、また騎射の法を小笠原平兵衛常春家に預け、旗本御家人らに教授するよう命じたことが大きな要因であったといえよう。

家斉の時代、老中松平定信の寛政の改革による士風刷新の掛け声のもと、弓射行事が盛んに行われており、開催数においては吉宗の代と遜色はない。

しかしその後幕末にかけてのわが国の置かれた状況は、国際情勢の緊迫化にもかかわらず、武士の経済的困窮や士風の低調化は如何ともし難いものがあった。このような社会風潮を背景に実利性の乏しく、しかも開催に多額の出費を必要とし、高度な技術が求められる騎射各行事は、歩射行事とともに実施する余裕もなくなり、次第に衰退の一途を辿っていったのである。

五　歩・騎射式の道統について

1　歩・騎射の伝統と小笠原家

政治的に一時も安定することのなかった戦国動乱の時代、武術界は各ジャンルに革新的な人物が登場した。弓術界においても鎌倉時代以来、源家一族である武田・小笠原氏の歩・騎射に関する儀礼的性格の古法に対し、生命をかけた厳しい戦場の波にもまれる中から誕生した日置弾正正次の飛・貫・中の技は、近江佐々木氏傘下の豪族吉田家に受け継がれ、分流分派しながら全国に定着していった。

図24　流鏑馬上覧の図

一方小笠原家と称する家柄は歴史的にみて数多く認められるが、それらを大別すると、江戸時代の大名家としては、豊前小倉（十五万石）、豊前小倉新田《しんでん》（一万石）、播州安志《あんじ》（一万石）、遠州掛川（肥前唐津 六万五千石）、越前勝山（二万三千石）の五家があり、また弓馬礼法に関係する家柄としては小笠原縫殿助系と小笠原平兵衛系の二系があるが、今日小笠原弓馬礼法家として一般に知られているのは平兵衛系である。

さて小笠原の始祖である長清は父遠光とともに弓始・奉射・百手・円物などの歩射、犬追物・笠懸・流鏑馬などの騎射の諸式にすぐれ鎌倉幕府に仕え、長清の子長経から清経の赤沢系と長忠の信州系に分かれることになる。

・赤沢系―長経の子清経の代に伊豆赤沢に城を構え、姓を赤沢と名乗ったが、安経―経顕―長興……と代を重ね、経直の代になり徳川家に仕え、さらに将軍家綱～吉宗の代に平兵衛常春が平兵衛家を称し、時の将軍より騎射の法を預けられ、旗本の弓馬礼法の指導にあたった。

すなわち赤沢系小笠原の経直は赤沢の姓を本姓の小笠原に復し、慶長九（一六〇四）年家康の命により伊豆から江戸に移った。「この経直、小笠原遠江守長経が二男伊豆守清経が十三代の後胤にて、清経が時伊豆赤沢城に住居せしより赤沢と称し、貞慶が時に至り本氏に復す。貞慶始祖相馬長門守義胤が招により陸奥中村に至り軍功を尽せしが、慶長九年よりめし出され五百石を賜り云々……」（『台徳院殿御実記』巻二十五）とあり、この家柄が秀忠をはじめ代々の将軍に仕え、さらには旗本諸士に弓馬礼法を教授したのである。

特に八代将軍吉宗の時代、貞政は戦乱により永らく途絶えていた歩・騎射の諸式法を再興し、将軍騎射日代を命じられた。これを機に名を平兵衛常春と改め、京系の縫殿助家とともに平兵衛家として明治維新に至るまでその業をもって家職とした。

・信州本系―長経の子長忠の流れは信州本系として代を重ねた後、京系備前家と信州系に分かれることになる。すなわち宗長の子貞長は別家として京系小笠原（備前家）をたて、代々室町幕府内で弓馬礼法を司り、活躍した様子がみられる。

また『寛政重修諸家譜』によれば、京系小笠原家第十四代元続は小田原の北条氏に仕え、第十六代長房（縫殿助）の代になって家康に奉仕したとある。この系統を縫殿助系と呼び、主として歩射の式法を司った。

一方信州本系の貞宗は後醍醐天皇や足利尊氏の師範として室町幕府に仕え、その後長秀の代には将軍家諸礼を今川・伊勢両氏とはかり『三儀一統』を編したことは有名である。

また長時の代になるに及んで戦乱の渦に巻き込まれ、子息貞慶とともに越後・伊勢・京都・会津・信州深志と転々とし、赤沢系の経直もまたこれにしたがい転戦している。

この間信州本系の長時は赤沢系の経直が家伝の道に悟達していることを認め、永禄五（一五六二）年に斜方的伝を与え、また天正二（一五七四）年長時・貞慶父子は一切の伝書を経直に贈与し、ここに弓馬礼法を含む一切の業の道統は伊豆赤沢家に継承されるのである。

その後縫殿助家が明治二十二年代、持齢を以て絶家となるにおよび、歩・騎射すべての諸礼式は平兵衛家に受け継がれ今日に至っているのである。なお関連する系図の概略を示すと図25のようになる。

2　武田流騎射

清和天皇の第六皇子貞純親王が文徳天皇の第五皇子源能有から朝廷の諸儀礼式の故実を伝授されたのが興りであるとされ、これが小笠原・武田両家に伝えられた。代が下がり武田家の弓馬礼法の故実は安芸武田家に伝えられ、その後同家が若狭国の守護職となるにおよび若狭武田家に伝えられたが、同家の滅亡にあたり武田信直（吸松斎）から姻戚関係にある細川藤孝（幽斎）にそのすべてが伝授された。

その後藤孝の孫細川忠利の時代に家臣竹原惟成がこれを継承し代々伝えてきた。明治の世になり一時存続が危ぶまれたが、昭和三十六年熊本県重要無形文化財に指定され、武田流騎射流鏑馬保存会が発足し現在に至っている。

一方旧藩主細川護久《もりひさ》は熊本藩士で弓道範士井上平太に関係伝書一切を相伝したとされ、平太没後高弟金子有鄰は護

図25　流派系図〈その1〉

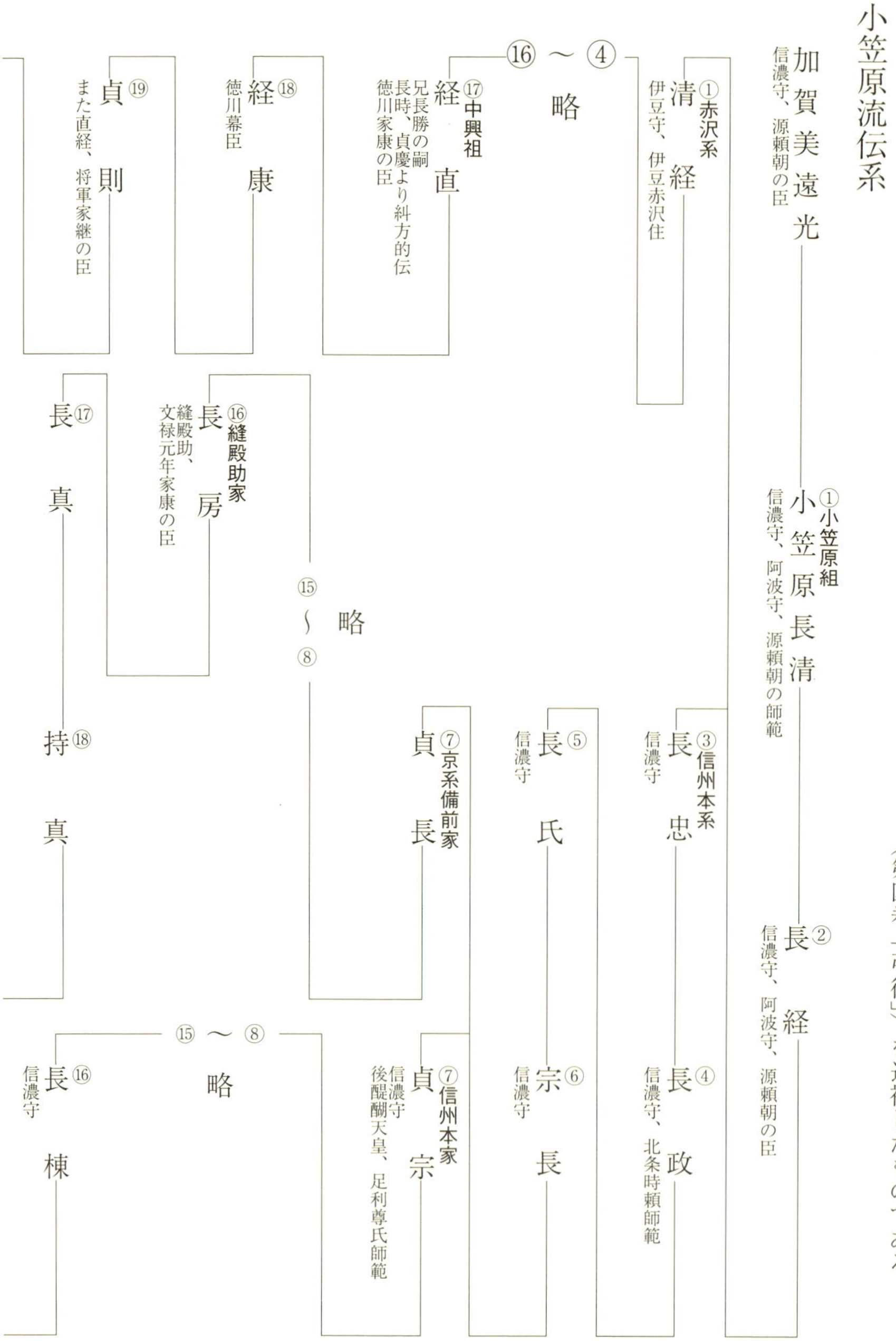

本系図は石岡久夫・入江康平編『日本武道大系』（第四巻「弓術」）を追補したものである。

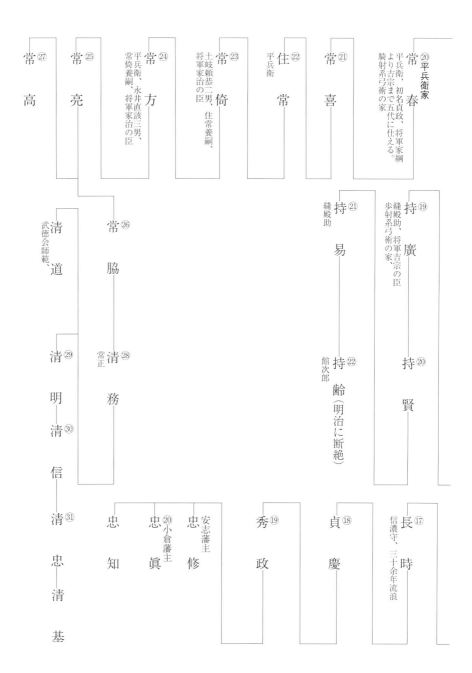

平兵衛家

⑳常春　平兵衛、初名貞政、将軍家綱より吉宗まで五代に仕える。騎射系弓術の家

㉑常喜

㉒住常　平兵衛

㉓常倚　土岐頼恭二男、住常養嗣、将軍家治の臣

㉔常方　平兵衛、永井直該三男、常倚養嗣、将軍家治の臣

㉕常亮

㉗常高

⑲持廣　縫殿助、将軍吉宗の臣　歩射系弓術の家、

⑳持賢

㉑持易　縫殿助

㉒持齢　館次郎　（明治に断絶）

㉖常脇

㉘清務　常正

清道　武徳会師範、

㉙清明

㉚清信

㉛清忠

清基

⑰長時　信濃守、三十余年流浪

⑱貞慶

⑲秀政

忠修　安志藩主

⑳忠眞　小倉藩主

忠知

久の子護立《もりたつ》の許可を得、同流弓馬軍礼故実司家を名乗り大日本弓馬会を鎌倉に設立し活動している（図26）。また金子氏の別系統として有鄰氏の六男家堅により鎌倉に設立された日本古式弓馬術会もその道統のもとに活動している。

第六節　堂射の盛行

一　近世の堂射

堂射の嚆矢は古代末期にあるとされるが、戦国時代流行した遠矢前の稽古の中から弓勢を試す場として、たまたま三十三間堂の外縁が使われ、これが人気を博した。そして江戸時代に入ると通り矢数を競う風潮が盛行するようになったことは先に述べた。一定の取り決めのもとに、公開の場で通り矢数の多寡を競う在り方は、当時の人々の人気を呼び、演武当日は近郷近在から多くの観衆が三十三間堂を訪れた様子が当時の絵画に描かれている。

そして堂射の競技化が促進され、記録更新への競争が激化するにしたがって、新たに特殊な射法や用具が開発されるようになっていった。このように堂射は時代が下がるにつれてその競技性が人気を呼び、歩射・騎射と同列に位置付けされるほどの独立した一つの射の分野を占めるようになっていったのである。堂射の盛況ぶりについて小川渉は『志ぐれ草紙』の中で次のように描写している。

……古昔のことを聞くに至て手軽るかりしに、後世競争者多くなりては射手の競争よりは大名の競争となり

図26　武田流流鏑馬（於・明治神宮）

て、藩費を抛ち稽古させ当日を取らせしなり。当日の前は数十日堂上にて稽古し、弓師、矢師、弽師等雇ひ切りて、弓も三十張内外張り立て、その内尤を撰び、矢も一万本余を製し射試みてそのよきを撰び、当日には幕府にも届けて桟敷を設け縦覧人を延き、縦覧人は見舞として金壱朱（六百廿五文）、或は金弐朱を投せば食券を與へり。時刻に至りて縦覧人その食券をもちて設けある所の茶店に行けば、金の多寡によりてそれぞれ酒食を饗し（図27）、藩侯よりは使番来り居て千矢ごとに馬を馳せ通り矢を藩侯に報じ、夜に入れば数所に篝火を点ずる等初め稽古の時よりは巨多の費用にて、悉皆藩侯の用途より支弁することなれば、小藩侯のなし得べきにあらず。射手は縁端に踞して両袒《もろはだぬぎ》しその妻手後ろには大勢居りて、矢師が監したる矢を射手の右膝に出しておくを、射手は取て注き射る。その時付添ふもの一斉に声を掛け、矢視役は矢先の高き処に居て矢の来るを待ち、通りしものにはヨイキター（能く来りしの意なり）と高声にて呼ばわり采配を振り、一人は一矢ごとに帳簿に記し居て算ひしなり。是等は太平世界の武興ともいふべけれども、費用は当時にありては七八百両を費すとのことなれば、容易ならぬなり。

二　近代スポーツと堂射

スポーツはヨーロッパ産業革命以降の近代社会に誕生した運動文化であり、これが世界に広まっていった。この運動文化の定義はさまざまあるが、それらに共通する条件を要約すれば、（一）遊戯性、（二）競争性、（三）（全身的）身体活動が基本要素となるが、時代が下がるにしたがいその在り方も変容するようになる。特に近代社会におけるスポーツは①世俗性、②競争の機会均等と活動条件の平等性・専門化、

図27　堂の一角に設けられた「仕出し所」

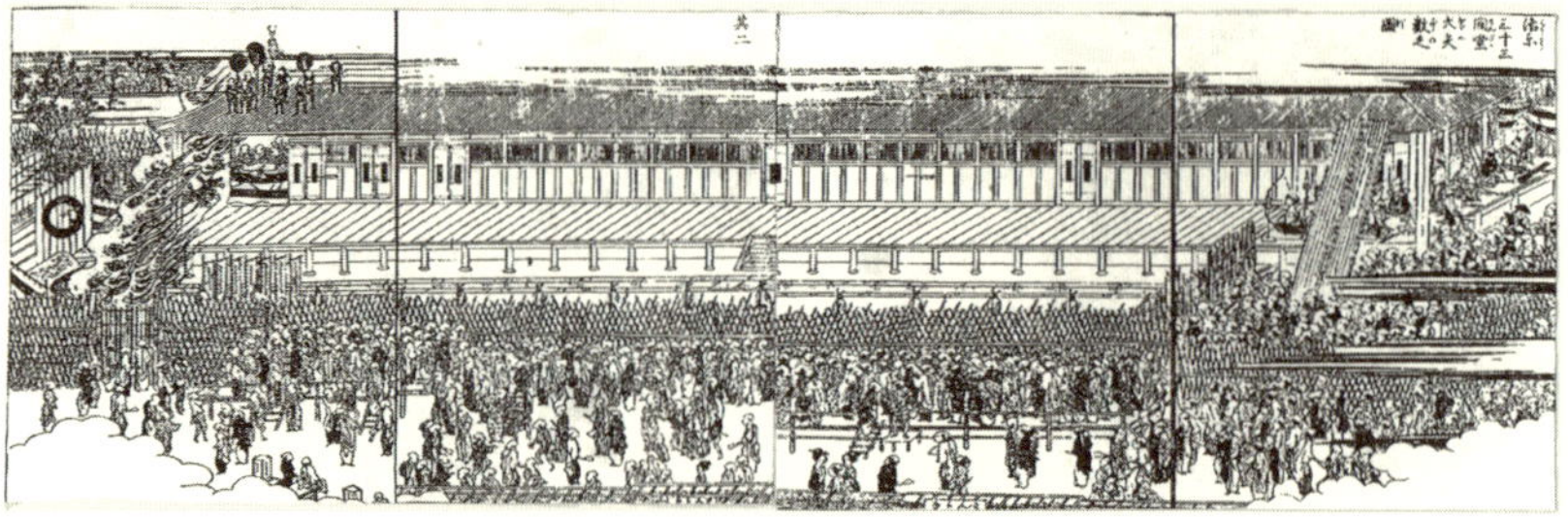

図 28　三十三間堂大矢数の図

③数量化、④記録万能主義などの性格が強く打ち出される傾向がある。
これを堂射に照らし合わせてみると、近代スポーツが不可欠とする次のような条件をクリアしており、堂射が多分に近代的な性格を有していたことがわかる。

①生命安全の確保
弓術の技術修得法は古来より対物への働きかけの形式を採っていたため、対人形式を採る剣術や槍術・柔術などのそれと違って身体的な安全が確保されていた。このことは近代スポーツに不可欠な生命尊重という条件を満たしており、堂射においてもまたしかりであった。

②特定の宗教や理念・流派からの離脱と競技の公開性
武術と宗教との関わり合いをみると、中世までは山岳仏教からの影響を受け、多分に密教的な世界との結び付きがみられる。これが近世に入ると、心・気の重要性への気付きから柳生新陰流を嚆矢として禅思想の引・援用がみられるようになる。弓術界もこの動向はみられるものの、堂射関連の史・資料を管見する限りにおいては、その傾向はみられない。

また堂射の意義についてみると、その目的は具体的な通り矢数の多寡を競うという一点にあるということではいずれの流派も一致しており、その目的達成のための射法・射術は自ずと流派を超えた様相を示す傾向が見られる。このことは勝利や記録への挑戦を主目的とする近代スポーツの在り方に合致するものであったといえよう。また競技は身分の貴賤や職業・年齢・性別を問わず、誰もが観衆として参加出来るという公開性を持っていた（図28）。このことも近代スポーツの占める〝見るスポーツ（スペクテータースポーツ）〟としての在り方と合致するものがある。

③民主的な組織とその運営

江戸時代初頭以降通り矢数を競うようになった堂射は、その判定に当時の代表的な六流派（印西派・雪荷派・道雪派・大蔵派・竹林派・寿徳派）により審判団を構成し、その中の二名（一名は出場者側と同派の者）により通否の判定が厳密に行われた。また最盛期の堂射会場を描いた「山崎規矩輔大矢数之図」などをみると、円滑且つ公正な競技が行われるよう多数の人々がこれに協力している様子が詳細に描かれている。

④出場資格の条件

応永年間から永禄・天正頃の矢数記録を見ると、僧籍や民間人らしい射手も出場している様子がうかがえ、また矢数の多寡を競うようになった十七世紀初頭（江戸時代初頭）以降の矢数帳を見ると、出場者は武士に限定されてはいるものの、長男に限らず次男以下の者や、種目によっては四歳の幼児（図29）から七十一歳の老人まで出場の機会が与えられていたという点では、幅広い層が出場資格を有していた。

図29　『浪人力丸大吉郎小射録』（寛政5年刊）

⑤競技規定や評価規準の整備

社会規範は道徳・倫理規範（黙示的ルール）と法規規範（明示的ルール）に大別出来る。スポーツにおいて前者はいわゆるスポーツマンシップやその表現としてのマナー、フェアプレー、エチケットなどがあげられ、後者はスポーツの実施にあたり技術や競技時間、施設・設備、人数、用具、服装、さらには審判の役割や権限など、具体的・形式的側面を体系的に秩序立て、それを成文化したものをいう。

実利性が薄れ、教育性や芸道性にその価値を見いだす傾向がみられるようになった江戸時代の武術は、理が先行する主観的抽象的な、いわばアナログ的な傾向の評価法がその主流をなしていた。これに反してこの堂射は、あくまで客観的具体的な数量のみを評価の対象とするもので、いわばデジタル評価に主たる価値を置いたという点では、近代スポーツの有り方に合致するものであったといえよう。

⑥技の数量化と記録への挑戦

近代スポーツにおけるさまざまなプレーや勝敗などの要素は、数量化・記録化され、時間と空間を超えて他者と比較される。そして現代人はこの数量化・記録化された情報に大きな関心や興味を示す傾向がある。したがって今日のスポーツにおいては、すでに数量化されたさまざまなプレーや勝敗などを少しでも更新しようと、競技規則に反しない限りにおいて技術や用具・トレーニング法に工夫を凝らすのである。

一方伝統的に技の経過や質・内容に評価の主眼を置く近世武術のアナログ的在り方も、十八世紀初頭以降になってようやく剣術において竹刀打ち込み稽古が盛んとなることにより、判定基準や勝敗の評価規準などに流派間の共通理解の兆しがみられるようになり、近代化の一歩を踏み出した。

しかし堂射の歴史を概観すると、その嚆矢においてすでにさまざまな点で近代スポーツの条件のほとんどをクリアしており、江戸時代になって以降さらに近代的要素を整備していったことがその実態から理解出来る。

三　堂射弓具の開発

さて堂射では他者に上回る通り矢数を得るため、用具や射法・射術についてさまざまな工夫がなされた。そこで次に弓具関係で改良された主だった点についてみてみよう（図30）。

1　弓

弓はその使用目的により軍弓・的弓・差矢弓（堂弓）などに大別出来る。差矢弓では的前で使用する七尺三寸の並寸弓の手下を切り、七尺〜七尺一寸位の弓長とした。また村仕上げでは特に内竹幅を極く細くし、手下《てした》を若干立て、勢《なり》も船底形とした。

2　矢

「差矢は中古以来の物にして、繰矢の遺風也。……」（『大和流弓道伝書』）、「差矢は近代の物也……」（『貞丈雑記』）などとあり、差矢前や堂射に用いる矢を差矢・堂矢などというが、堂射において矢数の多寡を競う時代以前に使っていた矢は、蕪坂源太の「小キナル根スゲタル矢」（新井白石著『本朝軍器考』巻四）を嚆矢として、飛距離を延ばすための遠矢（繰矢）や（古制の）差矢であったと考えられる。

ところが江戸時代に入り通り矢数を競うようになるにつれ、重さや箆廻り・羽長《はたけ》や羽山、筈、根、糸巻、釣合いなどに工夫を凝らした堂射専用の矢が作られるようになった。因みにその主な特徴をみると、箆形は麦粒で重さは四匁〜四匁七分位とし、箆廻りは八分五厘〜九分八厘位の箆に羽長約三寸五分の鴨の羽を矧ぎ、木製頭巾形の根を挿《す》げた。

また釣合は中釣合か若干本釣合とした。なお大矢数に挑戦する場合は、重さや箆廻り毎に区分した矢を少なくとも約八千五百本位は準備する必要があった。

図30　堂射用弓具
堂弓・矢各種・碟・押手碟・腰掛・弦走と肩布団など

3　䩭《ゆがけ》―堅帽子と四ツ䩭の発明―

当初武具の一つであった手袋様の䩭は、時々の社会の要請に応じてその形状や構造を変化させてきたが、江戸時代になり日置各派が全国各地に定着し盛行する中で、弓や矢などと同じようにそれぞれの流派や地域、さらにはその用途によって帽子の構造や形、掛口の切り方、飾りなどに独自の工夫がなされるようになる。しかし竹林派伝書『射談』（寛政三〈一七九一〉年）に「古人的前ニハ皆三指ヲ用ヰタリ。今モ的ガケトイヘバ三指ナリ」とあるように、的前ではいずれの流派でも三ツ䩭が本来であった。

①堅帽子䩭の考案

その後およそ十七世紀中期前後に三ツ䩭の帽子を固める構造が開発された。このいわゆる堅帽子䩭は、堂射で長時間の競技に耐え、記録を延ばすための工夫の一環として考案されたものである。すなわち長時間の行射からくる疲労を少しでも軽減することを目的として、親指の内側の部分に別革や銅、後には角・木を型抜きにして入れ、これを革で包んだ、いわゆる堅帽子䩭を新たに開発したのである。

この工夫により右手指の負担は相当少なくなったと考えられる。因みに高木正朝著『日本古義』（天保四〈一八三三〉年）によれば、親指を別革としたのは石堂貞次であるとし、別の文献によれば帽子を角で固める工夫をしたのは大蔵派の吉田大蔵であるとか、尾州竹林派の長屋忠左衛門、或いは紀州竹林派の吉見台右衛門杖経武であるとする説がある。

②四ツ䩭の発明と小的前への普及

またここに特筆すべきは、数多の矢数を発することによる勝手の疲労を少なくするため、取懸けに薬指をも参加させる堂射専用の四ツ䩭が開発されたことである（図31）。

この四ツ䩭は従来の親指・中指・人差し指の三指に加え薬指も革で覆った䩭であり、その特徴は三ツ䩭より帽子を短く、さらに内側に曲げた形とし、熱気抜きのために親指の横に穴を開けるなどの工夫がされている。因みにこの四

図 31　堂射用四ツ牒

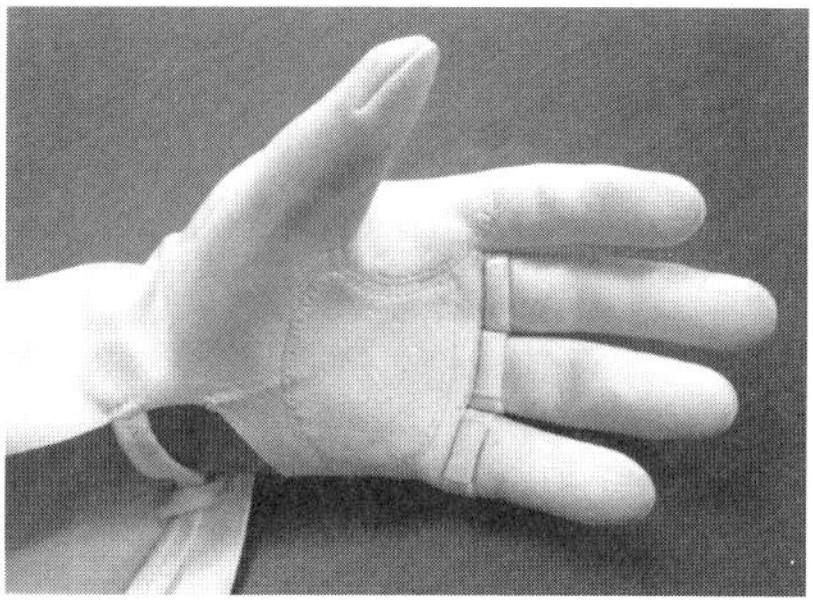

図 32　堂射用押手牒

ツ牒の考案者は江戸時代初期の射手で、印西派の宮崎伊（猪）太夫であるという。

さてこの堂射のために開発された四ツ牒は的前稽古の場にも影響し、『射学要録』（天明八〈一七八八〉年）によれば「的前ニ四指牒ヲ用ルハ、弓ヲ弱ク覚ヘテ射ヨキユヘナリ」とあるように、的前でも四ツ牒が使用されるようになった。さらに『弓道聞まほし』（年代不明、江戸時代中期頃？）の中に「近年諸流の（小的前の）稽古を見侍るに、古代の三ツ牒を用る者十に一もなし。皆角入りの四ツ牒を用ゆ。たまさか三ツ牒を用る者も、角入り又はふしぬき、或いは半かためなどを専要とす」とあるように、当時の小的前の稽古でも堅帽子の四ツ牒が普及していたことがうかがえる。

因みに今日もなお本来堂射専用の牒である堅帽子の四ツ牒を小的前で使用する射手がいるのは、堂射射法が近代以降もわが国の小的前の射法に大きな影響を与えているという証左ともいえる。

しかし「（四ツ牒は）はなれの軽き味はおのずと失はてし也」（寛政三〈一七九一〉年　竹林派須山義文著『射評』）や「四ツ牒は矢数射る稽古に用る牒にて、的射るにも此牒を用ゆるも間々見へたり。……（的前は）三ツ牒本容なり。心得べき第一也」（『大和流弓道天之巻』）とあるように、小的前を専らとする現代弓道に用いる牒としては、流派を越えて三ツ牒が本来であることは、小的前の主旨からして合理的なものといえよう。

また堂射では押手掌を痛めることを防ぐため、五本指を覆い親指を除く四指の基関節部にスルメ革という革を付け、握りやすく締めやすいようにした堂射専用の押手諜を使用した。これは打ち切り射法のための工夫であり、さらに掌部には疲労防止のため別革を貼り付ける工夫もされた（図32）。

ここで諜の変遷を要約しておこう。古くは武具の一として手指を保護し、武器類を操作しやすくするために左右の手指全体を覆う手袋様のものであったが、時代が下がり実戦を想定した稽古が少なくなることにより、平時においては諜の掌部を抉ったり、親指・人差し指・中指の三指のみを覆うような小的前専用の三ツ諜、親指（帽子）を別革や銅・角・木型を入れて堅くした諜、さらには四ツ諜が工夫されるなど、その目的によってさまざまな形状や構造の諜が考え出されるようになっていった。このようにして弓射専用の諜が工夫されるようになってからは、諜師と呼ばれる専門職人が江戸時代初頭に現れるようになるのである。

③諜の製作

さてここで諜の製作について簡単にふれておこう。まず諜を製作するには良質の鹿革を選ぶことから始まる。諜には古くから国産の革である地革が使われてきたが、中世以降は毛長・小唐《ことう》・中唐《ちゅうと》・大唐《おおと》などと呼ばれる革が東南アジアをはじめ朝鮮半島から輸入され、これを使うようになった。

これらの革を腐食や変形などを防止するため藁火で燻《ふす》べた後、台革・帽子革・控革・付指・小紐・大紐などに荒裁ちした後、それぞれの手形に合わせて裁断し、各指を縫い合わせ、控下を固め、帽子を作り、腰革・表革を張るのである。最後に弦を掛けるための掛口という段（弦道・溝）を角度や深さを慎重に見極めながら親指根に作る。諜の出来不出来は、帽子の向き具合やこの弦道の掛かる部分の深さや角度が大きく左右する。最後に腹革《はらかわ》・捻革《ひねりかわ》を張り紐を付けて出来上がりとなる（『弓射の文化史　原始〜中世篇』図132参照）。

四　堂射の射法

古代から近世初頭までの堂射の姿勢は、跪坐や割膝姿勢で行射していたが（図33）、競技時間が長くなることからくる疲労を少なくしたり、発射位置を低くすることを目的として、低い腰掛箱に腰を掛けた安坐姿勢で行われるようになる。また矢番え法や取懸け法、打起、引取法、さらには射の運行速度、発射動作等々にも他の歩射射法と相違する堂射独自の射法が工夫された（図34）。

図33　三十三間堂における堂射の図

五　堂射に至る稽古段階

堂射は所定の射距離・矢数・時間のもとで通り矢数の多寡を競うという大変過酷な競技であることから、堂射に挑むまでにさまざまな準備が必要となるが、そのうち堂射本番に至るまでの稽古の段階を示すと次のようである。

第一段階　素引《すびき》（矢番《やつがえ》～伸合《のびあい》）

差矢巻藁（筒巻藁・射占《いじめ》）の前に安坐し、所定の通り矢を番え、引込・伸合を味わった後矢をはずし、次の矢を番え、順次同じような動作を繰り返す稽古を行う。

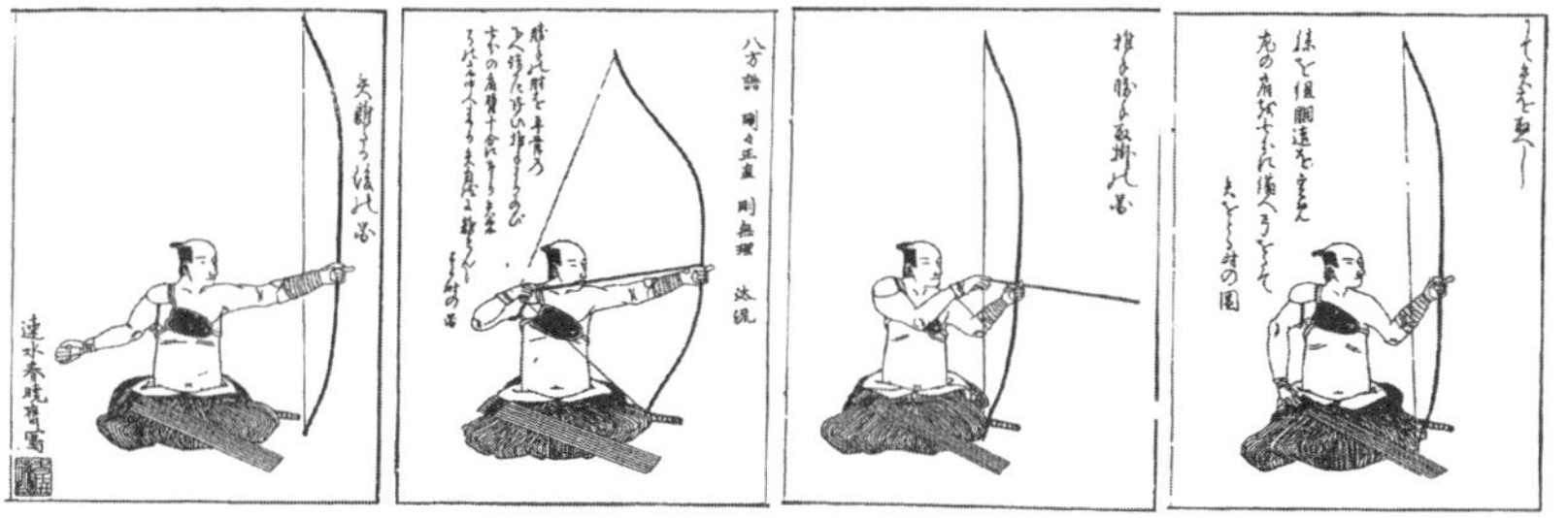

図34　堂射射法

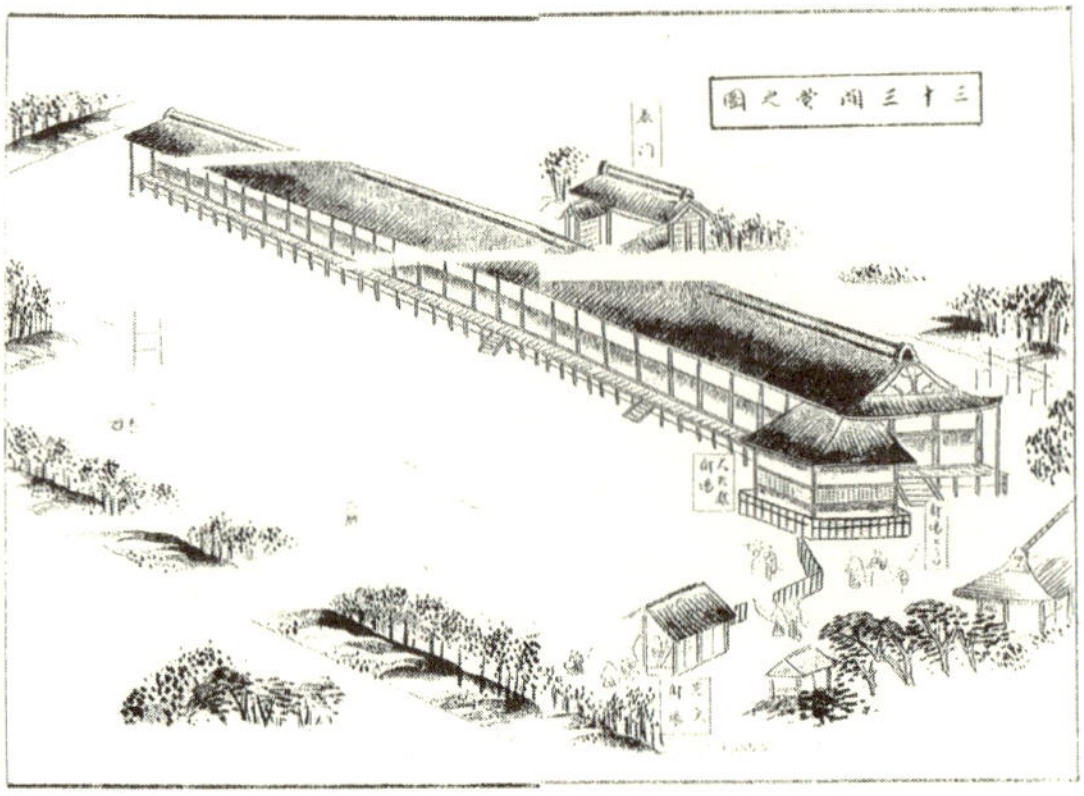

図35　三十三間堂における「芝射前」稽古の図

第二段階　小口前

小口桶に向かい、介添人から膝の上に置かれた小口矢をすくい取り、番え、引き込み、発射する動作を反復繰り返す稽古。

第三段階　芝射前《しばいまえ》（芝射・折掛）

六十間（約一〇九メートル）先に大的を掛け、射位から三十～三十三間（約五五～六〇メートル）に本堂と同じ幅に二本の竹棒を立て、約一丈七尺五寸（約五・三メートル）の高さに縄を渡し、この中を射通す稽古を行う（図35）。

第四段階　堂形《どうがた》

射距離六十四間（約一一七メートル）に取り、射場と矢先を板張りとする。そして射場から三十間先（約五五メートル）の閣門《かくもん》、矢先（矢倉）の三ヶ所に屋根を掛け、本堂に近い雰囲気を設定し稽古する。

第五段階　堂射

省略

六　『矢数帳』にみる主な記録

ここで参考のため京都および江戸三十三間堂における種目毎の最高記録・全堂大矢数の成功率・出場者の年齢などをあげておこう。なお堂射の華といえば一昼夜をかけて堂の端から端を射通す全堂大矢数を指し、この種目で新記録を樹立すると、堂の西側外縁軒下に絵馬を掲げた（図36）。

1　各種目の最高記録

種目名	京都堂		江戸堂	
全堂大矢数	八、一三三	和佐大八郎（紀州）	五、五八三	鶴田辰太郎（姫路）
全堂日矢数	四、五〇〇	竹林吉萬（淀）	五、〇一五	恒田規矩佐（佐倉）
全堂夜矢数		―	一、六五一	長沢牛次郎（庄内）
全堂百射	九一	若林泰次郎（高槻）	八四	大沼優之助（秋元）
全堂千射	九六〇	葛西薗右衛門（紀州）	八六	八森川貞兵衛（烏山）
全堂五百射	三二	八佐竹七之助（京都町奉行）	一三五	谷伝吉郎（館林）
半堂大矢数	一一、七六〇	奥田顕治郎（紀州一一歳）	一一、七六〇	太田信吉（紀州一一歳）
四十間大矢数		―	一〇、〇〇〇	大貫興太郎（一一歳）
五十間大矢数	八、〇〇〇	野呂又助（紀州一四歳）	五、六五〇	田中市太郎（一一歳）
半堂日矢数	一〇、三八三	野呂源一（紀州一三歳）	一一、六五五	根岸勝之助（長岡一三歳）
半堂夜矢数		―	六、七三三	川口源治（幕臣九歳）
半堂百射	八八	鈴木丈之（進岸和田一二歳）	一〇〇	太田信吉（紀州一一歳）
四十間百射			一〇〇	吉野政市（姫路一〇歳）
四十五間百射		―	一〇〇	石川泉之助（三河吉田一一歳）
五十間百射	九四	関根熊太郎（京都町奉行）	九八	佐野乙三郎（磐城棚倉一四歳）
五十五間百射		―	九四	小倉儀七（紀州一五歳）
六十間百射		―	八四	大久保雅之助（越後与坂一四歳）

半堂千射	八八八	鈴木丈之進（岸和田一一歳）	九九五	小倉儀七（紀州一一歳）
四十間千射	―		九九一	三好斧吉（幕臣一五歳）
四十五間千射	―		九六五	小倉儀七（紀州一三歳）
五十間千射	八九九	伊藤松之丞（高松一三歳）	九七八	小倉儀七（紀州一五歳）
五十五間千射	―		七八七	吉田元吉（紀州一四歳）
六十間千射	―		八三	後藤常蔵（唐津一五歳）

2　全堂大矢数の成功率（京都堂の場合）

順位	射手名	通り矢率	総矢数	通り矢数
一位	葛西薗右衛門	〇・七八三	九、〇四二射	七、〇七七本
二位	星野勘左衛門	〇・七五九	一〇、五四二射	八、〇〇〇本
三位	和佐大八郎	〇・六二七	一三、〇五三射	八、一三三本

3　種目別にみた出場者の年齢

『射術撰要集』に「十五歳以下之童堂の半より之を射る」、また『堂前指南覚秘伝之巻』に「半堂は拾参歳以下を勤めさす事本義也」とあるが、次の記録から必ずしもそうでなかったことがわかる。

種目名	年齢	種目名	年齢
①全堂大矢数	一五～二四歳	⑩四十間百射	六～一四歳
②半堂大矢数	八～一五歳	⑪四十五間百射	一〇～一三歳
③四十間大矢数	一一～一四歳	⑫五十間百射	八～一四歳

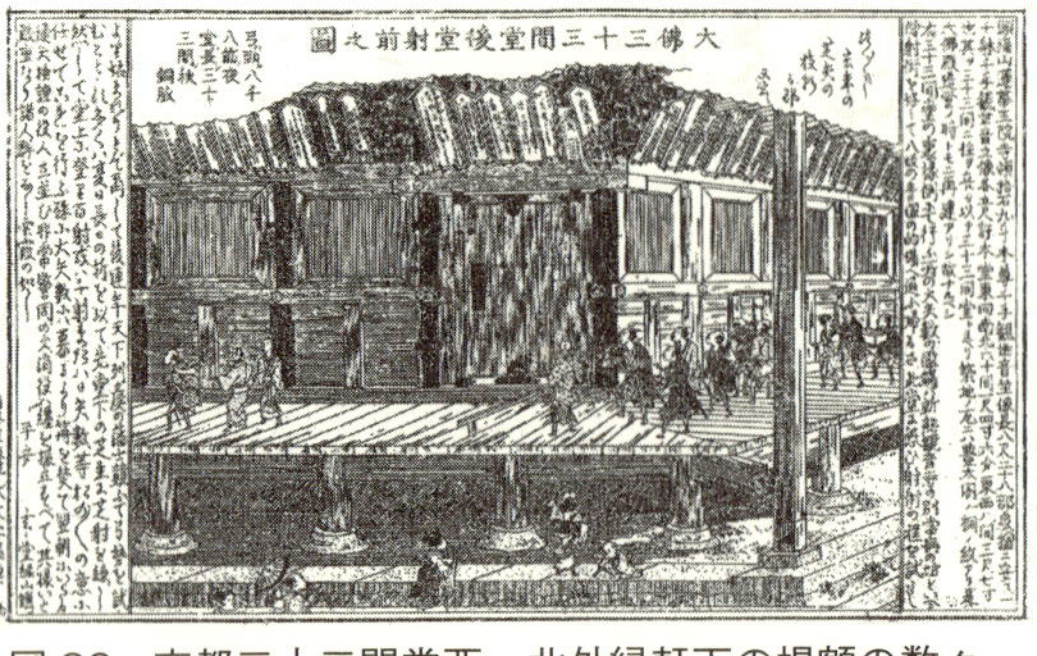

図36　京都三十三間堂西・北外縁軒下の掲額の数々

④五十間大矢数	一一～一四歳	⑬五十五間百射	四～一五歳
⑤全堂日矢数	五〇歳	⑭六十間百射	一四～一五歳
⑥半堂日矢数	一〇～一三歳	⑮全堂千射	一五～五〇歳
⑦半堂夜矢数	九歳		（図37）
⑧全堂百射	一五～七一歳	⑯半堂千射	五～一四歳
⑨半堂百射	四～一五歳	⑰四十間千射	七～一五歳

4　出場回数の多い射手（京都堂における全堂大矢数の場合）

一二回出場	鈴木麻右衛門（浜田藩）	
八回出場	井上久兵衛（加賀藩）	打田十太夫（尾張藩）
	生熊源五良（安芸藩）	高山八右衛門（庄内藩）
七回出場	吉田大内蔵（加賀藩）	
六回出場	下村忠右衛門（紀伊藩）	鈴木万右衛門（播磨藩）
	長屋六左衛門（尾張藩）	星野勘左衛門（尾張藩）
	山田半内（加賀藩）	吉井助之丞
五回出場	七名	
四回出場	五名	
三回出場	二九名	

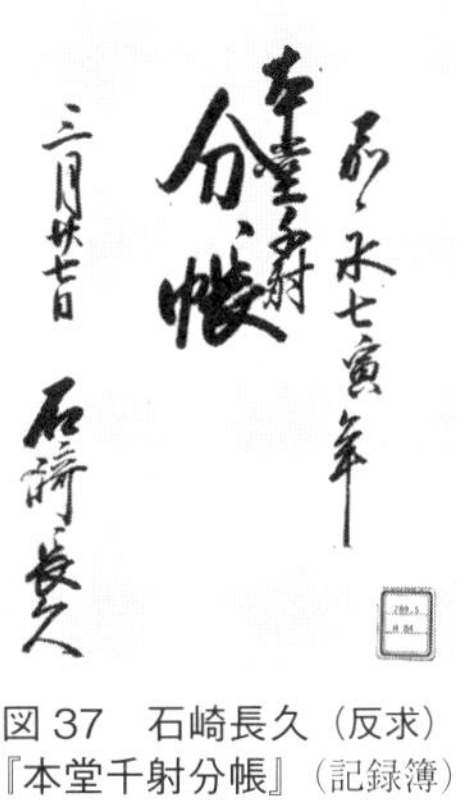

図37　石崎長久（反求）
『本堂千射分帳』（記録簿）

5　実施時期について

全堂大矢数の競技時間は夕方の六時より翌夕方の六時まで一昼夜となるため、当日の気象条件が大きく成績に影響するので、関係者は実施時期について配慮したことがうかがわれる。これを京都及び江戸の『矢数帳』の記録からみると、およそ次のようである（いずれも太陽暦）。

（一）全堂大矢数の場合、全体的には四月上旬から次第に増加し、五月下旬から六月上旬をピークとし、七月上旬にかけてゆるやかに減少している。

（二）制限時間種目では京都・江戸両堂とも、五月上旬から六月上旬にピークがある。

（三）制限矢数種目では京都・江戸両堂とも、実施時期に広がりがみられる。

6　記録更新者の所属藩（全堂大矢数の場合）

いずれの藩の射手が射越し（天下一）を行ったかについてみると次のようであり、京都堂の場合時代が下がるにつれて限られた雄藩に絞られていった。

・京都堂の場合

藩名	実人数	延べ人数
①尾張藩	七名	一二名
②紀伊藩	七名	一〇名
③加賀藩	六名	一一名
④安芸藩	三名	四名
⑤庄内藩	二名	四名
計	二五名	四一名

・江戸堂の場合

実人数一二名、延べ人数一三名であり、その内訳は小浜藩三名（実人数二名）、姫路藩二名、以下島原藩、会津藩、平藩、飯山藩、宇和島藩、尾張藩、旗本、及び浪人が各一名となっており、必ずしも雄藩でないことがわかる。

第七節　弓術の変質化

元和偃武の後、年を経るに従い武術の在り方も実利・実戦性を帯びた総合武術から、専門種目別に分化するとともに、心・気の論を立て微妙精緻な技法を追求しようとする傾向がみられるようになる。

そして干戈止んだ十七世紀中期～後期頃の武術界について、武蔵は『五輪書』の中で早くもその華法化・商業化の傾向を指摘しており、さらに小出切一雲も『夕雲流剣術書』（貞享三〈一六八六〉年）でその在り方の形骸化を嘆いている。

これを弓界にみると、十八世紀前期頃（享保年間）の兵学者荻生徂徠は、当時の弓が実利的な訓練を忘れ「太平の戯玩」となり果て、また騎射も廃れ、小的前ばかり行い、敵前射法は行われなくなっていることを嘆いている。

また元禄時代（十七世紀末）に書かれた『鸚鵡籠中記』をみると、主人公である尾州藩士朝日文左衛門がさまざまな武術に手を出すが、いずれも物にならず、弓術に至ってはその入門動機が師匠の娘と結婚したいがためであったこと、また町辻で猿若舞に見とれているうちに脇差の刀身をすり盗られるという不覚をとったこと、また茶店や芝居小屋などで刀を忘れて大騒ぎしたというエピソードなどが記されており、およそ当時の武士の武術に対する姿勢を垣間見ることが出来る。

さらに荻生徂徠著『鈐録外書《けんろくがいしょ》』（巻二）の中に「槍・兵法（剣術）などは皆大勢の見物人の前で仕合し、見事に勝つことを至極」としている様子が見られ、弓も同じように「（実利的な敵前射術を疎かにして）的前の起居振舞いの立派さばかりを専らとしている風潮がある。このような在り方では一旦事が起こっても何の役にも立たない」とする趣旨の記述がみられる。

このような風潮を建て直すため八代将軍となった吉宗は、単に家柄やかつての先祖の行った幕府への貢献度（戦功）だけでなく、広く有能な人材を登用し、さまざまな改革を打ち出した。

『有徳院殿御実記附録』に「……一芸一能あるものをば普く挙用ひしかば、才能あるもの時にあひしことを悦び、諸国より多く出来れり。……一芸一能ある処士は、をのが口を糊する時至れりと悦び、所々に教場を開き、しきりに古礼をとなへ、また異風なることを伝へたり。中には講武の一助となるべきものには他所を恩借ありて講習せしめる」とあり、武術関係でも実際に旗本や幕臣以外からも人材を登用している。このような武術界にあって弓射はどのような在り方を示していたかについてみてみよう。

一　平瀬光雄が理想とする射手―六品と五射六科―

歩射は文字通り足を地面につけて射る様態の射であり、その射る姿勢の相違により立射と坐射に大別出来る。十七世紀中頃創始された大和流の祖森川香山は『大和流弓道教訓之巻』（承応元〈一六五二〉年）の中で「弓術（弓道）」の構成要件として次の六項目をあげている。

その六項目とは、まず（一）射術―目的の相違により①近距離の標的を正確に中てることを目的とする「的前」、②飛距離を目的とする「繰矢前」、③速射を目的とする「差矢前」、④戦場の射である「軍弓」の四種をあげ、さらに（二）射礼―さまざまな的の儀礼式、（三）弓法―弓矢の取扱い及び式法、（四）弓器―さまざまな弓具の品々に関する知識、（五）弓工―弓矢の細工（修理）、（六）四明―究極の儀としての蟇目鳴弦の式法、の六項目を知得体得すべきであるとし、これを「弓道の六品」といっている。

大和流のこの考え方から影響を受けたと考えられる平瀬光雄は『射学要録』（天明八〈一七八八〉年）の中で、五射六科として次のような項目をあげ、これらを「悉ク知リ尽クスヲ弓道ノ達人（理想の射手）」としている。

○五射六科

《一》射術

（一）巻藁前―巻藁ヲ置テコレヲ射ルヲ云フ。足蹈弓構ヨリ矢ヲ発シテ後ニ至ル迄ノ射曲直推控トモ悉ク規矩アラズト云コトナシ。射ヲ学ブノ基ニシテ種々教伝アリ。

（二）的　前―的ヲ立テ中ヲ試ルヲ云フ。足蹈ヨリ目当ニ用ル規矩アリテ、目附見込ニ教伝アリ。遠近ノ修学ニ習アリ。

（三）遠矢前―野外ニ於テ延矢ヲ学ブヲ云フ。或ハ索矢前《くりやまえ》ト云フ。足蹈ヨリ身ノ積目当取物ニ習アリ。

（四）差矢前―数多ノ矢ヲ発シ、上下前後ノ偏ナク数十歩ニ至ル事ヲ学ブヲ云フ。元和前後射形ニ別アリ。堂前ノ射ニ習アリ。胴造ヨリ始メ離ノ後ニ至ル迄コトゴトク教伝アリ。

（五）要　前―軍中戦場ニテ自由ニ射ル事ヲ学ブヲ云フ。或ハ軍射前又ハ虎口前《こぐちまえ》ト云フ。矢入・矢合・火箭・矢文・歩射ノ六曲ヲ始メ鎗脇・鎗下・互弓合等ノ射法ニ至ルマデ種々教伝アリ（図38）

右ヲ五射ト云フ。射形ノ三物トハ、巻藁前・的前・差矢前ナリ。或ハ巻藁前・的前ヲ真トシ、要前・遠矢前ヲ行トシ、差矢前・堂前ヲ草トス。是ヲ真行草ノ三物ト云。

《二》射儀

的巻藁ヲ始メ弓射ル時ノ礼ナリ。君臣ノ儀ヲ明ニシ、長幼ノ序《ついで》ヲ節

図38「数矢」の稽古を行う筆者

スルヲ云。

《三》弓法

弓矢取扱ノ法ナリ。射儀ノ中ニ籠ルト雖ドモ、平生弓矢ノ取扱ニ其法知ラザレバ美ツクサズ。

《四》弓器

白木・塗弓・数ノ滋籐・諸矢ノ式・箙・空穂ヲ始メ、射具ノ品々ニ至ルヲ云。

《五》弓工

弓矢制作ノ道ヲ明弁シ、利害得失ヲ知ルヲ云。

《六》弓道

神代相承ノ秘訣、引目・鳴弦・一張弓《いっちょうきゅう》等ノ深理ヲ究メ知ルヲ云。

そして平瀬光雄は同書の中で、十八世紀後期の弓射界に「文射ニ類スル遊戯ノ射、武射ニ似タル声名ノ射ヲ専トシ、観徳武用ノ本旨ヲ遺失シ」ている風潮がみられることを嘆いている。すなわち「弓は本来観徳武用のものであり、単なる遊びや売名のためのものではない。ところが近年文射に似た遊びの射や、一見武射のようであるが実は有名になることを主目的とした射が全国的に流行していることは何と嘆かわしいことであろうか」と批判している。

また当時の射手が的前行射において「外形の美しさや的中ばかりを追い求めるあまり、射法の理を疎かにし、釣合いだけで的中を得ようとするので、矢に強みがなく遊びの弓のようである。さらに流派にこだわり、自分が到達もしていない技術や心気の論について得意顔して説く指導者がいるが、このような指導者に決して惑わされてはならない」という趣旨のことも述べている。

平瀬は『射法新書』（寛政九〈一七九七〉年）でも「（射にはその目的によってさまざまな射法や射術があるにもかかわら

ず）当時の射手は巻藁と小的前以外については何も知らず、巻藁と小的前が弓術のすべてだと誤解している傾向があるのは誠に残念なことである」と、当時の弓術界の風潮を批判している（図39）。

二　金許・義理許・技許のこと

十五世紀後期に出た日置弾正正次の革新の射の全てを継承した吉田流は、その後分流分派を重ね、大和流を例外として十七世紀初頭までに分流分派活動を終えた。そして各流派はそれぞれが確立した技術体系のもとにしかるべき訓練が継続的に行われ、ある技術レベルに達した者に対して、それにふさわしい資格を授与するという方式を確立した。

図39　巻藁前稽古の図

資格授与にかかわるさまざまな文書は、授与される資格ありと認定された者のみに与えられるのが普通であるが、軍事的・政治的に安定した社会が続くようになった江戸時代、資格授与は必ずしもこのような在り方ばかりでなく、授与される力量のない者にも資格が与えられるというケースがみられるようになる。

すなわちそれぞれの流派ではあらかじめ何段階かの資格段階を設定しておき、稽古を通してその段階にふさわしい技能レベルに達し、人物的にも優れた者に対して資格を授与するのが本来の在り方であり、これを一般に「技許《わざゆるし》」（術許・実力許）という。

これに対しすでに江戸時代初頭より「義理許《ぎりゆるし》」（主人筋や義理ある人との関係から、技量不十分な者に対して仕方なく資格を出すこと）、「金許《かねゆるし》」（金品の贈与を受けることにより、まだ技能未熟な者に対して止むを得ず資格を与えること）が行われることがあった。

このことについて天明七（一七八七）年に刊行された古萱軒緑水《こけんけんりょくすい》著『芸術要覧』（『芸術二葉始』）の中でも「今時は貴族の威勢又は金銀に迷ひ、未熟の仁もゆるし印可等をさづけ、貧銭の弟子には目を掛けず、惣じて貴族に限りて其わざに未熟なるものなり。是に構なく礼金さへとれば、むさとゆるし教る事、芸を商ふの徒、いかで冥利よからんや」と手厳しく批判している。また平瀬光雄も『射学要録』（天明八〈一七八八〉年）の中で「六科とも精しく高貴権勢にも諂らはず、下賤軽輩にも驕らず、利の為に動かず、教導の正しきを明師と云ひ、或は是等を天下の射者と云なるべし。」といっており、この文意からして権力や地位、金品によって動く、いわゆる義理許・金許のような風潮があったことがうかがえるのである。このように義理や金品を伴った資格の授与は、江戸時代を通して行われ、特に寛政年間（一七八九～一八〇〇）以降顕著となる。たとえば江戸の文人大田南畝は『半日閑話』（巻二十一）の中で「寛政八年丙辰（一七九六年）の頃江戸流行のもの」として「軍学皆伝惣免許、諸芸の見分むださわぎ、武芸先生御役替、免許目録金次第……」とあり、幕府も享和二（一八〇二）年にこのような武術界の風紀を正すような戒告を出している。さらに時代は下がるが、天保年間（一八三〇～一八四三）頃富山藩主松平淡路守利保も『履校約言』の中で、武家社会におけるさまざまな資格の伝授について「師範家は伝書・伝巻を多発し、資格の段階を細かく分けることにより謝金を多く取ろうとしている。また努力しても容易に資格を出さない反面、義理や金品により簡単に授けている。」と当時の風潮を批判している。

このように、江戸時代も年を経るとともに形骸化・華法化の傾向を示していた武術界も、西洋列強の相次ぐ来航により社会に緊迫した空気が漂い、次第に実利・実戦性を帯びるようになっていくのである。

これを弓術にみると、その在り方は元和偃武以来射の基本を正す稽古としての小的前（図40）を中心とし、その応用としての芝射、敵前、堅物（射貫）などの稽古が行われてきた。一方伝来の格式や礼法を重視する射の在り方を墨守する方面からすると、中・貫・久（飛・貫・中）という実利的な目的の射はその結果が歴然としており、また明々白々の客観的な評価が示されることから、自流の存亡にかかわるため、抵抗があったのではないかと考えられる。それを裏付ける例として次のような史料をあげておこう。

会津藩で堅物の会が催された折、同藩弓術師範であった豊秀流の中野義郎は、射は礼儀に法ったものでなければならないが、もし発射すれば矢は銀山鉄壁をも射貫くほどの射術が伴っていなくてはならない。しかし甲冑職人は矢の透らない武具を制作しなければならないが、もし射透されれば職人の面目は失われる。また射て甲冑を射透すことが出来なければ射手はその名誉を失うし、弓射は無用のものとなり、その流儀の存亡にもかかわることになるので、このような催し（堅物の会）には反対である。（要約）―『会津藩教育考』（第三　学史上　寛政二年正月　射芸堅物試一覧の旨を達す）より

図40　小的前の稽古に励む若侍たち

見栄えや形の見事さばかりに気を遣い、事なかれ主義の当時の弓射の在り方を代表するこのような時代錯誤の意見は、実利・実戦的条件が求められる当時の時勢からすれば当然ながら傾聴に値しない在り方として一蹴されることは自明の理であろう。

三　全国の弓術流派分布

すでに述べたように、弓術の流派は日置弾正正次の創始した日置流を源流とし、十七世紀初頭、すなわち江戸時代に入るまでに大和流を除き分流分派が完了し、全国に伝播した。今村嘉雄博士が調査した文献上の各武術の流派数をみると、名目上は馬術—六六流、剣術—七四三流、槍術—一四七流、砲術—一九二流、柔術—一七九流の流派名があがっている。これに対し弓術は五一流で、他武術と比較して流派数としてはもっとも少ない。

ここで江戸時代、どのような流派がどの地域に定着していたかについて、筆者の管見によると次のようであるが、不明の部分が多く調査不足は否めない。（＊を付した流派は章末に系図を掲げた。）

《陸奥国（青森県・岩手県・宮城県・福島県）》

・弘前藩—竹林派（流）　雪荷派＊　日置流
・盛岡藩—印西派＊　道雪派＊　出雲派＊
・八戸藩—竹林派　大進派　印西派　日置流
・仙台藩—雪荷派　日置流
・三春藩—日置古流
・福島藩—日置古流
・二本松藩—雪荷派　印西派
・白河藩—道雪派
・会津藩—豊秀流　印西派　道雪派　味庵流　円城寺派（道雪派系）　畑流《はたけりゅう》
・平藩—道雪派

《出羽国（秋田県・山形県）》

・新庄藩—道雪派
・松山（松嶺）藩—日置流
・米沢藩—印西派　雪荷派　日置流
・酒井藩—吉田流
・秋元藩—道雪派
・庄内藩—吉田流　大蔵派＊　印西派　雪荷派　竹林派　山科派　大和流

・秋田藩―山科派　道雪派　印西派　寿徳派　大蔵派
　大和流
・秋田新田藩―日置流
《常陸国（茨城県）》
・水戸藩―印西派　雪荷派　日置流　竹林派　大蔵派
　大和流*
・松岡藩―日本流
・麻生藩―雪荷派
・結城藩―印西派
・土浦藩―道雪派　竹林派
・笠間藩―道雪派
《下野国（栃木県）》
・喜連川藩―尾州竹林派*
・烏山藩―竹林派　大和流　日置流
・宇都宮藩―大蔵派　道雪派　日置流
・茂木藩―吉田流
《上野国（群馬県）》
・館林藩―雪荷派　日置流
・安中藩―竹林派

・吉井藩―竹林派
・七日市藩―竹林派
・高崎藩―道雪派
《上総国（千葉県）》
・桜井藩―道雪派　雪荷派
・大多喜藩―雪荷派
《下総国（茨城県・千葉県）》
・古河藩―道雪派　大蔵派　日置流
・佐倉藩―日置流
・生実藩―印西派
《武蔵国（埼玉県・東京都・神奈川県）》
・忍藩―道雪派　竹林派　印西派　吉田流
・岩槻藩―片貝流　印西派　日置流
・川越藩―雪荷派　道雪派
《相模国（神奈川県）》
・小田原藩―竹林派　大蔵派
《越前国（福井県）》
・勝山藩―大和流　雪荷派　小笠原流
・福井藩―印西派　竹林派　道雪派　山科派

・鯖江藩―道雪派
・大野藩―竹林派　道雪派
《越中国（富山県）》
・富山藩―吉田流
《越後国（新潟県）》
・村上藩―日置流
・新発田藩―印西派　吉田当流　大和流
・長岡藩―雪荷派　道雪派　吉田流　日置流
・村松藩―日置流
《加賀国（石川県）》
・金沢藩―吉田流　石黒流　大蔵派　道雪派　山科派　左近右衛門派
・大聖寺藩―吉田流
《若狭国（福井県）》
・小浜藩―道雪派　雪荷派　竹林派
《信濃国（長野県）》
・飯山藩―雪荷派　大蔵派　印西派
・上田藩―寿徳派　雪荷派　日置流
・飯田藩―日置流

・高遠藩―道雪派　日置流
・松本藩―竹林派
《美濃国（岐阜県）》
・加納―道雪派
《駿河国（静岡県）》
・沼津藩―竹林派
《三河国（愛知県）》
・吉田藩―雪荷派　印西派
・挙母藩―*紀州竹林派　尾州竹林派　道雪派　大内蔵派　雪荷派　吉田派
・岡崎藩―竹林派　大和流　印西派
・西尾藩―道雪派
・刈谷藩―吉田流
・田原藩―雪荷派　印西派
《尾張国（愛知県）》
・名古屋藩―印西派　井上流（火矢術）　竹林派　道雪派　一全流（騎射）
《伊勢国（三重県）》
・菰野藩―日置流

・津藩―雪荷派　道雪派　吉田流
・久居藩―大和流　吉田流
《近江国（滋賀県）》
・彦根藩―武田流　片岡流　日置流
・膳所藩―竹林派　道雪派　大和流
・宮川藩―竹林派
《山城国（京都府）》
・淀藩―道雪派
《大和国（奈良県）》
・郡山藩―道雪派　大蔵派　大和流　伴流　日置流
・松山藩―北条流
《摂津国（大阪府・兵庫県）》
・高槻藩―道雪派
・尼崎藩―道雪派
《和泉国（大阪府）》
・岸和田藩―道雪派
《紀伊国（和歌山県・三重県）》
・和歌山藩―竹林派　吉田流　道雪派　雪荷派　印西派　寿徳派

《丹波国（京都府・兵庫県）》
・福知山藩―竹林派
・亀山藩―雪荷派　大蔵派
・篠山藩―竹林派　雪荷派
・京都―大心派
・京都所司代、京付近―大和流　山科派　竹林派　道雪派
《但馬国（兵庫県）》
・出石藩―道雪派　竹林派　小笠原流
《播磨国（兵庫県）》
・明石藩―山科派　道雪派　竹林派
・山崎藩―大和流　太子流
・姫路藩―大和流　道雪派
・三日月藩（乃井野藩）―竹林派
《因幡国（鳥取県）》
・鳥取藩―日置流中村派　道雪派　雪荷派　印西派　竹林派　一貫流
《出雲国（鳥取県）》
・松江藩―竹林派　日置流

・広瀬藩―道雪派　日置流

《石見国（島根県）》

・津和野藩―竹林派　雪荷派　大和流　道雪派　印西派

・浜田藩―道雪派

《美作国（岡山県）》

・津山藩―雪荷派　大和流　印西派

・勝山藩（高田藩）―日置流

《備前国（岡山県）》

・岡山藩―印西派

《備中国（岡山県）》

・松山藩―吉田流

・足守藩―印西派

・庭瀬藩―日置流

・成羽藩―吉田流

《備後国（広島県）》

・福山藩―吉田流　印西派　竹林派

《安芸国（広島県）》

・広島藩―日置流　印西派　吉田流　太平流　道雪派　寿徳派

《周防国（山口県）》

・岩国藩―竹林派　日置流

・徳山藩―道雪派　日置流

《長門国（山口県）》

・萩藩―印西派　日置流　道雪派

・長府藩―吉田流　道雪派

《阿波国（徳島県）》

・阿波藩―竹林派　雪荷派　道雪派　印西派

《讃岐国（香川県）》

・高松藩―雪荷派　竹林派　日置流

・丸亀藩―竹林派　日置流

・多度津藩―竹林派

《伊予国（愛媛県）》

・松山藩―印西派　道雪派　竹林派

・宇和島藩―日置流　小笠原流

・吉田藩―小笠原流

・西條藩―吉田流　竹林派

・大洲藩―竹林派　大蔵派

《土佐藩（高知県）》
・土佐藩―大蔵派　雪荷派　竹林派　日置流
《筑前国（福岡県）》
・秋月藩―雪荷派　竹林派
《筑後国（福岡県）》
・久留米藩―道雪派　竹林派
・柳川藩―日置流
《肥前国（佐賀県・長崎県）》
・佐賀藩―大蔵派　印西派　竹林派　日置流
・蓮池藩―日置流
・唐津藩―大蔵派　竹林派
・平戸藩―日置流
・大村藩―日置流
・島原藩―山科派　竹林派　大和流
・福江藩―雪荷派
《対馬藩（長崎県）》
・府中藩―竹林派
《肥後国（熊本県）》
・熊本藩―竹林派　吉田当流　道雪派　寿徳派　大蔵派　山科派　大和流
・宇土藩―吉田流　日置流
《豊前国（福岡県・大分県）》
・小倉藩―御家法
・中津藩―道雪派　日置流
《豊後国（大分県）》
・杵築藩―吉田流　印西派
・日出藩―吉田流
・府内藩―雪荷派　竹林派
・森藩―日置流
・臼杵藩―竹林派　出雲派　雪荷派　直心流　日置流
・岡藩―雪荷派　竹林派　印西派　日置流
《日向国（宮崎県・鹿児島県）》
・高鍋藩―日置流
・佐土原藩―日置流　小笠原流
・飫肥藩―日置流
《薩摩国・大隅国（鹿児島県）》
・鹿児島藩―日置流

なお弓術（武術）関係の文献には次のような流派名もみえる。

・尊流《みことりゅう》　・伴流《ともりゅう》　・紀流《きりゅう》　・鹿嶋流　・日本流《やまとりゅう》　・秀郷流
・逸見流《へんみりゅう》　・氏隆流　・広重流　・石黒流　・矢沢流　・上田流

四　藩校と弓術―江戸時代の弓術教育と道場―

江戸時代諸藩は藩立学校である藩校を設立した。その設立趣旨は、変容する封建社会に対応し、藩の士風を刷新し、さらには自藩の行財政を改革することの出来るすぐれた子弟を養成することにあった。

もっとも古い藩校としては寛永年間（一六二四～四二）創立の花畠教場［後の岡山学校］（岡山藩）があげられる。これに続き寛文年間（一六六一～七二）に稽古堂［後の日新館］（会津藩）、元禄年間（一六八八～一七〇三）に興譲館（米沢藩）、好古堂（前橋藩→姫路藩）、享保年間（一七一六～三六）に明倫館（長州藩）などが設置された。その後宝暦年間（一七五一～六三）頃になると各藩で盛んに設置されるようになり、寛政の改革後その数が急激に増加する。各藩校の共通する教育目標は、文武を学習し人倫の道を踏み、自己を厳しく律して、藩政の刷新に寄与出来る人材の養成にあった。

そのための文的履修科目として和・漢・洋学、習礼（歩・騎射礼法、陣

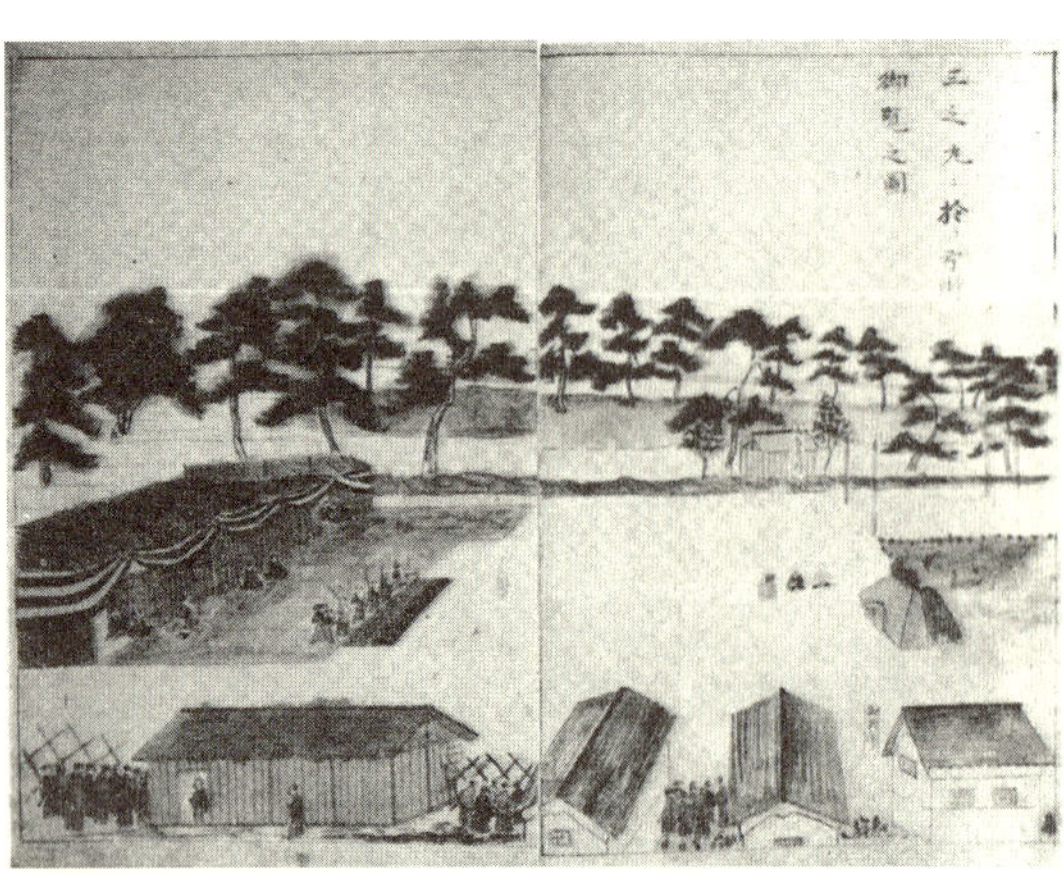

図41　藩主の前で小的前演武する藩士たち

法の礼式）・兵学（築城・攻城・用兵学）、武術としての弓・馬・鎗・剣・砲・柔などの各術が課せられたが、今村嘉雄博士の研究によると、この武術各種目の中でもっとも盛んに採用実施された種目をあげると次のようであった。（一九五藩—類数は一藩内で行われた武術種目の中で類似した種目が複数実施されている場合は延べ数でカウント）（図41）

剣術（居合・抜刀術・野太刀などを含む）　二二二藩
砲術・操練（火術・操銃・練兵・調練などを含む）　二〇八藩
槍術　一八一藩
馬術（水馬・調馬・軍馬などを含む）　一七四藩
弓術　一六五藩
柔術（体術・拳法・腰廻・組打などを含む）　一六五藩

藩校における武術の修業年齢についてみると、各藩により相違があった。たとえば会津藩（図42）では「一、十四歳より弓馬鎗刀の術を修行すべし」（天明八年）とあるが、全体的にみるとおよそ八歳からの場合が多く、七歳～一五歳と幅がある。また終業年齢は一五歳～二〇歳となっており、教育の客観的成果をみるために見分（試合）や考試（試験）が行われた。

因みにこれを弓術にみると、福山藩（広島）「誠之館《せいしかん》」内の兵学科では印西派が採用されており、およそ次のような三段階の資格が設定され、試験が行われた。

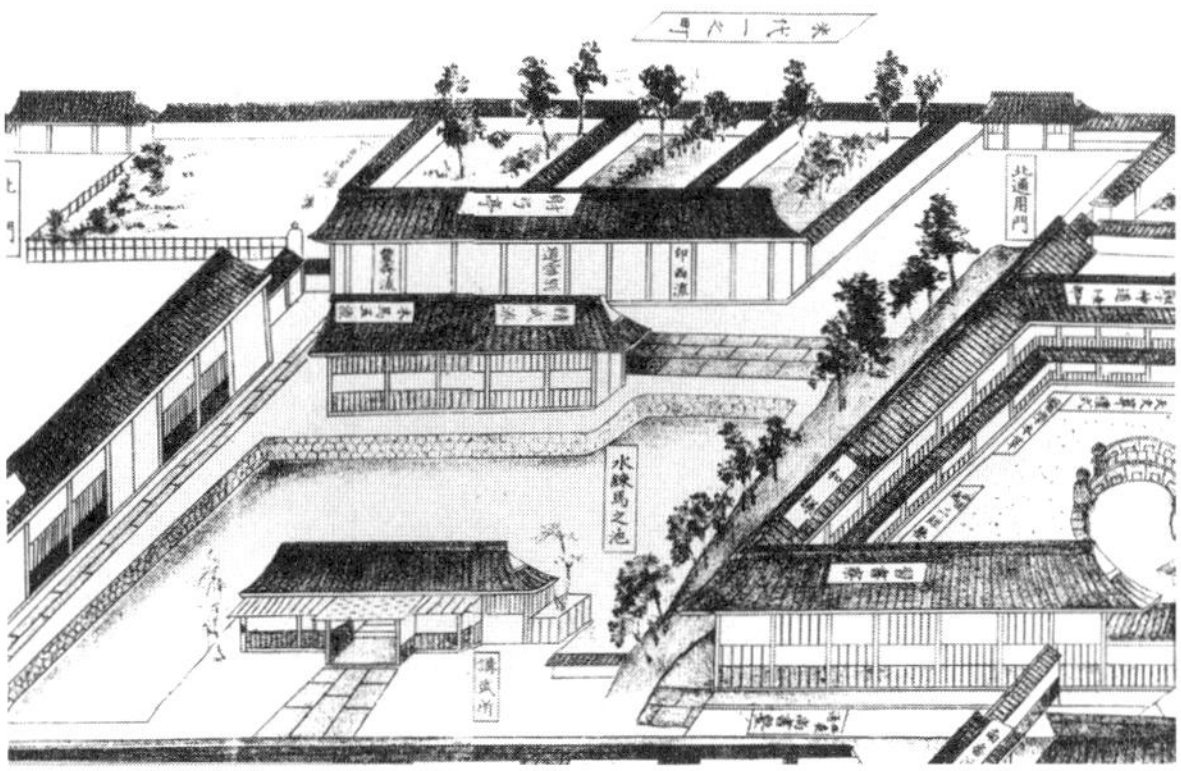

図 42　会津「日新館」弓術場の図

《初段考試（日置流無言歌）》
・受験する者は前もって六〇～七〇日稽古に専念すること。
・八寸五分（弓弦に四貫三百目の錘を掛けた時の弝合をいう）の弓の強さで小的前五百射中五割以上的中出来る者。
・弝合九寸の強さの弓で芝射（野外で四十～五十間先の目標物を坐射）二千五百射出来る者。
・普段弝合六寸五分以上の強さの弓で小的前の稽古を行っている者は的中を問わない。
《二段考試（日置流目録）》
・受験する者は前もって六〇～七〇日稽古に専念すること。
・七寸五分（弓弦に四貫三百目の錘を掛けた時の弝合をいう）の強さの弓で小的前千射中五割以上的中出来る者。
・弝合八寸の強さの弓で芝射四千射以上出来る者。
・普段弝合五寸五分以上の強さの弓で小的前の稽古を行っている者は的中を問わない。
《三段考試（日置流免許）》
・受験する者は前もって六〇～七〇日稽古に専念すること。
・弝合四寸五分（弓弦に四貫三百目の錘を掛けた時の弝合をいう）の強さの弓で小的前千射中六割以上的中出来る者。
・弝合五寸の強さの弓で芝射六千射以上出来る者。
・普段弝合三寸以上の強さの弓で小的前の稽古を行っている者は的中を問わない。

また二本松藩（福島）の「敬学館」では、春と秋に見分と称した試験を実施しており、弓術は城下の的場で番頭の立会いのもとに四ツ矢を限度とした試験が行われた。しかしその内容や評価法がどのようであったかについては不明である。

さらに藩校における施設をみると、文武両面の教育活動が出来る施設を有した藩校もあったが、武術の施設を持たない藩校もあり、その場合は藩の武術師範の私宅に設置された師家道場が活動の場となっていた。この師家道場は本来藩からの差配はなかったが、藩校との関係が出来るとその管理下に置かれるようになっていった。

先に述べたように江戸時代初頭頃の武術は、実利的な在り方も残っていたが、年を経るにしたがい華法化・形骸化するようになっていった。しかし後期に至り頻繁な外国船の来航を受けて海防問題が重視されるようになり、それを受け西洋の近代兵器や操練法が導入されることにより、わが国伝来の兵制や戦法・戦術などの在り方を大きく変えた。このことは当然ながら藩校における武術の在り方にも大きな影響を与えた。

すでに近世初頭において実利性を失っていた騎射・歩射などの実施は幕末になり衰微・廃止の一途を辿っていったことはその証左ともいえよう。そしてわが国の武術は西洋の進んだ近代兵器や操練法・戦闘法の導入により、その訓練も集団的・組織的なものとなり、明治維新を迎えるのである。

五　講武所と弓術

先に述べたように、開幕後三代将軍家光頃までの幕府は軍事力を背景とした改易・転封などにより諸大名を制圧するなどして、その権力を確固たるものとするための武断政治を行った。その施策の効あってか戦国の荒々しかった気風も薄らぎ、さらに四代将軍家綱以降文治政策への転換により軍事的にも政治的にも次第に落ち着きをみせはじめるようになっていった。このような時代の動向を受け、武術の在り方も実利・実戦性は希薄となっていく傾向となる一方、商品生産の向上や流通、貨幣経済の発達、農村部の格差、武士財政の行き詰まりなどにより幕藩体制が揺るぎはじめる。幕府はこれに対し何度か改革を行ったが、時代の流れは止めることが出来ず、年を経るとともに封建体制は変質化の一途を辿るようになっていった。

特に十八世紀以降西欧列強の来航に対し、国防体制強化の必要性を痛感した幕府は、さまざまな施策を打ち出すが、その一環として「近来異国船の来航は容易ならざる状況であるので、洋式砲術の理論と実際の研修や、伝来の武術を修練し、幕府の戦力を強化することが必要である」（安政二〈一八五五〉年『講武場御取建御趣意』）との理由により武学研究と武術訓練を兼ねた、いわゆる公立武学校である「講武所」が設立された。

確かに幕府は旗本の子弟教育機関として、文的才能に秀で世の指導者的立場に立つべき見識を備えた優れた行財政官僚としての武士の育成を目的とした「学問所」はすでに十七世紀末頃には設置されていたが、これに対応するような講武を目的とする教育機関は存在しなかった。

幕藩体制維持の危機にあたって、士風の立て直しを図り武力の強化を目的として設立された講武所は、頻繁に来航する外国船に対する国防策強化の一環としての旗本・御家人のための武術専門教育機関であるが、その設置運動の中心的存在となったのが直心影流の男谷精一郎である。

ここで講武所設置の経緯について簡単に述べておこう。十八世紀後半頃より露・米・英などの艦船の相次ぐ来航により国防体制強化に迫られた幕府は、欧米先進国の兵制の導入や北方・江戸近海の海防施設、軍艦の購入、戦術・戦法・戦技の研究等々の具体的施策を打ち出した。講武所はこのような動向を受けて安政二（一八五五）年、敷地六千四百坪、建坪約一千六百坪という広さの敷地をもって築地に開所し、その後安政七（一八六〇）年一月に小川町（現在のＪＲ水道橋付近）に移転した。この新講武所は敷地一万七千六百坪に建坪一千七百坪という壮大な規模のものであった。

次に講武所で実施された武術種目やその指導陣についてみてみよう。築地時代に実施された種目は剣術・槍術・砲術・水泳の四種目で、その教授方として剣術一一名、槍術一〇名、砲術一四名の指導陣がそれぞれ任命された。

また小川町に移転した新講武所では築地時代の剣術・槍術・砲術に加えて弓術と柔術が新たに採用され、さらに文久元（一八六一）年からは犬追物が稽古種目として加えられ、その指導は旗本七百石で本丸書院番であった小笠原鐘次郎があたった。因みに犬追物採用に関する御触書の内容は次のようなものであった。

犬追物稽古相始候御触書
此度於二講武所一犬追物稽古相始候に付、布衣以下寄合御番方小普請并部屋住共、望レ之者勝手次第罷出稽古いたし可レ申候、委細之議を講武所奉行江可二承合一候（『徳川禁令考』廿五武家）

図 43　外国人が描いた幕末の射手

小川町に開所した新講武所の掟書の第一条に「一、武を講する肝要は、弓・剣・鎗の芸を学び礼儀廉恥を基として、武道専可レ致二研究一事、一、生質不器用にして武芸を習熟する事能はす共、五倫の道に叶、行状正敷候得は、恥辱とすへからさる事」とあるように、この新講武所の活動の主旨にはかなり復古調的な色彩がうかがわれる（図43）。

この理由の一つとして、当時の洋式訓練や戦技があまりに実利的に傾斜し、うわべだけの模倣に終始していることへの警鐘と考えることも出来る。また当時の老中が井伊直弼であり、さらには小笠原弓馬術一門の熱心な採用運動が弓術、さらには犬追物までも採用されるに至った理由ではないかと解することも出来る。

しかし井伊直弼が安政七（一八六〇）年三月暗殺され、社会情勢が次第に緊迫化する中で、文久二（一八六二）年になって次のような通達があり、弓術・柔術・犬追物は廃止となった。

文久二年九月六日講武所ニ於テ弓術犬追物柔術等修行ヲ廃ス。周防守殿御渡講武所ノ儀是迄弓鎗犬追物柔術等夫々稽古取建候処今般弓術犬追物等上覧御差止相成候ニ付テハ、同所弓術犬追物ノ稽古ハ被廃候。且柔術ノ儀モ同所ニ於テハ御差止相成候。（『日本教育史資料』七）

これに対し小笠原一門では復活を願い嘆願書を提出したが、受け入れられることはなかった。先に述べたように安政七（一八六〇）年に弓術が、文久元（一八六一）年には犬追物が講武所での実施種目として加えられたが、その理由として講武所側はおそらくその実利性での期待というよりも、中江藤樹や貝原益軒などの主張した、あるべき武士像の堅持や志操を高めるための策であったと考えられる。

図 44　外国人が撮影した幕末の射手

図 45　撮影された幕末の射手

しかしこのような発想は最早時代錯誤の感を免れず、同二年九月には弓術・犬追物は柔術とともに廃止となったのである。ただし講武所弓術関係者に対しては引き続き稽古に励み、特に芝射・堅物射貫きなどの実利的な分野の稽古に

【講武所における採用種目の動向】

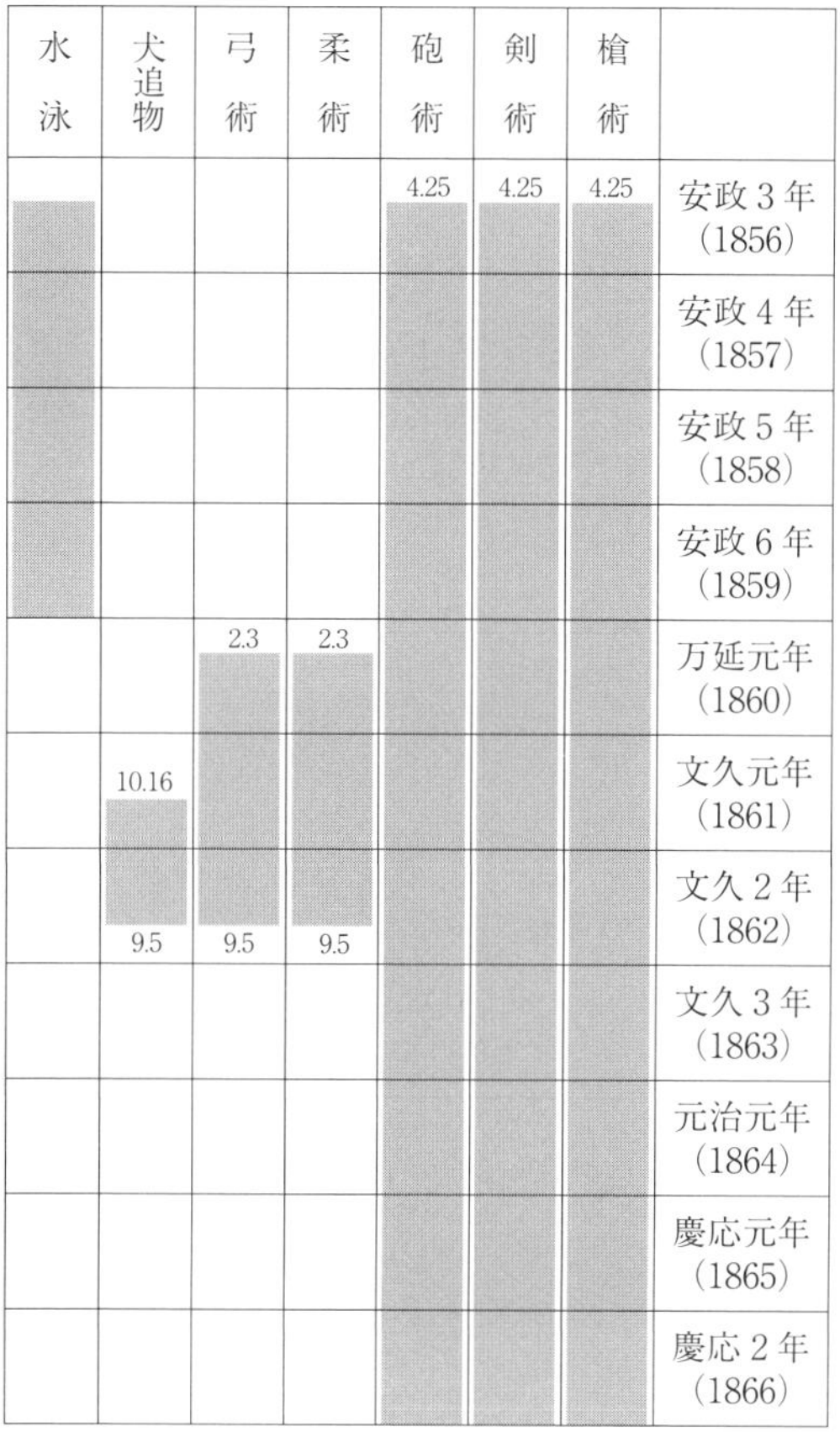

ついては精を出すように指示している。その後講武所自体も慶応二（一八六六）年に廃止され、陸軍所々管となった。

　このようにして、幕藩体制の崩壊によりそれまで数百年にわたり原則的に武士の専有とされ、藩校や講武所など公的教育機関で実施されてきた弓術は、すっかりその存在意義を失い、社会からは文字通り無用の長物として扱われるようになり、有志の手により在野で細々と続けられる有様となったのである（図44・45）。

六　幕末の弓術—近代兵制と武射の復興「腰矢組弓《こしやくみゆみ》」—

戦場における弓射の役割の変遷を概観すると、古くは歩射中心であったものが、古代中期以降騎射中心の個人戦が全盛となり、中世に至り歩兵刀鎗の集団戦への移行に伴い、組織的な陣形のもとに鎗脇（互いに鎗を合せる脇より歩射で射ること）の役割や鉄砲との連携行動の役割を担うようになる。

図46　「腰矢組弓」の稽古
左：稲垣源四郎範士、右：筆者（於・出水市）

図47　「腰矢組弓」演武風景

ここにあげる「腰矢組弓」は、江戸時代初期に東郷重位の手により薩摩藩に伝えられた印西派の流れである薩摩日置流をもとに、敵と近接した場面における組織的な弓射訓練を体系化したもので、その起こりは幕末に藩主島津斉彬の命により同藩弓術師範東郷長左衛門重敬が定めたとされる。

「腰矢組弓」は伝来の槍脇の射法を参考にしたもので、矢継ぎ早の射（数矢《かずや》─速射）と腰矢（箙に盛った矢を素早く刈り、矢番え、発射する射の様態）を、進退・押詰などの動作を折り込みながら互いに連携（組弓）しながら組織的に攻撃する訓練である（図46）。

その訓練の目的は、やや遠距離の敵に対する「数矢」と、近接した前後左右の敵に対して組織的に移動しながら集中的に多数の矢を射る「押詰」にある。この訓練の目的の背景には、当時わが国に欠けていたとされる近代戦における組織的集団行動訓練にあり、十八世紀後半から頻繁に来航する外国船に対する国防政策の一環として編み出されたものと考えられる。

なおこの「腰矢組弓」は現在鹿児島県出水市の指定文化財となっており、薩摩日置流腰矢組弓保存会がこれを継承している（図47）。

図48　流派系図〈その2〉

吉田本流出雲派系譜

- 日置流祖 日置弾正正次
  - ①吉田流祖 吉田重賢
    - ②重政（重賢の嫡子）
      - 佐々木義賢（六角定頼の子、近江観音寺城主）
      - ③出雲派祖 重高（重政の嫡子、助左衛門、出雲守、号露滴）
        - ④重綱（嫡子、助左衛門 号華翁）
          - 女（長女）―― 印西派祖 重氏（葛巻源八郎 吉田を称す）
          - ⑤岩槻系 豊隆（嫡子、助左衛門 号同哉軒 岩槻城主阿部正次の臣）
            - ⑥豊綱
              - 助左衛門（子孫断ゆ）
              - ⑦福山系 豊為（豊綱の子、初助三郎、のち助左衛門）
          - 方重（二男、与近衛門）
          - 寿徳派祖 木村寿徳
        - 成政（二男、兵助 池田三右衛門の養子）
        - 左近衛門派祖 業茂（三男、左近衛門）
        - 賢輔（四男、間近衛門）
        - 勝方（重高の子、天正十年本能寺の変に信長に従い戦死）
      - 五大院（二男）
      - 池田三右衛門（重政三男、）
      - 雪荷派祖 重勝（重政四男、六左衛門、号雪荷）
      - 重任（重政五男）

本系図は石岡久夫・入江康平編『日本武道大系』（第四巻「弓術」）を追補したものである。

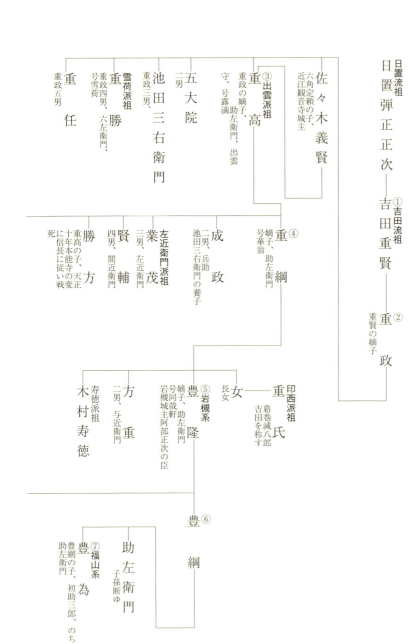

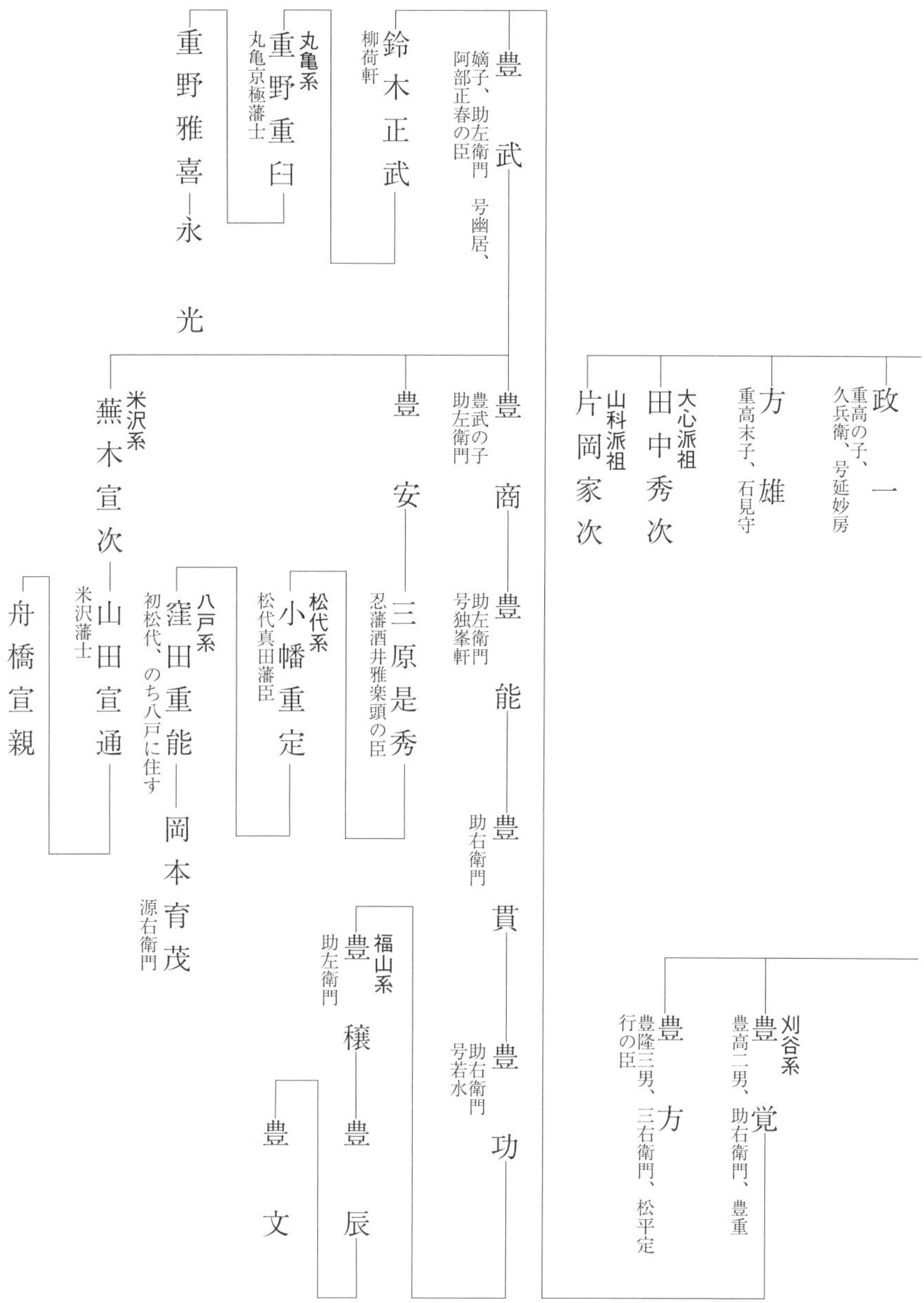
豊武
嫡子、助左衛門　号幽居、阿部正春の臣
柳荷軒
鈴木正武
丸亀系
重野重臼
丸亀京極藩士
重野雅喜
永光
政一
重高の子、久兵衛、号延妙房
方雄
重高末子、石見守
大心派祖
田中秀次
山科派祖
片岡家次
豊商
豊武の子
助左衛門
豊能
助左衛門
号独峯軒
豊貫
助右衛門
豊功
助右衛門
号若水
豊安
三原是秀
忍藩酒井雅楽頭の臣
松代系
小幡重定
松代真田藩臣
八戸系
窪田重能
初松代、のち八戸に住す
岡本育茂
源右衛門
米沢系
蕪木宣次
山田宣通
米沢藩士
舟橋宣親
福山系
豊穣
助左衛門
豊辰
豊文
刈谷系
豊覚
豊高二男、助右衛門、豊重
豊方
豊隆三男、三右衛門、松平定行の臣

吉田雪荷派系譜

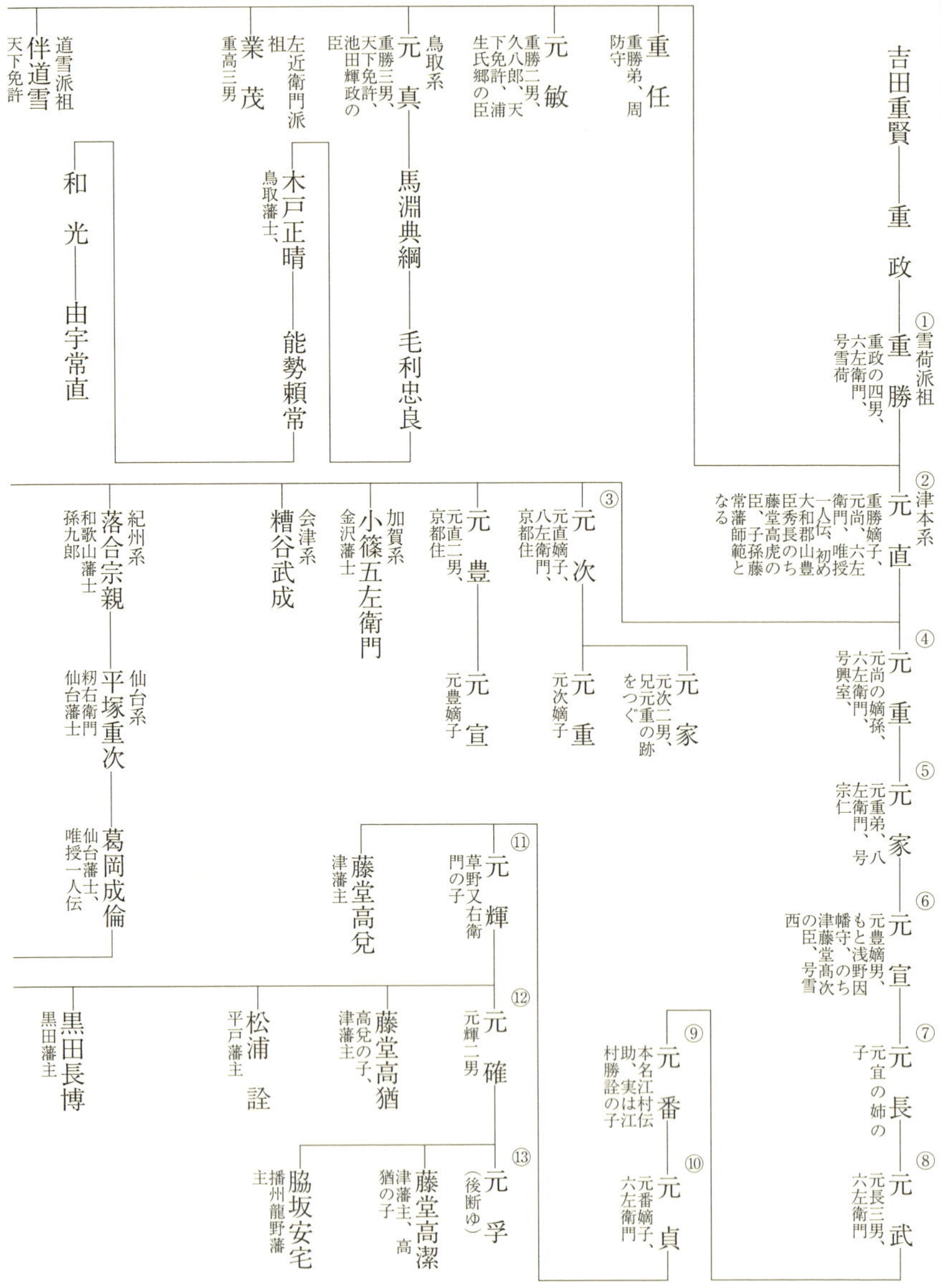
吉田重賢
重政
① 重勝 雪荷派祖 重政の四男、六左衛門、号雪荷
② 元直 津本系 重勝嫡子、元尚、六左衛門、唯授一人伝、初め大和郡山豊臣秀長のち藤堂高虎の臣、子孫藤堂藩師範となる
④ 元重 元尚の嫡孫、六左衛門、号興室
⑤ 元家 元重弟、八左衛門、号宗仁
⑥ 元宣 元豊嫡男、もと浅野因幡守、のち津藤堂高次の臣、号雪西
⑦ 元長 元宣の姉の子
⑧ 元武 元長三男、六左衛門
⑨ 元番 本名江村伝助、実は江村勝詮の子
⑩ 元貞 元番嫡子、六左衛門
⑪ 元輝 草野又右衛門の子
藤堂高兌 津藩主
⑫ 元確 元輝二男
藤堂高猶 高兌の子、津藩主
松浦 詮 平戸藩主
黒田長博 黒田藩主
⑬ 元孚 (後断ゆ)
藤堂高潔 津藩主、高猶の子
脇坂安宅 播州龍野藩主
③ 元次 元直嫡子、八左衛門、京都住
元家 元次二男、兄元重の跡をつぐ
元重 元次嫡子
元豊 元直二男、京都住
元宣 元豊嫡子
小篠五左衛門 加賀系 金沢藩士
糟谷武成 会津系
落合宗親 紀州系 和歌山藩士 孫九郎
平塚重次 仙台系 籾右衛門 仙台藩士
葛岡成倫 仙台藩士、唯授一人伝
重任 重勝弟、周防守
元敏 重勝二男、久八郎、天下免許、蒲生氏郷の臣
元真 鳥取系 重勝三男、天下免許、池田輝政の臣
馬淵典綱
毛利忠良
業茂 左近衛門派祖 重高三男
木戸正晴 鳥取藩士、
能勢頼常
和光
由宇常直
伴道雪 道雪派祖 天下免許

中川重清（将監、天下免許）

森直義（刑部、初め酒井忠勝のち松平信綱の臣、天下免許）―往直

海野景光（忍系 仁左衛門、国内免許）―景久―景達

細川幽斎（名は藤考、別号玄旨、丹後田辺城主、天下免許）
- 豊臣秀次（秀吉の養子、天下免許）
- 浮田秀家（直家の子、国内免許）

浦生氏郷（初め伊勢松坂、天正十八年会津藩主、天下免許）

豊臣秀長（秀吉の異父弟、大和郡山藩主、天下免許）

島津忠寛（佐土原藩主）

葛岡成信
- 高城顕道―山内致信―遠藤時中
- 片倉村典―景貞

二橋重成―重祥―河合勝行（土佐系 武林洞）―外池信直（①土佐外池系 武太夫）
- 信和（兵馬）―信充（助右衛門）―信恒（権十郎）
- 西山良美（土佐西山系 源之丞）―良継（八之進）―良展（台平）―可昌（矢平）
- 横山友里（土佐横山系 重丞）―友真（祐九郎）―友光（祐九郎）―友徳（弥太郎）

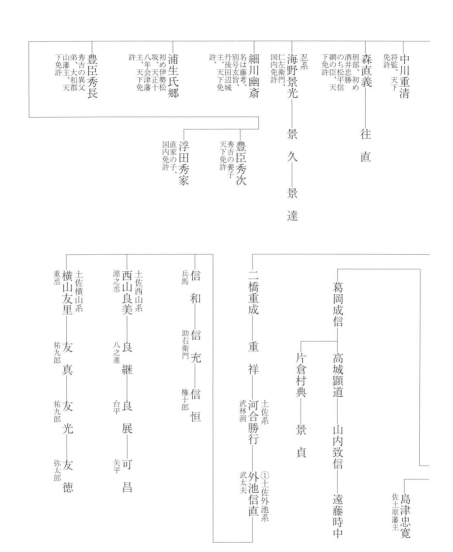

道雪派系譜

- 吉田重勝雪荷（雪荷派祖、六左衛門）
  - ①伴道雪（道雪派祖、喜左衛門、一安、京都の人、雪荷の高弟のち道雪派の基を開く　元和七年没）
    - ②一秀（郡山系、道雪嫡子、喜左衛門、大和郡山藩士）―③一正（道雪二男、郡山藩士）―④一親―⑤一門―⑥一陣
    - ②関一安（山城山科の人、四手野井下野守の子、道雪の養子）
      - ③関一政（喜三衛門）―④鈴木重時（浜田系、喜間多、道清、紀州人）―⑤重勝（浅右衛門、浜田松平藩士）―⑥石井利豊（友之進、浜田藩士）
        - ⑦豊高
        - ⑦猪瀬延正（尼崎系、尼崎藩士）
          - ⑧正偏（尼崎系（以下同）、大仲、尼崎藩士）―⑨正常（尼崎藩士）―⑩大久保恒如（尼崎藩士）
          - ⑧湊広命（金左衛門）―⑨片岡正弘（広八郎）―⑩若林正興（高槻系、雲八郎、高槻永井藩士）
    - 森重正（大学助、伊勢の人、のち松代住）
    - 内田吉政（会津系、紀州藩士）―円城寺吉忠（円城寺派祖、彦九郎、号古暦、会津藩士）―伊東祐員（会津藩士）―円城寺忠房―忠英―広田俊勝

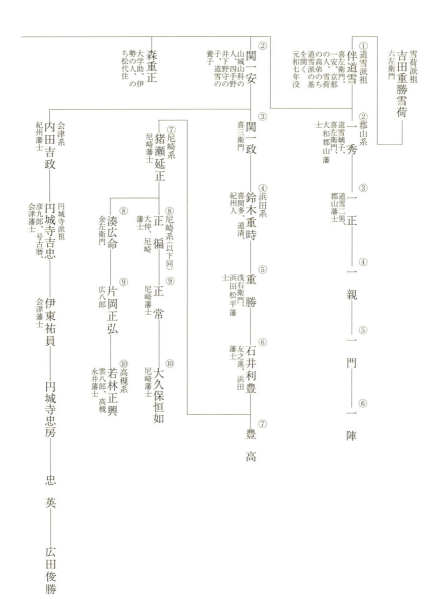

- 糟谷武成（右近、初め紀州のち会津藩士）
  - 武忠（武成長子、八太夫）
  - 会津系 樋口光俊（友右衛門、会津藩士）
    - 俊方（権右衛門、光俊子、会津藩士）
      - 光昭
        - 光慶
  - 海野景充（仁左衛門）
    - 土佐系 外池信直
  - 広島浅野系 湯川直次（彦右衛門、広島浅野藩士）
    - 直重（弥平次）
      - 直久
        - 竹林吉佶（要介）
- 井上一成（角左衛門）
  - 木下直正（弥一右衛門）
    - 直葉（甚五右衛門）
      - 高山直筹
        - 筹安
          - 亀井矩蔵
            - 仙台系 増田清長（仙台藩士）
- ② 間宮信吉（所左衛門）
  - ③ 信由（徳川家綱の臣、江戸第一の射手）
    - ④ 熊本系 宮川由成（熊本藩士、中絶した同派を天和三年網利のとき熊本へ再伝）
      - ⑤ 長谷川景之
        - ⑥ 景福
          - ⑦ 中島惟常
            - ⑧ 宮川清長
              - ⑨ 田上清輝（熊本藩士）
                - ⑩ 武経（清輝長男）
                  - ⑪ 野上輝国（清輝二男、道雪派弓術再興）
                    - ⑫ 生駒為章（もと熊本藩士 明治三十八年武徳会弓道範士）
                      - ⑬ 宇野茂邨（もと熊本藩士 大正五年武徳会弓道範士）
                        - ⑭ 坂本茂（もと熊本藩士、大正十三年武徳会弓道範士）
                          - ⑮ 上野又十
                            - ⑯ 野尻達也
                              - ⑰ 金子清則
                                - ⑱ 岩下忠佳

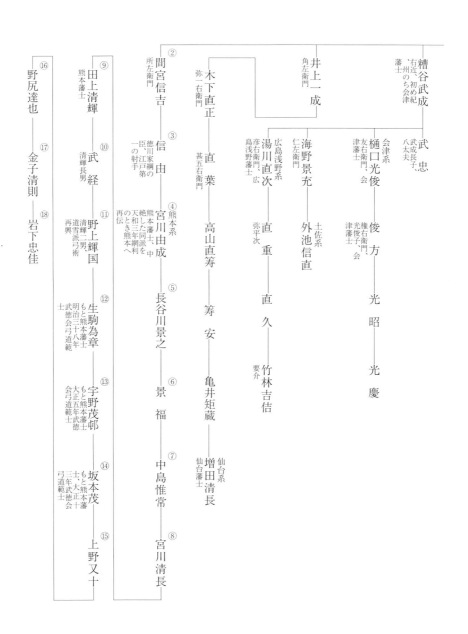

吉田印西派系譜（一）　江戸、遠州、三河系

- 吉田宗家（出雲派）　吉田重綱
- 左近右衛門派　吉田業茂
- ①印西派祖　吉田重氏　元名葛巻源八郎、号一水軒印西、初め豊臣秀次、結城秀康等に仕え、のち徳川将軍家三代の師範役、寛永一五年没、年（七七）
- 印西岡山系　吉田定勝　重氏実弟、門人。五兵衛、本姓葛巻、初め鳥取のち岡山池田藩士
- 印西広島系　吉田貞氏　重氏実弟、門人。五左兵衛、初め紀州浅野のち広島浅野藩士
  - ②江戸本系　重信　重氏長男、久米助、重春、三代将軍家光の師範
  - 紀州系　三右衛門　重氏二男、紀州徳川藩士
  - 熊本系　重好　重氏三男、平内、印貞、初め越前のち熊本細川藩士
  - ②遠州系　重儀　重氏甥、養子。三郎兵衛、一西、初め越前のち遠州横須賀井上藩士
    - ③重宗　重信長男、数馬、号弓漢、四代家綱の師範
    - ③遠州系　重保　重儀の男、与左衛門、如玄、源入、遠州見付住
      - ④貞侯　久米助
      - ⑤重直
      - 薩摩日置流　東郷重張　鹿児島島津藩士

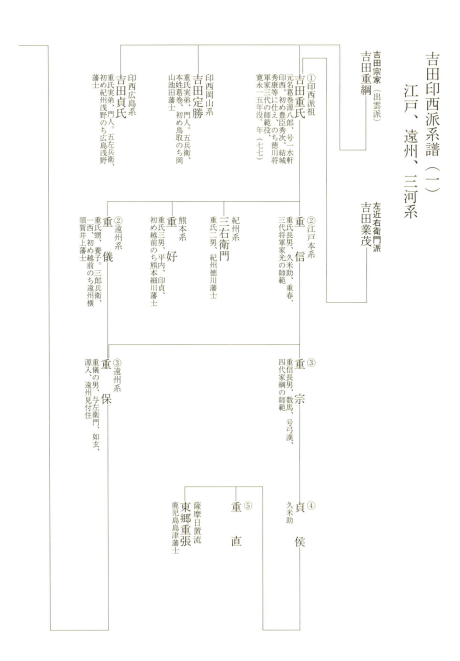

- ④遠州系 上村正敬（久米助、丹六、清兵衛、号戊刻、遠州見付住）
  - ⑤遠州系（以下同） 敬永（丹六、清兵衛、遊心、正敬長男、見付住）
    - ⑥正方（弥惣右衛門）
    - ⑦寛敬（清兵衛）
    - ⑧木野武住（理兵衛）
    - ⑨竹山茂敦（浜松住、郷士）
    - ⑩鹿野安風
    - ⑪竹山茂斎（孫左衛門、茂敦二男）
    - ⑫茂郷（孫左衛門、茂斎孫）
    - ⑬山本英通（渡瀬源左衛門子）
    - ⑭橋本政斎（嘉平次）
    - ⑮烈慶（政斎嫡子、吉五郎、前洲）
    - ⑯鈴木道賢（浩平、弓道教士）
    - 北野義明（一酔軒）
    - 山内清（竹洞）
    - 功明
    - 安立真之
  - ⑤三河系（以下同） 奥村成理（五郎兵衛、三河吉田藩士）
    - ⑥理久（六郎、明和頃）
    - ⑦倉垣長親（兵作、豊橋の人）
    - ⑧長貴
    - ⑨長洋
    - ⑩奥村久定（五郎兵衛）
    - ⑪久忠（権之丞、号閑水、嘉永頃）
    - ⑫河合治明

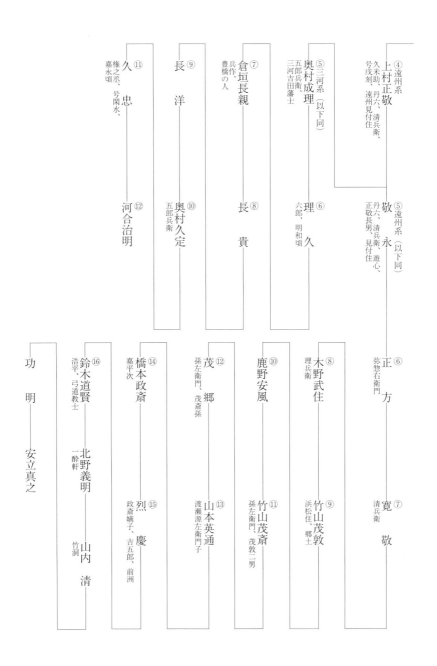

吉田印西派系譜（二）
岡山、大垣、越前、会津、盛岡系

- ①印西派祖 吉田重氏
  - 岩崎久重（半兵衛、印西第一の高弟）— 久勝（半兵衛、半斎、久重男）— 森山香山（大和流祖 久勝門人）
  - 宮崎勝澄
  - 勝隆
  - 岩崎久春
  - 伊丹直政（大垣系 印西門人、万政二年大垣藩士）— 酒井正在（弥右衛門、是休、）— 在職 — 正職
  - 定勝（岡山系（以下同） 重氏実弟、門人、初め鳥取池田のち岡山池田藩士）— 良方（覚兵衛）— 印契（源之丞、覚性軒）— 源之丞 — 徳山勝寿（治兵衛、）— 豊勝（文右衛門、）— 豊張（文右衛門、）— 豊信（文之介）— 貴徳（文右衛門、）
    - 勝弥太 — 文之介
    - 浦上直置 — 榮
  - 山口軍兵衛（越前系）— 英則 — 陽介

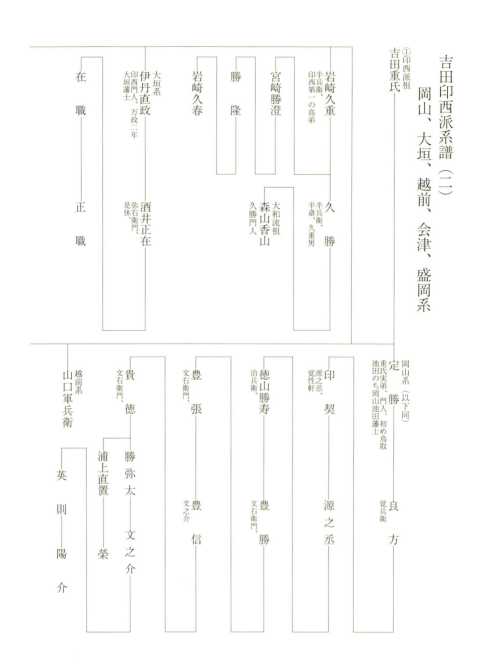

会津系（以下同）
小原光俊　五郎左衛門、保科正之の臣、会津藩士
― 原　俊明
― 俊　章　俊明の子、佐五右衛門
― 小平諸次　喜兵衛
― 原　俊重　十兵衛
― 小平信栄　喜兵衛
― 庄司光継
― 征　方
― 征　殊
― 征　平

越前系
重　好　印西三男、露水軒印貞
― 貞　則　義兵衛
― 貞　豊　喜右衛門
― 貞　澄　茂左衛門
― 貞　吉　次郎吉
― 逸見正久　小左衛門
― 江戸本系
吉田重信　久馬助、重春
― 中川正宣　勘左衛門
― 神崎重清　政右衛門　大坂住
― 盛岡系初代
木村矩之　数右衛門、盛岡藩士
― 盛岡系
池田実臣　市郎兵衛
― 石井貞省
― 綱　恩

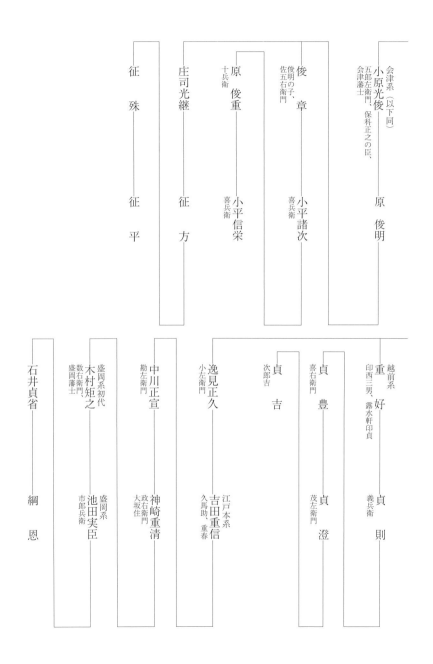

吉田印西派系譜（三）
薩摩、都城、水戸系

吉田重氏 ― 重信（江戸本系） ― 重宗 ― 貞侯

重信 ― 壺井小左衛門

東郷重尚（薩摩系祖　長左衛門、鹿児島、島津光久臣） ― 重張（薩摩系（以下同）　四郎左衛門、島津綱久臣、） ― 重依（貞享頃） ― 重軌 ― 実有

重依 ― 実玄（四郎左衛門） ― 実貫（長左衛門）

①佐藤信良（都城系（以下同）　万左衛門、都城藩士） ― ②信省（次郎八） ― 信秀（万左衛門）

隆有（万左衛門） ― 隆直（善左衛門） ― 貞澄（伊太郎）

信明（伊太郎、東郷実徳門人） ― 信綱（直九郎、実徳門人）

実香 ― 実友

実徳 ― 実持 ― 溝口武夫

伊藤信夫 ― 恒吉力雄

矢野恒雄

岩崎久重（印西第一の高弟） ― 三浦春次（水戸系　五郎太夫） ― 久米与三右衛門 ― 岡本直政（五右衛門） ― 太田政徳（善左衛門）

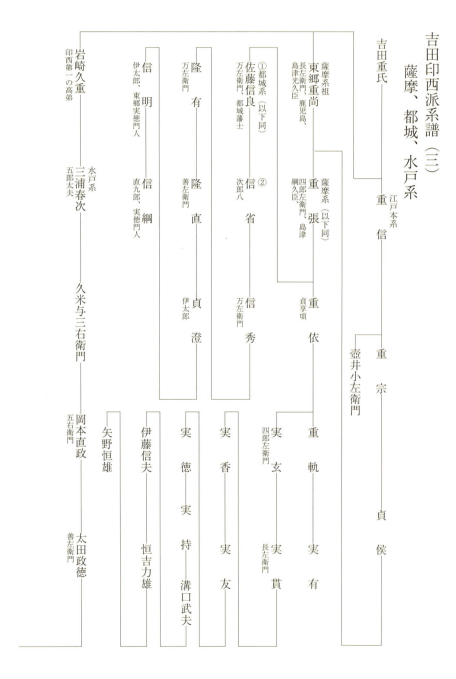

朝倉當知 号雪旦
橋詰幸次 久太右衛門
朝倉政名 五郎右衛門
小松盛達 甚之允

雨宮千寛 兵馬
朝倉政広 五郎衛門

鵜殿長武 藤九郎
朝倉嘉言 源太衛門

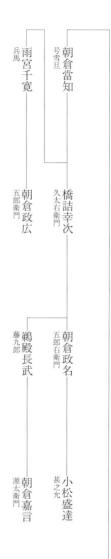

吉田流金沢系（左近衛門派・大蔵派）

- 吉田本流出雲派三代　**吉田重高**
- 山科派組　**片岡家次**　山城山科安祥寺の人、重高の門人、業茂を指導　元和元年没、年（五八）
- 左近衛門派組（金沢系）　**吉田業茂**　重高三男、左近右衛門、号木反、初め豊臣秀次のち前田利家の臣
- **片岡家延**　山科の人、家次の子、大蔵派祖茂氏の門人、寛永十四年没、年（四八）
- ②左近衛門派　**茂武**　業茂の長子、左近右衛門、初め豊臣秀次のち前田利長の臣、金沢藩士、寛永元年没、年（五五）
  - 金沢系　**茂勝**　茂武の長子、小左近
    - **茂清**
      - **茂陸**
  - 金沢大蔵派　**茂直**　茂武の子、茂氏養嗣
    - **茂和**　茂直の子、
      - **茂敬**　茂和の子
  - 富山系　**茂貞**　茂武の三子、叔父茂氏の門人
- **茂承**　茂清の三子、茂敬の養子
  - **茂雅**　茂承の子（以下略）

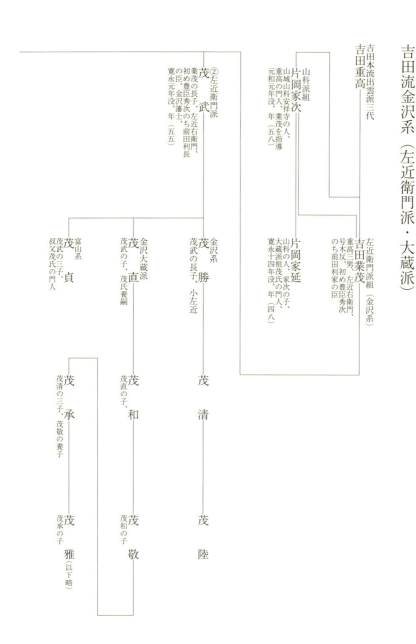

- 左近衛門派 方本（業茂の二子、金沢藩士）
  - 元茂（方本の二子）
    - 重張（元茂の子）
      - 茂存（茂清の二子）
- 大蔵派（金沢系） 茂氏（業重の三子、小左近、大蔵、金沢藩士、通し矢天下一、六回、正保元年没、年（五七））
  - 茂綱（茂氏の子）
  - 富山系 茂貞（茂武の三子、茂氏の門人、富山藩士）
    - 茂則（茂貞の長子）
      - 茂宣（茂則の子）
  - 山科派 片岡家延（茂氏の門人、山科の人）
    - 片岡家清（家延の二子、茂武の女婿、茂氏の門人）
      - 大和流 森山香山
  - 西尾重長（秀忠、家光の臣）
    - 平戸系 大庭景重（平戸藩士）
  - 横井来折（江戸の人）
    - 会津系 黒坂光貫（会津藩士、）
  - 懸下久明（治大夫）
    - 土佐系 加用家利（土佐藩氏、）
- 印西派祖 吉田印西

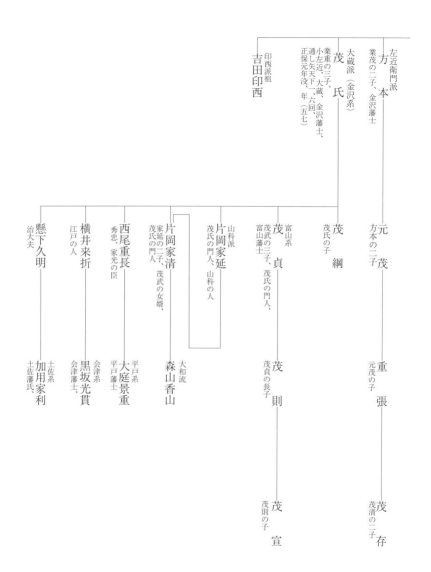

尾州系竹林派系譜

尾州・江戸・弘前系

- 伊賀日置 日置範次（弥左衛門、応永頃伊賀住）
  - 安松吉次（左近、伊賀住、応永頃の人）
    - 良清（吉次の子、新三郎）
    - 弓削正次（吉次の子、江州住）
      - 繁次（弥次郎、近江の人）
        - ①竹林流祖 石堂如成（原姓北村、名は林左衛門、号竹林坊、近江の人、慶長頃尾張藩士、同十年頃没）
          - 新三郎（如成長子、元和中越前にて没）
          - ②尾州系 貞次（如成二男、初名為貞、尾州名古屋藩士、義直に信任）
            - ③本系 貞直（林左衛門、また林太夫）
              - ④郡山系 如良（貞太夫、初め名古屋のち大和郡山藩士）
                - ⑤貞祖（林太夫）—⑥貞演（林太夫）—⑦意如（林太夫）—⑧貞置（林太夫）
                - 貞則（杢右衛門）—貞恒（林左衛門）
            - ③尾州岡部系 岡部忠次（藤左衛門、為貞の婿、尾州藩士）
              - 忠恒（藤左衛門）—忠清（藤左衛門）—久忠—忠明—忠道
              - 朝倉正利（尾州藩士、忠兵衛、号中海）—博正（忠兵衛）—正峯（忠兵衛）—正良（忠兵衛）
            - ③勝美（為貞庶長子）
          - 一宮随波（長州清須藩士）
          - 浅岡平兵衛（長州清須藩）
- 吉田重政（吉田流出雲派）

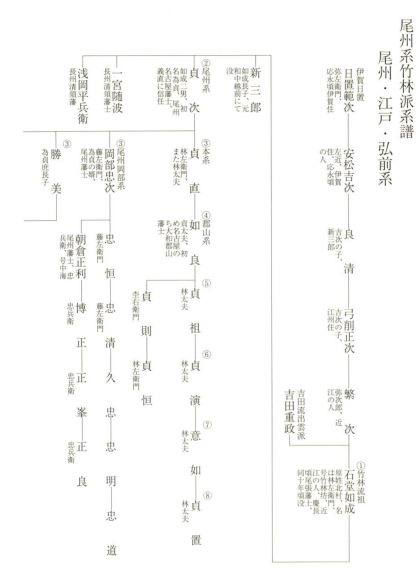

- 尾州竹林忠 ③左衛門系 長屋忠久（忠左衛門、号是心斎、尾州藩士）
  - ④元久（忠左衛門、号慶遊）
  - ⑤忠治（初め三郎左衛門、号喜入）
  - ⑥忠正（忠左衛門）
  - ⑦忠篤（忠左衛門）
- 定勝（尾州藩士）
  - 弥蔵

- 尾州竹林六 ③左衛門系 長屋忠重（六左衛門、号無入、尾州藩士）
  - ④忠孟（六左衛門）
  - ⑤忠義（六左衛門）
  - ⑥祐忠
  - ⑦忠陣
  - 杉立宗邑（権右衛門、尾州藩士）

- 星野（1）星野茂則（勘左衛門、号浄林）
  - （2）則春（勘左衛門）
  - （3）宗則
  - （4）明則
  - （5）嘉重
  - （6）則重
  - （7）久則
  - 則得（8）
  - 昌則（9）
  - 久則（10）
  - 富田常正（11）
  - 魚住文衛（12）

- 江戸竹林 渡辺寛（江戸住、浪人）
  - 内藤正傳（江戸住）
  - 沢実房（江戸住）
  - 向坂勝長
  - 伊藤実範
  - 津金胤保
  - 本多利重（幕臣）
  - 利實（本多流祖、利重の子、橘之助、号生弓斎）
  - ②利時（利實の孫）
  - ③利生
  - ④利永

- 弘前系 本間匡隆（民部左衛門、初め紀州藩士、のち津軽信政の臣）
  - 笹森勘由左衛門
  - 津軽信政（弘前四代藩主）

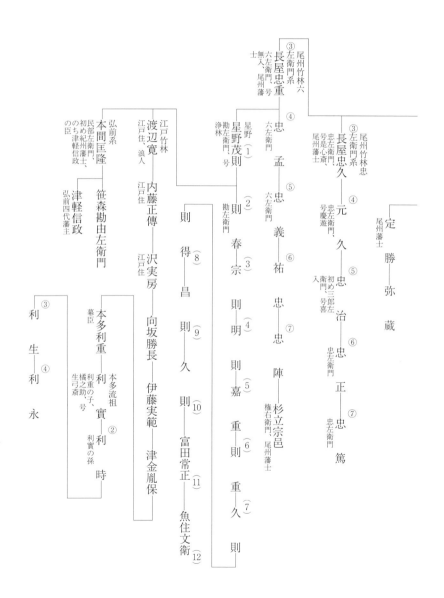

紀州系竹林派系譜

紀州・高松・大野系

①竹林流祖 石堂竹林坊如成 —— ②貞次（如成二男）

- ③野村勝吉（喜左衛門、のち作右衛門、別名直晴、もと尾州人　慶長末紀藩士）
- ③瓦林成直（与次右衛門、三河吉良氏の臣）

野村勝吉・瓦林成直 ——
- ④紀州竹林派 佐竹吉全（源太夫、紀州藩士）
- 下村忠右衛門（紀州藩士）

佐竹吉全 —— ⑤紀州系 吉見経武（喜太郎、のち台右衛門、号順正）

吉見経武 ——
- 葛西友則（園右衛門）
- 和佐実延（森右衛門、紀州藩士、初め佐竹のち吉見門人）—— 和佐範遠（実延の子、万右衛門、大八郎、）

米田盛永（小八郎、号信入、後名宇野芳真）—— 米田知益（新八郎、盛永の子、柳沢吉保臣）

- 深山正則（弥五右衛門）
- 米田正長（正則の子、知益の養子）
- 大野系 真鍋祐雄（彦五郎、越前大野藩士）—— 同 祐連（彦五郎）
- 高松系 伊藤利雄

和佐範遠 —— 貞恒（範遠長子、紀州藩士）—— 範種（貞恒長子）—— 範武（養子）—— 範義（範武の子）—— 範一（範義の子）

- 中村勝包（高松系。丹下、高松藩士）
  - 山崎紀斉
    - 同　勝彰―勝明
      - 勝喜
- 三野明啓（丸亀系）
- 横田嘉次郎
  - 福家資便（左和太）
    - 横田次郎七
- 岡内清延（高松系。文蔵、高松藩士）
  - 忠弘（高松藩士）
    - 正直
      - 木（明治に武徳会藩士）

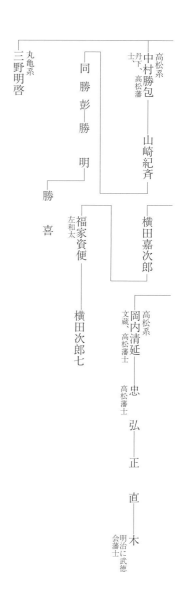

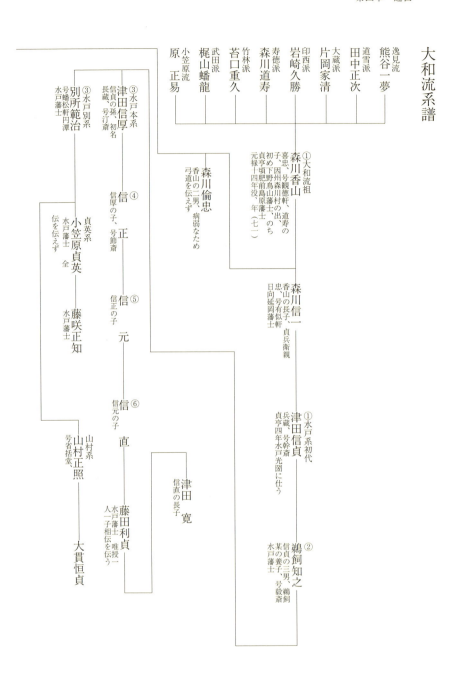

大和流系譜

- 逸見流　熊谷一夢
- 道雪派　田中正次
- 大蔵派　片岡家清
- 印西派　岩崎久勝
- 寿徳派　森川道寿
- 竹林派　苔口重久
- 武田派　梶山蟠龍
- 小笠原流　原　正易

①大和流祖　森川香山　喜忠、号観徳軒、道寿の子、因州森川村の出、初め下野鳥山藩士、のち貞亨頃肥前島原藩士、元禄十四年没、年（七一）

森川倫忠　香山の二男、病弱なため弓道を伝えず

森川信一　香山の長子、貞兵衛親忠、号有似軒　日向延岡藩士

①水戸系初代　津田信貞　兵蔵、号幹斎　貞亨四年水戸光圀に仕う

②　鵜飼知之　信貞の三男、鵜飼某の養子、号穀斎　水戸藩士

③水戸本系　津田信厚　信貞の孫、初名長蔵、号汀斎

④　信　正　信厚の子、号節斎

⑤　信　元　信正の子

⑥　信　直　信元の子

津田　寛　信直の長子

藤田利貞　水戸藩士　唯授一人一子相伝を伝う

③水戸別系　別所範治　号蟠松軒円潭　水戸藩士

貞英系　小笠原貞英　水戸藩士　全伝を伝えず

藤咲正知　水戸藩士

山村系　山村正照　号省括堂、

大貫恒貞

②島原本系
森川信凭　香川の三男、号中和堂 跡山子
藤野義業　号知識
杉森助六郎　号求身
川鍋正繁　島原藩士、忠雄公の師範
福知山系
松平勝昭　福知山藩士、号掌月堂 有水子
政明
奥村勝善　松平乗守の臣
三河系
広瀬親英　号千峰軒弌竿子 三河岡崎藩士
英繁　号観盛軒

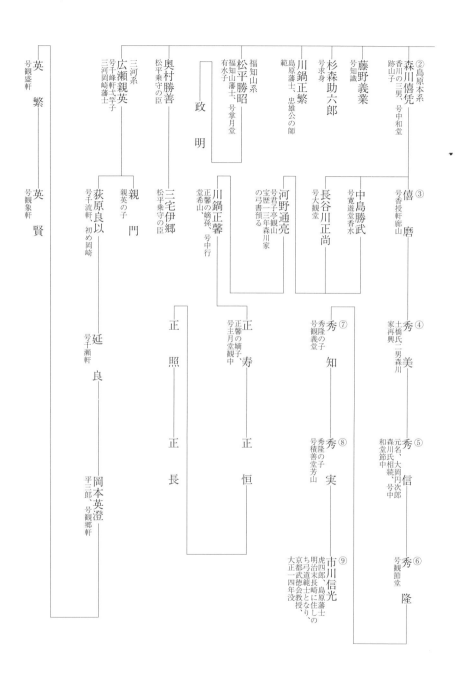

③信磨　号香授軒廊山
中島勝武　号寛遊堂香水
長谷川正尚　号大観堂
河野通亮　号君子亭観山 宝歴一三年森川家の弓書預る
川鍋正馨　正馨の嫡孫、号中行堂希山、
三宅伊郷　松平乗守の臣
親門　親英の子
荻原良以　号千流軒、初め岡崎
英賢　号観象軒

④秀美　土橋氏二男森川家再興
⑦秀知　秀隆の子 号観義堂
正寿　正馨の嫡子、号主月堂観中
正照
延良　号千瀬軒

⑤秀信　元名、大岡円次郎 森川氏相続、号中和堂節中
⑧秀実　秀隆の子 号積善堂芳山
正恒
正長
岡本英澄　平三郎、号観郷軒

⑥秀隆　号観節堂
⑨市川信光　虎四郎、島原藩士 明治末長崎に住しのち弓道範士となり、京都武徳会教授、大正一四年没

第五章　近・現代

徳川幕府が政権を執って約二七〇年、十五代将軍慶喜は諸般の情勢から政権の維持不可能とみて「大政奉還」（慶応三〈一八六七〉年）を行う一方で、実質的な政権維持を考えていたとされるが、朝廷の「王政復古の大号令」により天皇を中心とする新政府が発足した。

明治新政府はそれまでの封建体制を一掃し、近代国家体制を整えるべく新しい政策を相次いで打ち出した。すなわち幕末から続く欧米列強からの圧力に対抗するとともに、「五カ条の御誓文」の中で「万機公論ニ決ス」ことを謳い、わが国の進むべき大方針を明らかにし、近代立憲国家としての道を拓いたのである。そして版籍奉還、廃藩置県、身分制度の廃止、学校制度、徴兵制度、租税制度等々の改革を次々と押し進め、近代国民国家としての基礎を固めていった。

このような社会の仕組みの急激な変化の中で、人々は積極的に西洋文明を取り入れ、日々の暮らしの中にも欧米の風俗や習慣が浸透していった。また思想面ではそれまでの儒教や仏教などの考え方や習慣を時代遅れとして排斥し、自由主義、個人主義などの近代思想が流行した。

近代国家としてのわが国の置かれた国際的立場についてみると、中国・朝鮮・ロシアなど近隣諸国との間にあった摩擦の解消につとめ、交渉の末領土を確定するものの、近隣諸国との間に起こったさまざまな軋轢を重ねながら、殖産興業・富国強兵につとめ、次第に国際舞台に立つようになっていったのである。

「二十世紀は戦争の世紀」といわれるが、明治維新以降近代国家として歩んできたわが国は、否応なく世界の政治的・軍事的動向の中に組み込まれ、太平洋戦争へと突入し、計り知れない傷跡を国内外に残し敗戦を迎えることになるのである。

敗戦後わが国は連合国軍の統治下となり、軍国主義国家体制の払拭のため、新たに天皇を国家統合の象徴とし、国民主権、戦争放棄などを謳った日本国憲法を公布し、政治・経済・農業・教育など各方面の改革を次々と行い、昭和二十六年九月、サンフランシスコ講和条約を締結し、翌年四月わが国は独立国として国際連合に加盟し国際復帰するに至るのである。

その後目覚ましい経済復興、オリンピック東京大会の開催、さらには交通・通信技術をはじめとするさまざまな分野での技術革新が行われる一方、少子高齢化・エネルギーや防衛問題など困難な課題に直面しており、世界的な視野でみれば自然保護や環境問題、さらには宗教や人種問題に伴う紛争が各地で頻発している現状である。

このように明治維新以後今日に至るまでの変容振りは、これまで辿ってきたわが国の歴史の中でもっとも顕著なもので、政治・軍事・経済・社会・文化等々、あらゆる分野に大きな変革をもたらした時代であった。

第一節　近・現代の武道界

明治新政府はそれまでの封建体制を打破し、近代国家体制を整えるべくさまざまな政策を相次いで打ち出した。その具体的な政策をあげると、慶応四（一八六八）年には国家主義的な立場を基本としながらも、四民平等、個人主義、民主的政治体制を理念として宣布した「五箇条の御誓文」、明治二（一八六九）年の版籍奉還、同四年廃藩置県、さらに武家に関係する法令として「散髪制服略服脱刀随意ニ任セ礼服ノ節ハ帯刀セシム」とする散髪脱刀令、同六年には徴兵令を公布し、地租改正を行った。

また同九年、かつて武家であった者にとって決定的ともいうべき法令で「自今大礼服着用并ニ軍人及ヒ警察官吏等制規アル服着用ノ節ヲ除クノ外帯刀被禁候」とする廃刀令が出されたのである。

このように明治時代初頭のわが国は、あらゆる面で欧米先進諸国の制度や文物を取り入れようとする反面、伝統的な文化を時代遅れとする風潮が見られ、武術もこの例にもれず、社会から顧みられなくなったのである。

明治政府は次々と打ち出すさまざまな政策、またそれに対する不平士族たちの反発を力で乗り切ることで国権を拡充し、近代国家としての体制を着々と整えつつあった。すなわち明治政府が打ち出す急激な近代化政策に対し不平を抱く旧士族たちは、明治七年から同九年にかけて佐賀、熊本、秋月など各地でさまざまな形で反政府運動を起こした。しかしこのような運動も明治十年の西南戦争で政府が勝利することにより終止符が打たれたのである。

当時欧米から滔々と流れ込んできたさまざまな文化の中から、これを運動文化についてみると、既に幕末に導入されていた洋式調練に伴う器械運動や陸上競技の原型的なもの、片手軍刀術、馬術、水泳、カッターレースなど軍事的な色彩を帯びたもの、在日外国人の生活の中から乗馬やカード、玉突きなどの室内ゲーム、さらには日本人が欧米より持ち帰り紹介した野球、卓球など、また初等・中等教育学校では遊技や軽体操、大学ではボート、テニスなどのスポーツが行われるようになった。

そして明治四十四（一九一一）年の大日本体育協会設立、翌年の第五回オリンピックストックホルム大会、さらには大正時代に入ると極東選手権大会、国際競技大会への参加、また国内では明治神宮競技大会の開催などを通してスポーツ文化は急速に国民の中に定着していった。

さらに学校教育の面に目を移すと、江戸幕藩体制のもとに各藩に置かれ、将来の指導的人材の養成機関としての役割を果たしてきた藩校は、明治維新以降もなお存続していたが、明治四年の廃藩置県によりついに廃校となり、翌五年には新たに学制が発布され、全ての国民に教育の機会が与えられるようになった。

図 49 「撃剣興行」図

しかし藩校で必須科目として置かれていた武術は、この学校教育課程からは除外され、かつての藩校の精神を受け継いだ一部の学校の課外活動として行われるのみとなり、一般社会における武術は壊滅状態といって過言でない状況となったのである。武士階級の崩壊による武術の衰退は、特に職分としてその指導的立場にあった人々にとっても、たちまち生活に窮するほどの大きな打撃となったことはいうまでもない。

このような社会状況の中にあって明治六年頃に、かつて講武所剣術師範であった榊原鍵吉が中心となり、将軍家茂追善供養と銘打った広徳寺の剣術試合をきっかけとして行われるようになった撃剣興行（図49）は、賛否両論の評価を受けながら、一時期全国的に広がりをみせた。しかしその後興行小屋の乱立、奇を衒うような内容などによる興行の低俗化の一方、内乱鎮圧に剣術の実利的意義が認知されることによりしかるべき武術家は治安関係に転身したため、十数年を経ずしてこの興行は衰退してしまった。

一方柔術界では特筆すべき動きがあった。それは馬術・剣術などに比べて裏芸的な存在であった柔術をいち早く時代の要求に応じて近代化し、わが国の代表的な武道の位置にまで引き上げた嘉納治五郎（一八六〇〜一九三八）の登場である。すなわち明治維新以降不安定な政治情勢が続き、明治六年の徴兵制の布告、同九年の廃刀令、同十年の西南戦争の勃発などの中で、素手による武術としての柔術に関心を示した人物、それが嘉納治五郎だったのである。

嘉納が柔術を修行するようになった当初の目的は、小躯であった自分が「小よく大を制する方法として柔術は有効なものであった」との理由からであった。嘉納はその後の柔術修行と併せ、さまざまな欧米的教養を身につける中で、明治十五（一八八二）年になり旧来の武術としての柔術から脱却し、新しい教育的価値を持つ「講道館柔道」を創始したのである。

そして明治二十二（一八八九）年に至り「（講道館柔道は）体育、勝負、修心ノ三ツノ目的ヲモッテ居ル。之ヲ修行スレバ、体育モ出来、勝負ノ方法ノ練習モ出来、一種ノ知育、徳育モ出来ル」（『柔道一班並に其教育上の価値』）ことに有意義な運動であることを表明した。

さて明治二十（一八八七）年頃になると、極端な西欧文化の受容や政府の欧化主義を非難し、わが国の伝統的な文化を保存継承し、その価値を評価することを通して国際社会に貢献できる日本人を育成しようとする、いわゆる国粋主義運動が盛んとなっていく。そして行き過ぎた欧化主義に対するこの国粋主義運動は、一時衰退していたわが国の武術の在り方に対しても何らかの影響を与えたのではないかと考えられる。

確かに明治維新後すっかり衰退したとされる武術も、実際は在野において日本人の血肉的存在として細々とではあるが根強く行われており、何とかその命脈を保とうとする撃剣興行のような活動や、講道館柔道のような新しい理念のもとに再生し、学校教育の場に導入しようとする動きが認められるのである。

また政治的な動きとして自由民権運動が活発となり、明治二十二（一八八九）年の帝国憲法発布、翌年の教育勅語の下賜、国会開設、徴兵制の徹底等の流れの中で、次第に国家主義思想が台頭し、明治二十七～八（一八九四～五）年の日清戦争や、国家の存亡を賭けた同三十七～八（一九〇四～五）年の日露戦争の洗礼を受ける中で、さらにその方向性を闡明するようになるのである。

このような社会の動向を受け、国民の中に武道への関心の高まりがみられ、さらにナショナリズムの高揚と富国強兵のスローガンを背景に武道が再認識されるようになる。このような社会思潮のもとに明治二十八（一八九五）年大日本武徳会の設立に至るのである。そしてその後のわが国武道界は、今次大戦終結までこの大日本武徳会を中心に展開していくのである。

しかしこの大日本武徳会は昭和二十（一九四五）年の敗戦に伴い、それまでの国家組織との結び付き、強力な中央集権団体、軍国主義的団体であったこと等々の理由によりＧＨＱから解散を命ぜられ、弓・柔・剣道などの活動は各種目毎に民主的組織のもとに新しく国民スポーツとして再出発することになる一方、学校施設内では一切その活動が禁止されることとなった。

このような厳しい時代を経過した後、昭和二十六年には講和条約が締結され、それまで占領下にあったわが国は主権を回復した。これを機に武道は徐々にではあるが、年を追う毎に本格的な復活をみるようになるのである。

第二節　近・現代の弓道界

弓射文化は人類の歴史と軌を一にして歩んできた運動文化であるが、わが国の弓射をその意義や目的から分けると武射と文射に大別することが出来る。

まず武射についてみると、古代から中世への狭間において行われた数々の戦いで、弓射が中心的な役割を果たしたことは、当時の戦記文学から夙にうかがい知ることが出来る。また弓は古代・中世の幾多の合戦においても刀剣・鑓などよりも有効であったことが立証されており、武器の中でも最右翼として扱われてきた。そして鉄砲伝来後も戦場裡においてはなお、その殺傷力の点で鉄砲に優っていたことが統計的に明らかにされている。このように江戸時代中・後期以降ヨーロッパから近代的な元込め銃が導入されるまで、弓射は有効な武器として位置付けられていたのである。

一方文射としては、古代より宮廷行事の一環として採り入れられ、さまざまな形で行われてきたが、特に「射は観

図 50　稽古に励む徳川慶喜公
毎日 2・3 時間、100 射以上稽古したという。

徳の器」という表現に代表される中国古代の六芸思想からの影響を強く受け、一貫して指導的立場にある者の体得すべき必須の教養として実践されてきた（図50）。

また「弓矢の道」といえば武士のあるべき行動規範の意であり、「弓矢取る身」といえば武士階級のことを指すように、弓射と武士は不可分の関係にあった。

それでは江戸幕藩体制に終止符が打たれ、近代国家としてスタートする中にあって、弓術はどのような文化的価値を新たに見出したのであろうか。

ヨーロッパの武術はその実利性を失うことにより、ある武術はスポーツ化を図り、またある武術は衰退してしまったという経緯がある。本章ではわが国の武術の中で弓術がどのような経過を経て、近世から近代への社会体制の大転換を乗り越え、今日に至ったかについて展望する。

第三節　「弓術」から「弓道」へ

わが国の弓射の呼称はこれまでは単に〝弓〟といったり、〝射〟、〝弓射〟、〝射的（術）〟、〝的射〟、〝弓矢〟、〝弓箭〟、〝弓技〟、〝弓法〟、〝射道〟、〝弓術〟などの語で表されてきた。〝弓道〟という呼び名の使用は、江戸時代初頭に当時確立されていた主な弓術流派を学んだ上に、神道思想に儒仏思想を採り入れ大成した大和流が嚆矢とされ、流祖森川香山著の伝書の中に「日本の弓道すぐれたる儀は……」（著述年不明『弓道自讃書』）、「和朝の弓道の尊き事……」（延宝元〈一六五二〉年『教訓之巻』）などとみえる。

また『辻的之書』（享保九〈一七二四〉年）では「夫、勧進的といふことは、士農工商を撰ばず弓道に秀で、……」、さらに平瀬光雄著『射学要録』（天明八〈一七八八〉年）にも「六科を統べて弓道といふ」とある。しかし多くの場合「弓術」という呼称が一般的に用いられていたが、本多利實翁の著述の中に安政五年『弓道古新流派録草稿』という書名が見られるものの、明治時代になってからもなお多くの場合この「弓術」という呼び名が踏襲されていた。

近代になって「弓道」という語を書名としたのは、明治二十二（一八八九）年本多利實翁が著した『弓道保存教授及演説主意』、明治三十五（一九〇二）年の『弓道大意』などが嚆矢であり、これが明治時代後期から大正時代にかけて年を経るにしたがい書名や大会名・各大学の同窓会々報・運動部の名称として「弓道」という名称が用いられる傾向が強くなり、昭和に入ると特別の意図を以て「弓術（部）」を呼称する場合を除き「弓道」という呼称が主流となっていった。

その一　近代（一八六八〜一九四五）

第一節　幕末から明治維新頃の弓術

個人に帰する戦闘技術としての武術は、中世中期以降その技術体系や指導法・伝達様式などを整えながら戦国動乱の世の洗礼を受け近世に入る。当時代は戦闘の危機が遠ざかり安定した政治体制のもとで、それまで総合武術として実利・実戦的であった在り方を希薄にする一方、各種目毎に分化・専門化し、理論化がなされるようになり、心・技の法にも精緻を極めるようになる。

すなわち時代が下がるにつれ近世武術は実利・実戦的性格が薄れる一方、武士のあるべき行動規範を体得する実践教育教材としての意義をみいだした。しかしその在り方も年を経るとともに徐々に華法化・形骸化の傾向を帯びるようになり、金許し・義理許しなどで資格が授受される風潮が横行し、それに対し世間から厳しい目が向けられるようになっていった。

一方広く社会に目を移すと、商・工業の発達、流通・貨幣経済の発展などにより国内状況にも変化がみられ、十九世紀初頭以降諸外国からの来航による国際情勢の緊迫化は、国防意識を芽生えさせ、沈滞していた武術界にも少なからず影響を与えるような社会情勢にあった。

このような時代背景の中でわが国近世の武士の子弟教育機関として重要な役割を果たした藩校は、宝暦・寛政期（十八世紀後半）にその多くの設立をみることになるが、その設立趣旨はいずれの藩校とも、（一）文武を奨励し、士風を刷新すること、（二）内外諸情勢に対応出来、藩政改革に資する有為な人材を養成することにあった。

そして多くの藩校の武芸教育は、弓・馬・槍・剣・砲・柔術の六芸《ろくげい》と兵学が行われ、ここで学ぶことが出来る者は、基本的には自藩の武士に限られていた。しかし幕末になると武士以外からも入学を許可されるケースがみられるようになる。また洋式砲術の導入、洋式兵制への移行は、伝統的なわが国の武術の在り方に大きな影響を与えた。特に武術種目の中でも実利性の薄い弓術は和流砲術とともにこの影響を受け、各藩校の中で早くから除外され、明治維新を迎えるのである。

第二節　明治・大正時代の弓術

一　明治・大正時代の弓術

1　騎射・歩射の実態

弓射はその様態として騎射と歩射に大別出来るが、幕末期の騎射についてみると、『武江年表』の嘉永六（一八五三）年五月の項に高田馬場で流鏑馬が行われた記事がみえ、また文久元（一八六一）年～二年に講武所でわずかに行われた程度で、ほとんど顧みられることはなかった。

その後明治十二（一八七九）年八月、上野公園でグラント将軍同伴の天皇行幸のもとで流鏑馬と犬追物が行われた（図51）。また同年十一月・十二月には吹上御苑で犬追物が行われ、さらに翌十三年三月には同所で犬追物と流鏑馬、同十四年五月には島津邸においても犬追物・流鏑馬の催しがあった。

その他「明治二十年十月三十一日聖上鳳輦《ほうれん》（天皇の乗る車）を徳川公爵が千駄ヶ谷なる邸第に枉《ま》げさせられ（目上の人の来訪）流鏑馬を叡覧（天覧）あらせられたり。」（『風俗画報』第二二号　明治二十三年一月）などの記事もみえる。

一方歩射では小的前（懸賞弓技　射数二十射?）が明治四十年の第五回内国勧業博覧会の一環として一ヶ月間にわたり行われたが、皆中者は僅か五人であった（『風俗画報』第三六五号）という記事もみえる。

図51　天覧犬追物・流鏑馬の図
明治12年、於・東京上野公園

2　町矢場の盛行

ところで弓射は柔道や剣道のような対人武術に比べて他者を傷つける恐れもなく、年齢・体力・性別などにあまり左右されないで誰もが行うことが出来るという運動特性を持っていることから、実利的な用途とともに古来より貴族・武士は勿論のこと、庶民の間にも遊興の具として行われるようになり、江戸時代にはそれを商売する店が盛り場にあらわれるようになる。

すなわち江戸では矢場、関西では楊弓場と呼ばれるこのような店は、維新後も東京・横浜・大阪などの盛り場で流行した。東京では馬喰町・芝神明・浅草奥山・湯島天神などが有名であったらしい（図52）。この矢場の構造を描写した文献によると、店の構えは入り口の所に二尺位の土間があり、その前の畳の上に短い矢を入れた扇形の筒が置かれ、幅一尺位の台が設けられており、ここから数間先の長方形の革を張った衝立の前に掛けられた大・中・小の的を射る。そして的中すれば〝カン〟、外れれば〝ドン〟という音が出るのである、とある。

図52　明治時代初期頃の「矢場」風景

しかしこのような矢場の実態は「店番、矢拾いなど皆粉頭の女子にして、媚びを売るような店」（平出鏗二郎著『東京風俗志』冨山房）であり、表では弓を射させる店として営業しながら、裏では売春をさせるといういかがわしい風俗店であったという。このような矢場はすでに天保の改革において取締りの対象となっていたが、いつの頃からか復活したものである。

このような矢取り女がサービスをする怪しげな矢場に対して政府は、明治十年二月に「夜間ハ午後十二時限リ閉店スヘシ」、「猥褻ノ所業ハ勿論、行人ヲ抑留シ、又ハ来客ヲ宿泊セシムヘカラス」などの「楊弓店取締規則」を出すほどで

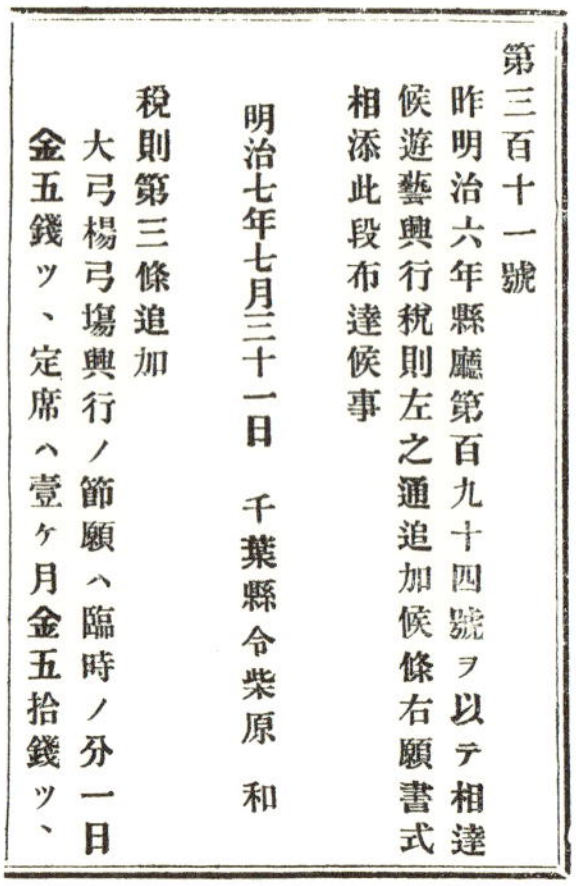
第三百十一號
昨明治六年縣廳第百九十四號ヲ以テ相達候遊藝興行税則左之通追加候條右願書式相添此段布達候事
明治七年七月三十一日　千葉縣令柴原　和
税則第三條追加
大弓楊弓場興行ノ節願ヘ臨時ノ分一日金五錢ッ、定席ヘ壹ヶ月金五拾錢ッ、

図53「大弓楊弓場税則布告」
明治7年　千葉県

あった（図53）。その後も厳しい取締りが続き「遊技場取締規則」によると、「風俗ヲ害スル処アル」場合は営業許可を取り消す場合があること（第十一条）、「言語、動作ヲ以テ通行人ヲ招キ、若クハ強テ遊客遊技、飲食ヲ勧メ又遊客ヲ宿泊セシムヘカラス」（第十五条）とあり、明治二十四（一八九一）年～二十五年頃を機に次第に衰退するようになっていった。

確かに当時「大弓場」として健全な矢場もあったが、この時代の弓といえば一般的に町矢場を連想するまで衰退していたのである。

そしてこのような弓射の在り方に対する当時の人々の理解は、その後の弓射の健全な復興に大きな障害となったことは否定出来ない。

二　弓術復興に尽力した人々

一方明治維新により藩校や講武所が廃止され公的教育機関から姿を消した弓術も、在野の心ある人々の手により細々とではあるが命脈が保たれていた。このような弓術衰退期にあってその存続復興に尽力した弓術家として生駒新太郎（熊本・道雪派・図54）、宇野丈九郎（熊本・道雪派・図55）、石崎長久（京都・道雪派）、市川虎四郎（長崎・大和流・図56）、浦上直置（東京・印西派・図57）、岡内木《こだち》（高松・竹林派・図58）、奥村閑水（豊橋・印西派）、関口源太（松本・竹林派・図59）、富田忠正（愛知・竹林派）、本多利實（東京・竹林派・図60）、若林正行（高槻・道雪派・図61）、森川秀実（佐賀・大和流）、横浜有仲（豊橋・雪荷派）らを挙げることが出来る。

ここに挙げた弓術家はいずれも当時抜群の技を有し弓術界に寄与したが、その中から特に近代弓道の普及・発展に

図 54　道雪派生駒新太郎範士の射影

図 55　道雪派宇野丈九郎範士の射影

図 56　大和流市川虎四郎範士の射影

図 57　印西派浦上直置教士の射影

図 58　竹林派岡内木範士の射影

図 59　竹林派関口源太氏の射影

図 60　竹林派本多利實翁の射影

図 61　道雪派若林正行範士の射影

貢献した次の人物についてみてみよう。

１　石崎長久（反求堂）　文政二（一八一九）年～明治十九（一八八六）年　享年六八歳

幼名を房之助、通称八郎長久といい、反求堂と号した。京都所司代戸田又右衛門の次男として生まれ、幼少の頃より竹林派星野弥右衛門に師事し腕を上げたが、どうしたことか早気（矢を十分に引き込むことが出来ず、自分の意に反して離してしまう射癖）に罹り、あらゆる手を尽くしたが治らず一時稽古を中断した。その後義兄梅垣鍋助より馬術を学び、またその父勝四郎について砲術を稽古し、その才能が認められた。一六歳で石崎角兵衛家の養子となり、二条城勤務の日々を送ったが、二〇歳になってから摂州高槻藩の道雪派若林泰次郎（江州・宇津木駒吉の門人）に入門し稽古に励み、三年間で一六万本の指矢稽古を行い「自分の持っているものは全て与えた。後は貴殿が工夫修練するだけだ」といわせるほどの腕前となった。そして天保十三（一八四二）年四月全堂大矢数に挑戦し、午前一〇時から午後五時までの間に総矢数六一〇〇射中四四五七本を射通した。またその数日後折掛堂形で千射中八五六本射通した。さらに嘉永七（一八五八）年江戸深川堂で全堂千射中八五六本、全堂百射三間延で七四本を射通した。長久は幕末動乱の京都にあってよく治安の任にあたり、維新後は明治天皇の弓術師範を命ぜられた。明治十五（一八八二）年京都府体育場を創立し、同十六年には『養気射大意』を著すとともに反求社を組織し、後進の指導にあたり同十九年病没した。（「石崎先生堂射之碑」）

２　本多利實　天保七（一八三六）年～大正六（一九一七）年　享年八三歳

本多利實の父利重は尾州竹林派の流れを汲む渡邉甚左衛門寛の江戸竹林派弓術をよくした。利實は六歳頃から弓を手にし、一四歳頃には五十射単位の行射で、いつも四七～八中を下回るということはなかったという。一方では古書を繙き他流を研究するとともに故実にも意を払い、騎射や差矢の稽古にも励んだ。このように利實は歩射・騎射・堂射の研鑽と併せ弓術理論の研究にも関心を寄せ、その博識や視野の広さは当代随一であったとされている。

利實が多感な青年時代を送った幕末から明治初頭頃は、社会のあらゆる在り方が問い直される時代であり、武術も例外ではなかった。利實は維新後「弓矢を手に不為、之に代るに采耜《さいし》（すきをとること、農業）を以て業」としていたところが、友人（関口源太か？）が来訪して「自ら稼穡《かしょく》（種巻きと収穫、農業）に身体を労すること不可なり。君元来弓箭を取りて名あるなれば、君此道のため後世に保存の方法を計るべし。僕此頃弓射る人を見るに、愕然に堪えず」と言ったという。

当時の弓が「弓に矢を捲て礫打に異ならず」、また「射の何たるかを知らず」唯射て中ればよしとする遊戯に類するような風潮が見られ、観徳武用の意義を失い、単なる遊戯に過ぎないものとして行われていることを嘆いていた利實は、自著『弓学講義』の中で「第一　弓ハ人ノ品行徳行ヲ見ルニ適当デアル、第二　体育ノ一端トナル、第三　衛生ノ法トナル」、すなわち弓射に「品行・体育・衛生」の意義をみいだし、一念発起し、弓の真髄を伝えるべく普及活動に邁進するようになるのである。この着想は多分に嘉納治五郎が柔道にみいだした修行目的である「体育・勝負・修心」からの影響であったのではないかと推察される。

さて巷間に、今日わが国の多くの射手が行っているいわゆる正面打起し射法はこの本多利實翁が創始した射法であるとしているが、このことについて利實翁は自著の中で次のように述べているので、参考のためあげておこう。

・（体斜め前に弓構をするのが）竹林派及日置一体の弓構デアリマス。……ソレヲ今日ハ左様ニ構ヘル人モアリ、或ハマルデ異ナッタ弓構ヲスルモノモアリマス。即弓ヲ体前ニムケテ張テアル弓ト弦トノ真間ニ真直ニ自レノ体ト首トヲ構ヘルノガアリマス。凡テ構ト云ハコノ二ツノミデアリマスガ、先前ノ的ノ方ニ向ケテ構ヘルノガ普通デアリマセウ。デ、今ノ弓ヲ前ヘ持チ来リ、前ヨリ弓構ヲシテ矢ヲ取テツガヘルハ、トキノ旗下ノモノガ多クソウ構ヘタモノデアリマス。旗下ノ士ハ皆挙テ斯ク構ヘタモノデ、本来ノ的ノ方ヘ出シテ構ヘルモノハ一人モナイ様デアリマシタ。

抑コノ構ト云モノハ騎射ニアルノデアリマス。歩射ニアッテハ馬上ニテナキ故、適宜ニ足蹈ヲナシテ構ヘマシヤウガ、馬上ニアッテハ膝ニ本弭ヲ立ル事モ出来マセヌ故ニ鞍ノ上ニ立テタモノデアリマス。ソシテ矢ヲ取リツガヘタノデアリマス。ソレ故頭ガ弓ノ中ニアリマス。コレガ自然ニ流弊ト云フデモナケレドモ、癖ニナリテ勝手ガヨイモノデアリマスカラ、オノヅカラ歩射ニテモソウ番ヘル様ニナッタノデアリマセウ。是ハ伝書ニモ見ヘマセヌガ、私ノ想像スルトコロデアリマス。前デツガヘルト先ヘダシテツガヘルトノ損徳《ママ》ハアリマセヌ。私ナドハ幼少ヨリ前デヤル方ヲシマシタカラコノ方ヲヤッテ居リマスガ、伝書ナドデハ向ヘ出ス様ニ書テアリマス。（明治二十二年『弓学講義』）

・弓構えに於ても当時東京の人の射る弓は、悉く自分の中央にとりて致します。之に反して地方の御方とか、又は堅気に伝来の弓術書を便り《ママ》にして古風を守れる人は、悉く教えの通り、づっと弓を左手の方に延べ左手を曲げて弓構を致します。……小笠原流に於てもづうっと以前は普通歩射に於ては左方にさし延べて矢を番へ、弓構を致したことと思います。（明治四十二年『弓術講義録』）

・（各藩の江戸住みの武士は江戸風の射法を研究するが）最初から江戸で弓を始めた者は皆弓構・打起等は体の正面にていたします。頓と東京人は一様の有様をなして射ます。此正面にて弓構をする原因は騎射から起ったのであります。其方が勝手もよければまた手回しも宜しく、外見も美しいものなれば、之れが習慣となりて騎射・歩射の区別なく今日に至ったのであります。（大正五年『弓術の改良に就て』）

このような弓構えの相違は当然ながらその後の打起しの相違となって表れて来る。このことについて「打起」の説明の中で利實翁は次のように述べている。

前構ニカマヘル方ニアリテハ前ニ打起シ、然ル後的ノ方へ振リ向ケテ第三、即押大目引三分一ニ云通称中力ノトコロデ手ノ裏ヲコシラヘ上ルノデアリマス。……二ノ弓構（弓構えが体斜め前から打起こす本来の歩射射法）ヨリ打起ストキニ其異ナルトコロハ、手ノ裏ヲ初メニコシラヘテオクノト、中力マデニコシラヘルノトノ相違ガアリマス。是ノ損徳《ママ》ヲ言ヘバ先ドチラニシテモ馴レテ居ル方ガ勝手ガヨイ故デアリマセウ。指矢等ニテハ騎下デスル前へ出ス方ハ勝手デアリマスマイ。併シ抑々順当ナノハ何レカト云フニ、向クヘ出ス（斜面打起射法）方デアリマセウ。前ニカマヘルハ騎射ノウツッタノデアリマスカラデス。（『弓術講義録』）

３　若林正行　天保八（一八三七）年～大正五（一九一六）年　享年八一歳

高槻藩藩士で同藩の弓術・鉄砲師範若林正興の長男。弘化四（一八四七）年京都の道雪派石崎長久に師事し、安政三（一八五六）年に免許皆伝を許された。そして維新後の明治三（一八七〇）年には島津邸で指矢演武を上覧、同二十五（一八九二）年に福沢諭吉からの依頼により慶応義塾弓術部の師範となった。また堂射をよくし、同二十八（一八九五）年に京都三十三間堂で百射五五本を通したことが記録されており、同二十九年『弓箭之枝折』を著した。大正三年には大日本武徳会より弓道範士を授与されている。

４　岡内　木《こだち》　嘉永元（一八四八）年～大正十四（一九二五）年　享年七八歳

四国高松藩藩士で、同藩の弓術師範役岡内正直の長男として生まれた。幼少の頃より武を好み、六歳で藩校弘道館に学ぶ傍ら父祖伝来の竹林派弓術を修行した。また一三歳の頃から直心影流剣術、種田流槍術、井上流・高島流砲術、大坪流馬術、水府流水術などの稽古に励み、激動する時代をよそに多感な青春時代を武術修行に専心した。

ここで彼の弓術修行の一端を紹介すると、まず一六歳までに射込んだ矢数は六万本を超え、二十歳までに百余万本に達したという。また寒稽古ともなると厳寒三〇日毎朝朝食前、未明より払暁まで指矢射込み計七五〇〇〇本、的前一〇〇〇〇本を恒例とし、十九歳の時一昼夜一二〇〇〇本の指矢射込みを行い周囲を驚かせた。

さらに小的前千射九三五中、五寸的千射四五〇中、遠的千射九九七中という記録が見える。彼は強弓を嗜むことでも有名で、晩年まで八分弓（約四〇キログラム）を使用していたが、体を害することを忠告され仕方なく七分の弓（約二八キログラム）に落としたという。

維新後欧化主義全盛の世となり、弓術はすっかり衰微し弓を手にする者はほとんどいなくなった明治二十一（一八八八）年、高松に道場を開き後進の育成にあたった。また明治二十八（一八九五）年大日本武徳会が設立されるや精錬証を授与され、審判員となり、明治四十一（一九〇八）年には範士号を授与された。この間九州・関西地方を遊歴して指導にあたり、近代弓道復興に多大の功績があった。（『岡内木先生略歴』）

5　関口源太　天保十一（一八四〇）年～明治三十四（一九〇一）年　享年六四歳

松本藩藩士。幼少より竹林派を学び、二三歳の時熊本藩関口家を継いだ。明治維新後浪人したが、明治五（一八七二）年に上京し本多家を訪れ、衰退していた当時の弓射の復興に尽力するよう勧めたという（大正五年　本多利實『回顧』）。後に自らも神田今川小路に道場を開き後進の指導にあたった。

彼の弓の腕前についてはさまざまなエピソードが残されている。まず彼は一三歳の頃すでに六分五厘（約二五キログラム）、二〇歳を過ぎると七分三厘（約三〇キログラム）の寸詰りから七分八・九厘の弓を引きこなしていた。今の強さに換算すると三五～四〇キログラム以上にもなろうか。

彼の弓術で特筆すべきは天覧と皇太子上覧の計三度の栄誉に浴したが、そのうち二度の天覧について当時の新聞をみるとおよそ次のような記事がみえる。

〈天覧その一〉　明治十六（一八八三）年六月二十二日

場所は吹上御殿、召し出された射手は四名で、その中に薩摩日置流の東郷重持もおり、矢継ぎ早の演武を行った。源太は八分五厘（約四五～四八キログラム）の弓で一手、寸弓（約六七キログラム）で一手の的前演武を行った。その後お付の者が源太に、諸肌を脱いで体を見せて欲しいというのでその通りにすると、あちらこちらから眺めて、特段の体でもないのにどうして一寸もある強い弓を引けるのだろうかと不思議がり、技というものは恐ろしいものだと感嘆したという。

〈天覧その二〉　明治二十（一八八七）年十一月十二日

この天覧演武は堅物射貫きであった。弓は寸弓と手馴れた弓の二張りを用意したところ、手馴れた弓でよいとの仰せであったのでこれを使うこととした。

一方剣術では撃剣興行で有名な直心影流の榊原鍵吉や警視庁の重鎮で鏡新明智流の辺見宗助という名の知れた剣客が召されており、兜割りを仰せ付けられていたが、どうにも割ることが出来ず難儀していた。

さて源太の射る兜は信家の兜であり、なかなかうまく固定することが出来ず難渋していたが、ようやく設置することが出来た。源太は兜に向かい十分に引き込みピシャリと発射すると、丁度兜の三枚重ねのところに中り、忍の緒がプッツリと切れて翻り、兜は上に向いてしまった。そこでお付の者が射貫いた兜をお手許に持って行こうとしたがどうにも取れない。よく見ると三枚重ねを三寸ほど突き抜けて固定してあった棒杭に矢の根が食い込んでいたのである。なおこの兜はお手許へ差し上げたという。（新聞『日本』明治三四年三月二一日～四月四日）

6　市川虎四郎　弘化三（一八四六）年～大正十四（一九二五）年　享年八〇歳

島原藩藩士市川五郎太夫の四男として生まれ、大和流第六代森川宗兵衛観節堂に師事し、後に第七代平六左衛門観義堂につき修行した。嘉永五（一八五二）年七歳の時藩主忠精公の御前で流鏑馬を演じ、安政三（一八五六）年十三歳にして観義堂師より目録、同五年免許を授与された。彼の腕前は老年に及んでも一尺二寸的はほとんど外すことはなかったという。その後九州各藩を遊歴するとともに堂形の稽古にも励んだ。

また維新後の活動をみると、明治三十五（一九〇二）年に長崎市松の森天満宮境内に弓術会を組織し、同二十八年大日本武徳会より精錬証を受け、同四十五年には本部教授に任命され、大正二（一九一三）年弓道範士となった。彼は生涯を斯道発展のために尽くしたが、大正十四（一九二五）年武徳会京都支部大会において演武中、甲矢を射た直後脳溢血で歿した。（『弓道講座』）

第三節　明治・大正時代の弓術界

明治二十五（一八九二）年二月の読売新聞によれば、「近時弓術流行シテ、上ハ九重ノ辺ヨリ、下ハ諸学校ノ生徒頻リニ之レヲ弄ブモノ多キ」とあるように、この頃から時流に乗り学校を中心に弓を手にする者が増える傾向にあった。

そこで次に当時の弓道界がどのような有様であったかを記した資料をあげておこう。これらの資料から当時の状況の一端をうかがい知ることが出来る。

一　明治時代の弓術界

1　弓職人の話

・私の店の創業については、確かには判りかねますが、旧幕府時代に江戸に開業したものでござゐます。ところが御承知の明治維新の世になりますと、弓具が薪にされる程に弓道が衰微いたしましたので、店を経営して行くことができないやうな時世となりました。それで私の祖父にあたる人は、他日弓矢の道が復興することがあるにしても、現在の状態ではやむを得ない。今のうちに弓矢の製作法を研究して置いて、他日復興の秋に備えようと思ひたちましたので、店を閉じて地方の弓師を訪ね巡り、一心に弓具の製作法を工夫して歩きました。かくするうちに、東京にも弓道復興の曙光が見えそめたので東京に帰りましたところ、旧幕臣で弓の先生（本多利實翁のことか?）から弓具店を開いたらよかろうと勧められましたので、山手に開店しました。明治二十年頃当所に移転して、現在におよんでおります（真家宗吉「弓の製作法と手当て」昭和十一年『弓矢の研究』）（図62）。

2　新聞に掲載された弓術界の状況

・大体の上から見ると、弓術は近来非常に勃興に向かっている。

・東京に於ける各派の師と称さるゝ人は、殆ど学校の弓術部の教師をして遣って居る。

・門戸を張れず学校にも出ず、さればと云って寝て喰う程の資金もなく、仕方がないから矢場を出して、当り矢専門で人を集めるといふ風にもなる。

・歴然とした学校の教師ですら、何にも今は弓の真髄を伝へても全部事に入れないから、先づ当たれば上手としてありますと翻す位、生徒が大肌抜の鼻唄で競射の練習をやってゐるのさへ咎め得ないといふ有様で、斯んな風で教へる人も習ふ人もみな此心得であるから、厳密に云へば弓術の勃興は其教に於て、真に学ぼうとする篤志家は却て減じてゐるかも知れぬ。

・東京に於て最も多く行はれてゐる諸流諸家の重なるものを挙げて見ると、先づ小笠原流の小笠原縫之助、尾州竹林派の本多・久保田、

図62　江戸の弓師

日置流の浦上、吉田流の石丸、道雪流《ママ》の若林、太子流の酒井・藤井等である。

・（神田猿楽町の小笠原流は）厳格なる手続作法を固守して、古来から弓術の真髄を発揚しやうと云ふのが縫之助の所志で、小笠原流の主張である。だから運動半分に弓を遣らうといふ連中では我慢が出来ぬ。それで弟子も極めて少ない。目下の処で真面目に通って居るのは、僅かに二十名内外の者であらう。それで此派では決して他流と競射を行わない。大会にも出席しない。

・華族社会で弓術の熱心者として松浦伯爵、二條公爵（図63）、土井・岡崎・渡邉（寛綱）の三子爵、中御門男爵などが居るが、いわゆる殿様芸の域を出ない。（『大阪朝日』明治四十一年六月）

3　武徳祭演武会見学の印象

・明治四十五（一九一二）年、京都武徳会本部大会に剣道で出張した際、弓道種目を参観し、田舎物置小屋然たる道場の貧弱さと出演者の少数なると壮年出場者の少なきに、日本一の大会、日本一の大道場と信じ切って来た目に映った此の一光景には驚き呆れたのでした。当時は本部に於ても弓は保存武術として剣柔道と別扱いされ誠に情けない存在であった事は事実で、且つ都会地には営業矢場と称する怪しげなものもあり、尚賭け弓も根絶せぬ時代で、一般世間から重視されなかったのは、内地も台湾も同様であったと思はれます。（昭和二七年　川島堯『弓道回顧録』）（図64）

図63　大日本弓道会会長二條基弘公爵

図64　道荷派川島堯範士の射影

二　大正時代の弓術界

1　浦上榮範士の見た大正時代の弓術界

・（大正十四〈一九二五〉年当時の初段受験者に対する学科試験で）答案を調べますと、弓の長さが七尺三寸と云う正解は約三分一、矢の節は四あると答えた者は約半数と云う有様で、当時の弓に対する常識が如何に低かったかが窺われると思います。

・大正時代に於ける全般的傾向としては、遠矢が非常に流行し始めました。その最も中心となって力を注いで下さったのは土井（元子爵）さん傘下の曙光会で、年四回の遠矢大会（五十間）を催し、東京都内の弓友を数十名招き十五位以上の者を更に招待して七十間の遠矢会が春秋二回行われました（図65・66）。

・遠矢の際、引き終わってからの矢返しの設備が一寸面白い考案だと思いました。それは丁度ケーブルカー式のもので、射場から垜《あずち》までロープが張ってあり、それに矢を乗せる為の竹で作った籠がぶら下がって居て、射手が引き終わると、矢取りが居て矢を其の籠に入れ向こうのハン

図65　土井邸の矢場（東京都文京区駒込）
射手は土井利與子爵か？

図66　土井邸の遠的場（東京都文京区駒込）
図65・66：徳川慶喜撮影

ドルを廻すとロープと共に籠が動き出して射場の方に来る様になって居るのです。これには流石華族さんの道場だけあると感心したものです。

・当時の人達は非常に良く的中する人が多く、弓は今日ほど強い弓を引いて居りませんでしたし、又技術的にも今日には及びませんでした。そこで当時の的中主義に堕した大勢を何とかして品格のある射に取り戻そうと武徳会が力を入れ始め、段級審査に於ては的中より射技品格に重きを置くという事になって、それ以来射型は非常に良くなって来たのであるが、今度は逆に的中率が下がってしまってあわてた事があります。（この在り方を問題視した本部役員に対し、阿波研造委員が真っ向から反対したという経緯がある。）（昭和三十年　浦上榮『行射六十年』）

図67　敵前を演武する北村明太郎範士

2　出版物にみる弓術界の状況

・……維新の際には啻《ただ》に無用の長物、一顧の価値なきものとなれり。稀に行わるゝも、賭弓遊戯に過ぎず、明治の中頃大日本武徳会創設せられ、爾来急激なる発展を遂ぐ。寒村僻地に至るまで、技を学ぶ者の多きを見るに至る。特に大正初年頃より射技著しく向上し、射形の美化せるを見る。或は礼に走り武に疎きの感なきにしも非ずと雖も、射技の進境驚愕に値す。（大正十五年　北村明太郎『由美乃道』図67）

・……其の歴史と精神を伝えている一種の体育運動と見なされる。むろん弓道を単なる体育運動とのみと考えるのには余りにも功利的な議論であった。私どもは何処までも在来の意義に従って心身鍛錬という点の上に弓道の基礎を据えなければならない。（昭和四年　村尾圭介『日本体育叢書　弓道』）

三　明治・大正時代の出版物にみる弓術の意義

このような弓術界の中にあって明治・大正時代、弓術にどのような意義を見いだしたかを当時の出版物からみてみよう。

明治期に共通して主張されている点としては「（射芸は）衛生保健を重んじ、体育に必需」（明治二十二年　橋本実『射術的前之心得』）であり、「弓術を娯楽に供せず、玩具と為さず、愛国護民の元気を喚起養成すること」（明治二十五年　乾健一郎『弓術独稽古』）、「自己の体を作ること」（明治二十七年　田中雄之進『独習秘訣弓術図解』）、「高尚な大人の遊技」（明治三十二年　津田素彦『射的術』）、「高尚優美にして激に失せず、緩に流れず運動用具として実に完然の資質を備えている」（明治三十六年　増田林『大弓射術独稽古』）、「（弓矢は）尚武の遊技」（明治三十九年　内山勗『弓術教範』）、「弓術は運動として誠に結構なるもの」（明治四十二年　本多利實『弓術講義録』）、「若からぬ人の好遊戯であり、精神養胆力養成となり、一種の強肺術となる」（明治四十四年　山本晋『弓術教範』）などとある。

しかし本多利實翁は当時の「各的場の状況を観察するに、弓に矢を捲て礫打に異ならない」もので、「弓の弾力を殺し矢の走るを抑え、弦の発味を失っ」ている状態であったらしい。

そこで翁は「射ハ端正篤実ニシテ行状志ヲ顕スノ器」であり「品行徳行ヲ見ルニ適当デアル、体育ノ一端トナル、衛生ノ法トナル」（明治三十三年『弓学講義』）ことをあげた。すなわち嘉納の主張した柔道の「体育・尚武・修心」に倣って、弓術に「品行・体育・衛生」の意義をみいだそうとしたのである。

またここで特筆すべきは、翁が小的前射法に正面打起し射法を採用し、普及振興のため弓術継続会を組織、小川町に道場を設けるとともに、第一高等学校・東京帝大學・華族会館・学習院などで指導にあたったことである。翁の射技の実力、さらには卓越した指導力と高潔な人柄から、その指導を受けた者の中から明治・大正・昭和の弓道界を動かした指導者を多数輩出したことである。翁を近代弓道復興に貢献した人物の第一に挙げることに異論なかろう。

これが大正時代になると「尚其過半は単に運動のみを主として、考慮茲に及ばざるは惜しむべき」（大正三年　高橋信太郎『弓術捷径』）、「礼を講すへく、以て膽を練るへく、また以て体育に資する」（大正十年　吉田英三郎『弓矢義解』）、「単に遊戯の具となすものあるに至りては、最も歎ずべき也。……（弓術は）尚武の気風を修め、剛健の精神を養ひ、沈着の意志を練り、且つ優雅の動作に嫻《なら》ひて自己の向上に資するは、文弱軽佻に流る、今日の社会状態に在りては識者の当さに鼓舞躬行に勗《はげ》むべきところなり」（大正十一年　屋代鈫三『竹林射法大意』）などとみえ、明治期と比較してその意義に若干の変化がみられるようになるのである。

四　近代弓道の復興に尽力した人々

このような弓道界の風潮の中で、明治末期から昭和初期にかけて活躍した弓道家として次のような人々があげられる。

1　阿波研造（図68）

阿波の経歴についてはすでにさまざまな先行文献で明らかになっている。それらによると、明治十三（一八八〇）年宮城県福地村（現在の石巻市）に生まれ、幼少の頃より雪荷派弓術を学び、明治四十二年仙台に出、道場を開き後進の指導にあたる一方、江戸竹林派の本多利實翁に師事した。また明治四十三年以降毎年大日本武徳会演武大会に出場するとともに、二高弓術部の師範となった。そして大正五（一九一六）年の同会演武大会で二位、翌年には優勝し、同会より大正五年錬士、大正七年教士、昭

図68　阿波研造範士の射影

図69　オイゲン・ヘリゲル博士の射影

和二（一九二七）年範士号が授与されている。

ドイツの哲学者オイゲン・ヘリゲル Eugen Herrigel（図69）が阿波の下で修行したのは大正十五（一九二六）年から昭和四（一九二九）年で、彼がこの時の体験をもとにベルリンで行った講演「騎士的な弓術—Die ritterliche Kunst des Bogenschiessens」の日本語訳が昭和十一（一九三六）年雑誌『文化』（東北帝國大學文科会編　第三巻九号）に発表され、さらに同十三年に『弓術に就いて』と題して出版され、これが日本文化研究上高い評価を得た。

さて阿波は若い頃から技倆抜群であったが、年を経るにしたがって考え方に変化があったことが弟子の小町谷操三の次のような言葉からうかがえる。

私が阿波先生に弓をおしえていただいたのは、明治四十三年であったと思う。……三十歳くらいの若い元気な先生で、非常に強い弓を引かれ、時にはどこかの神社の奉納弓かと思われるような太い重籐の弓を持って来られた。当時の先生は弓道というよりもむしろ弓術を教え、姿勢のことをやかましく言われた。的中ということも重く見ておられた。そしていつも私どもと一緒に競射をやられた。

私が二高を卒業してから、再度先生にお目にかかったのは、大正十三年に私が東北帝国大学に赴任した時である。……そして先生の射も、私が二高を卒業するころとはまったく変わって、非常に円熟していたようである。先生はもはや弓術を説かず、もっぱら弓道を説き、的中を重く見ないで、一射一射に全精神をこめなければいけないということを力説しておられた。（『阿波研造遺文』）

明治維新後衰退していた武道は年を経るとともにその意義が認められるようになっていくが、弓術もその教育的意義が評価されるようになる。しかし阿波は当時の弓術界の現実の在り方がなお的中主義に終始していることに対し強く批判している。

すなわち阿波はこの的中主義について「射として射中を度外視する事は射の意味を誤解するの甚だしいものとなることは論を俟たない」ことであるとし、決して的中を否定するものではなかった。しかし弓道の大道をいえば「射は人を造るためのものであると云う根本義をもって第一義とし、的中は第二義として的中一切を破壊して根本的に是正しなければならぬ」とし、的中に惑わされて射の根本を忘れてはならないと主張し、弓術の在り方は「武道の本来心身度脱錬胆の一大宗教である」としたのである。

そして阿波は、的中病になり過ぎる者に対して「（今の人は）矢張り的中に眩惑されている。しかしながら的中あながち悪いとは云わん。不中即ち悪いとは云わぬ。求めて的中を本旨とすれば非なり」とし、「真の射の立会はそんな浅薄なものではない。……射は人を造るためのものであると云う根本義をもって第一義とすべきである。しかしそれは非常に困難な事業であるが、最も重要で且つ緊急の問題である、とした。

このような主張は従来の柔術の在り方から近代社会に意義ある運動文化としての「柔道」を提唱した嘉納治五郎からの影響があったことが阿波の次のような言葉からうかがい知ることが出来る。

其処で一番近く例を挙ぐれば、今の嘉納治五郎氏の講道館柔道が、我が日本は勿論諸外国迄にも賞揚せられるのも、是れ道として一流一般に拘泥せず、各派の長所を採りたるところに発する。……夫れで弓術家と弓道家とは雲泥の差があると思う。先に述べた如く理想は尤も技術上達に随って高めねばならぬが、理想を高めるにも個人の研究ではとても偏狭の理想となってしまうから、見聞学は是れ第一必要な要点である。（『阿波研造遺文』）

さて阿波が後年になって提唱した「大射道教」の発端について、櫻井保之助は自著『阿波研造』（昭和五十六年）の中で、阿波の遺した資料『阿波研造遺文』を手がかりに、彼が家族も寝静まったある日の月が穏やかに照らす深夜、独り道場で行射中に得た神秘体験をしたのではないかということを想像し、次のように述べている。

> 研造は独り道場に入り、愛用の弓矢とともに静かに的前に進んだ。決意があった。肉体が先きに滅びるか、精神が生き残るか。無発。統一。一歩たりとも退かぬ覚悟の射であった。苦闘が続く。肉体は既にその限界を越えた。わがいのちもここに究まる。遂に滅びた。と思ったとき天来の妙音が響いた。天来と思ったのは、これまで自分にも耳にしたことのない、もっとも澄明で、もっとも高く強い弦音《つるね》であり的中音であった。聞いたと思ったと同じ瞬間、自己は粉微塵《こなみじん》に消し飛んで、目も眩む五彩の中、天地宇宙に轟々《ごうごう》たる波紋が充満した。

さらにその心境について阿波研造は次のように述べている。

> 金輪際動かずと足踏を定め、天地間に一ッ柱を建てし如くに胴造りをなし、天上世の霊気を臍下より招いてグッと丹田に鎮め、やがて打起より引取り会に至るや弓の圧迫に抗して引いて弛めず、心気は無発大周円、以て尚努力百折不撓粉骨、竟に丹田から発動する気合と共に、離弦する一箭こそ真の霊箭であって、発後の両手は宇宙に遍満し、夫れを両手を腰に治める時に、天地を引集めて腰の治める時の其の浩然の気は、何に譬へん愉快さである。実に気分は天地に一杯になった気がするのであります。（『阿波研造遺文』一九三六年頃？）

その後阿波は「射裡見性」とか「一射絶命」などという言葉を使うようになり、昭和二年に「大射道教」を提唱し、さらに宗教的色彩を帯びるようになっていった。

阿波の唱えた「射道トハ日本建国ノ大精神ヲ縦トシ、神道儒教仏教等ノ大自然ノ哲理ヲ折込ンダ姿」であるとする「大射道教」には宗教的な雰囲気が感ぜられる向きもある。

「宗教」については多種多様な定義がなされているが、一般的には「神や超越的な絶対者、さらにはある神聖なものに対する信仰やそれに伴う教義や儀礼式・組織を持っており、人間が日々の生活を送る上において生命の危険、欲求不満、不安、恐怖等々に陥り、それを合理的な方法で解消出来ない時、超越的な存在に頼ろうとする」心情とされている。「宗教」がこのような定義であるとすれば阿波の提唱した「大射道教」はこれらの内容を有していたとは考えられないし、誰しもが持つ弓道に対する意義や価値が、他の武道文化から突出して異質のものとは考え難い。また教義を実践する際の独自の行動規範や特別の儀礼式、さらには布教するための強力な組織やその活動も認められない。ただ阿波自身はさまざまな場で宗教用語を多用し、周囲の人々も宗教の一つであると考えていた節は十分にうかがうことが出来る。

また阿波は昭和前期頃には当時の緊迫化したわが国のおかれた国際的・軍事的背景を受け「弓道は天照大神即ち惟神道より源淵する故に、神武一体にして弓は天祖の御心」であり、「これを盛んにすることは国家興隆、皇道精神の発揚を期すものであり、発する一箭に全生命を傾倒し粉骨砕身の努力するは人間最高の務であって、即ち忠であるのであります。忠なれば即ち孝であるからであります。忠孝働きの射行に依って最高道徳を完成させんとする者でありますす」（一九三六年）という言葉は、阿波に限らず当時の武道界全体にみられる傾向であり、特別なものとは考え難い。

2　浦上　榮（図70）

明治十五（一八八二）年〜昭和四十六（一九七一）年、兵庫県生まれ、号採山。幼少の頃より父直置から日置当流を学び、明治四十五（一九一二）年徳山家より免許を授与された。射術の真髄を極めるための自己研さんと後進の育成に生涯を送った弓道人として高く評価されている。

さて浦上は青年時代から抜群の技倆を示し、明治・大正・昭和の三代にわたり、わが国の弓道界で活躍し、近代の名人と謳われた人物である。その業績の一端をあげると、競技面では日米交驩試合に出場し日本側の勝利に貢献（昭和十二年）、全日本大的選手権大会（昭和二十六年）優勝、さらに皇紀二千六百年奉祝昭和天覧試合（昭和十五年）や日満交驩弓道大会の審判員などを務めた。

また「弓道要則」制定委員（昭和八～九年）、「弓道教範」作成委員会委員（昭和十九年）などを歴任、学校弓道や社会人弓道の発展に大いに功績があった。

図70　印西派浦上榮範士の射影

図71　無影心月流流祖梅路見鸞師

浦上の弓道観は神を敬い胆を練り己を正して以て筋骨を堅め、法に従って的に中るにあるとする実証的なものであり、抜群の実力と温厚な人柄は誰しも認めるところであり、多くの弓人から慕われた。

彼のこのような弓道観は、明治～昭和前期に流行し多くの弓道指導者が唱えた精神主義的な弓道観とは一線を画すものであったといえよう。

3　梅路見鸞（図71）

明治二十五年大分県生まれ。幼年より臨済宗円覚寺の釈宗演に師事し、二五歳で印可を受け、後に鎌倉円覚寺管長となる。弓術は大正五（一九一六）年橘流を修め、大正十五（一九二六）年大阪箕面に「梅路武禅道場」を設立し指導にあたる一方、昭和九（一九三四）年機関紙『武禅』を発行した。見鸞の創始した無影神月流という流名は「心月皎々として照り、万象影無く、冷光寂然、射裏の明鏡に縁を映し、行雲流水、徒に去来す」（同流『無影心月流射儀義』）に由来する。

見鸞は橘流とは別に本多利實翁から指導を受け、阿波研造とも交流があっ

図72　大平射仏範士の「大閃光法」と称する射

図73　角材上からの行射（射覚院の射手）

たとされる。その弓術実践の意義を管見すると「技習」から始まることは当然ながら、到達すべき理想の在り方は、「射形射様を以て枝の端となし、専ら道の成否を重んずる」ことにあり、弓禅一如」を提唱し「……以護国大道の実を挙げること」（『顕正射道儀』）であるとしたことである。昭和二十六（一九五一）年歿。

4　大平射仏（図72）

明治七（一八七四）年会津若松生まれ。道雪派を学び、明治四十二（一九〇九）年本多利實翁に師事し、大正十五（一九二六）年「大日本射覚院」（後に「大日本弓道館」と改称）を創立する一方、月刊誌『射覚』（図74）を発行し弓道の普及活動を行った。大平は行射にあたり「大閃光法」や〝行射により心霊の神聖なる響きを弦音に表現せしむる法〟である「神箭妙音法」などという稽古法を提唱した（図73）。昭和十六（一九四一）年頃になると、軍事的に緊迫するわが国の動向を受け「的中本意の無気力なる弓を清算して一箭捨命の挺身弾神の皇民弓道翼賛に転向さる、ことを希望する」、行射にあたっては「一箭戦死の一大決心」、「一箭報国」などという語が彼の主宰する雑誌の記事の中に躍るようになる。昭和二十七（一九五二）年歿。

5　根矢鹿児（熊吉）

明治七（一八七四）年茨城県生まれ。明治三十年より本多利實翁に師事し、明治四十二（一九〇九）年「青年弓術会」を創設、さらに明治四十四年顧問に本多利實翁を迎え「大日本弓術会」を創立した。大正八（一九一九）年一月には同会を「財団法人大日本弓道会」と改称する一方、大正元（一九一二）年より月刊誌『射道』（大正八年九月『弓道』

図74　戦前に発行された弓道関係の雑誌類
右より『武弓』（武弓社）、『弓道』（大日本弓道会）、『射覚』（大日本射覚院）、『惟神大日本弓道』(大日本弓道館)

図75　本多流長谷部箭泉範士の射影

図76　吉田能安教士の射影

と改称　図74）を発行するとともに、内地は関東地方を中心に全国各地に支部を設置し、さらには台湾・朝鮮・満州・ハワイ・北米まで支部組織を設け、競技会や講習会の開催、指導者の資格認定、出版事業などを通して精力的に弓道の普及・振興にあたった。

因みに最盛期の会員総数は約二五〇〇〇名（昭和十六年当時）、支部総数三〇〇支部（昭和八年当時）という大規模な組織へと発展していった。

6　その他

立花新師に大蔵派を学んだ後、明治四十五年より本多利實翁に師事し、月刊誌『武弓』（昭和十一年五月～同十五年五月　図74）を発刊し、独特の弓道（技術論）を展開した福岡の祝部《ほおり》至善《しぜん》（明治十五年～昭和四十九年）や、本多門下で「大日本射徳会」を組織し指導にあたった東京の長谷部箭泉（慶助）（明治十一年～昭和二十二年　図75）、堅物射貫きで名を馳せ、昭和二十九年大日本武徳会を結成した吉田能安（明治二十四年～昭和六十年　図76）などをあげることが出来る。

第四節　明治・大正時代の学校弓術

一　中学校正科弓術

明治時代初頭の中等学校教育機関における武道は、広島や長崎・熊本など旧藩校の名残りを受け継いだ著名な中学校では課外活動レベルで実施されていた。一方明治十六（一八八三）年に至り文部省は体操伝習所に対し「撃剣・柔術の教育上における利害適否」の調査を諮問し、その結論として翌十七年に撃剣・柔術は理念や指導法が確立していないという理由から、学校における正科としては不適当であるとの答申を得た。

また明治二十九（一八九六）年の衛生顧問会議でも撃剣・柔道（この時はじめて公的に柔道と呼称）に対し同様の結論を見た。その後剣術界では明治三十年体操と結び付け、学校へ導入しようとする動きが見られるようになり、「撃剣を各学校正課に加ふるの件」の請願書の国会提出をはじめ、建議案提出など国会に対する根強い働きかけの結果、ようやく明治四十四（一九一一）年に至り中学校、師範学校で「撃剣（師範学校規定ではこの時はじめて剣道と呼称）及柔道ヲ加フルコトヲ得」となった。しかし大正二（一九一三）年の学校体操教授要目、同十五（一九二六）年の改正学校体操教授要目でも「撃剣及柔道」が「剣道及柔道」となったのみで、「加フルコトヲ得」と変わらなかった。

このような柔道・剣道の積極的な動きに対し、弓術は何ら働きかけも見られず、わずか明治四十三（一九一〇）年に全国師範学校長会が文部省の「師範学校生徒ヲシテ課外ニ行ハシムベキ適当ナル運動及作業ノ種類如何」の諮問に対し「弓術ハ便宜上之ヲ行ハシムベシ」と答申するに止まり、正科採用には程遠い状況にあった。大正二（一九一三）年の学校体操教授要目の中でも弓術は薙刀と並び、女子に対し教科外または特別教育活動としてあげられている程度であった（図77）。

図 77　明治時代の女性の稽古の服装

図 78　明治時代の大学弓道部の稽古風景
当時は「弓術部」とか「弓技部」といっていた。

また大正十五（一九二六）年の改正学校体操教授要目の中でも、弓道（この時はじめて公的に〝弓道〟と呼称）は時間外に行うべき一運動としてあげられているのみである。しかし課外活動としては主だった中学校で活発に行われており、各大学・高専が主催する中学校大会には近隣の中学校が盛んに参加している。

二　大学の弓術

近世わが国の教育機関としてその任にあたり、武術教育の中心的役割を担ってきた藩校や講武所も、明治維新を機に廃止されその姿を消した。しかし明治初頭の極端な欧化主義思想のへの反省、国粋主義思想や根強い伝統文化への愛着などから武術が見直され、弓道界でも再び弓を手にする人々があらわれるようになった。そして近代学校教育制度が整備される中で、弓道は他の運動（スポーツ）と肩を並べ、当時の主な大学の課外活動として活発に行われるようになっていった（図78）。

すなわち、明治二十（一八八七）年には第五高等学校（熊本）、同年代中頃には東京帝国大学、第一高等学校、第二高等学校（仙台）、慶応義塾、早稲田大学などに弓術部が誕生し、その後も全国の大学、高等学校、専門学校へ広がりをみせた。そして大学における弓術部活動は、個々の大学内の活動のみに止まらず、明治三十年代初頭には一高対慶応義塾を嚆矢とし、東京帝大

図79　三高対一高戦の一コマ
昭和9年　於・京都帝国大学

図80「日本學生弓道連盟」発会式
昭和5年4月29日　於・法曹会館

対慶応義塾、東京高師対慶応義塾（明治四十三年）、慶応義塾対明治大学（明治四十四年）、早稲田大学対明治大学（明治四十五年）など各大学間での対抗戦に発展していった（図79）。このような活発な活動を通して大学全体としての組織化の機運が高まっていった。

　これを東京にみると、明治三十六（一九〇三）年五月にはすでに東京帝大・東京高商など五校による第一回東京学生弓術連合大会が開催され、第三回大会からは早稲田大学・慶応義塾、第一一回大会からは明治大学、第一四会大会以降になってからは高等工業・東京高師・日本大学などの参加をみるようになった。そして大正十三（一九二四）年に至り「都下大学専門学校弓術連盟」が結成され、トーナメント形式による団体優勝大会が行われるようになり、その後昭和五（一九三〇）年にはこれをリーグ戦方式に改めた。

　このようにして大学弓術は全国各地区に組織化が行われ活動していたが、全国レベルでの組織化はなされていなかった。しかし関係者の間においてその必要性が前々から論議され、昭和四（一九二九）年の第五回明治神宮体育大

図82　明治神宮鎮座十年祭奉祝弓道演武
昭和6年

図81　雑誌『學生弓道』創刊号（日本學生弓道連盟機関誌）昭和6年5月

会を機に関東地区では東京帝国大学・早稲田大学・慶応義塾・明治大学、関西からは京都帝国大学・関西学院大学・同志社大学・龍谷大学が発起校となり準備会を開き、翌五年四月二十九日、法曹会館（東京）において会長に検事総長小山松吉氏、関東支部長村尾圭介氏、関西支部長小澤濵氏を推戴した全国組織「日本學生弓道連盟」が発足した（図80）のである。その時の参加校は関東側から東京帝大・早稲田大・慶応義塾を始め三三校、関西側からは関学・大阪商大・龍谷大が代表校として参加した（図81）。

日本学生弓道連盟が行った行事としては明治神宮大会（共催）（図82）、東西学生対校試合（主催）などがあげられる。

そして各大学・高校・高専弓道部ではそれぞれ著名な師範を迎え、射術を練磨し、一般社会の弓道界に対し独自の気風を持ち、昭和六（一九三一）年には第一回全国学生弓道選手権大会を開く一方、明治神宮大会の実施にも協力し、弓道普及振興に大いに貢献した。

この頃の主だった大学・高校・高専が迎えた師範として、東京帝大・第一高等学校では本多利實、第二高等学校（仙台）は阿波研造、第五高等学校（熊本）は生駒新太郎、第六高等学校（岡山）は徳山勝弥太、早稲田大は浦上榮、慶応義塾は若林正行など、当時の錚々たる弓道家の名をみることが出来る。

なお昭和期初頭に各大学から提出された師範及びその流派名を挙げると次のよう

である。

学校名	流派名	師範名	備考
学習院	尾州竹林派	大内義一	
慶應義塾	慶応流	桂　義郎	
國學院大學	尾州竹林《ママ》派	大内義一	
駒沢大学	大日本射徳会流	長谷部慶助	
専修大学	小笠原流	長谷部金太郎	
智山専門学校	正統日置流	林部義明	※現　大正大学（昭和十八年合併）
東京医学専門学校	道雪派	松永重光	※現　東京医科大学
東京高等蚕糸学校	本多《ママ》流	大内義一	※現　東京農工大学
東京歯科専門学校	小笠原流	小笠原清明	
東京慈恵会医科大学	小笠原流	窪田藤信	
東京商科大学	小笠原流	窪田藤信	※現　一橋大学
第一高等学校	尾州竹林派本多流	本多利實	※現　東京大学
東京帝国大学	尾州竹林派本多流	本多利實	※現　東京大学
東京帝国大学農学部	小笠原流	小笠原清明	※現　東京大学農学部
東京農業大学	竹林派	服部三彦	
東京美術学校	尾州竹林派本多流	本多利時	※現　東京藝術大学

東京高等師範学校	尾州竹林派本多流	本多利時	※現　筑波大学
東京文理科大学	尾州竹林派本多流	本多利時	※現　筑波大学
東北帝国大学	各自自由	阿波研造	※現　東北大学
大正大学	尾州竹林派本多流	本多利時	
高千穂高等商業高校	小笠原流	石川兼吉	※現　高千穂大学
拓殖大学	本多流		
千葉高等園芸学校	小笠原流	小笠原清道	※現　千葉大学
日本医科大学	大日本弓道会派	根矢鹿児	
日本歯科医学専門学校	道雪派	松永重光	※現　日本歯科大学
浜松高等工業学校	日置流・小笠原流	鈴木源蔵	※現　静岡大学
法政大学	日置当流	浦上　榮	
北海道帝国大学	本多流（射覚院流）	呉比長七	※現　北海道大学
福島高等商業学校	竹林派本多流	佐倉強哉	※現　福島大学
明治大学	小笠原流	小笠原清道・清明	
明治薬学専門学校	小笠原流	木村則明	※現　明治薬科大学
横浜高等工業学校	日置当流	浦上　榮	※現　横浜国立大学
横浜高等商業学校	竹林派本多流	村井圭介	※現　横浜国立大学
横浜商業専門学校	日置流	田中幸之助	※現　横浜市立大学
立教大学	大日本弓道会所属	山田栄叶	

早稲田大学	日置当流	浦上　榮	
大阪医科大学	石堂竹林派	小澤　瀇	※現　大阪大学
大阪外国語学校	石堂竹林派	馬場良昌	※現　大阪大学
大阪商科大学	石堂竹林派	中村勝太	※現　大阪市立大学
大阪高等医学専門学校	本多流	上田仁一	※現　大阪医科大学
京都帝国大学	京都帝大派	笹原方正	※現　京都大学
第三高等学校	日置流竹林派	北垣　守	※現　京都大学
熊本医科大学	道雪派	上野又十	※現　熊本大学
関西学院高等学部	日置流竹林派	小澤　瀇	※現　関西学院大学
神戸高等商船学校	日置流竹林派	小澤　瀇	※現　神戸大学
神戸商業大学	日置流竹林派	大島　翼	※現　神戸大学
第八高等学校	日置流竹林派	田中義雄	※現　名古屋大学
名古屋高等商業学校	日置流竹林派	田中義雄	※現　名古屋大学
高松高等商業学校	日置流竹林派	小西武次郎	※現　香川大学
同志社専門学校高等商業部	日置流竹林派	小林治道	※現　同志社大学
同志社大学	日置流竹林派	小林治道	
長崎高等商業学校	日置流竹林派	不在	※現　長崎大学
彦根高等商業学校	日置流竹林派	小林治道	※現　滋賀大学
満州医科大学	日置流竹林派	石原七蔵	

山口高等商業学校　小笠原流　三輪閑水　※現　山口大学
龍谷大学　日置流竹林派　小林治道
和歌山高等商業学校　本多流　山東　薫　※現　和歌山大学
昭和五年現在　機関誌『學生弓道』（日本學生弓道連盟調べ）

わが国は明治二十二（一八八九）年の「帝国憲法」、さらに翌年に発布された国民教育の基本理念を明示した「教育勅語」、国会の開設などにより、それまでの欧化主義と国粋主義との軋轢を超えて国家主義的な傾向をたどるようになっていくのである。このような状況下、明治二十七〜二十八年に勃発した日清戦争時にはさらにその傾向を強くし、武道に対して再評価がされるようになっていった。こうした風潮の中で「大日本武徳会」が創立されるのである。

第五節　大日本武徳会と弓術

一　大日本武徳会設立と弓術

明治二十八（一八九五）年四月、桓武天皇平安京遷都千百年を記念し、当時の京都府知事渡邉千秋、平安神宮宮司壬生基脩、京都裁判所判事岡田透、その他丹羽圭介、佐々木熊太郎ら有志が中心となり、弓術・剣術・柔術及び各種武術を総合したわが国武道の奨励・新興をはかることを目的とした全国組織である「大日本武徳会」を創設した。そして発起人総会において「桓武天皇が平安京に遷都し、武徳殿を建て、武を奨励し、世を治めたことにならい、維新以来衰退している武道を再興し、国民の士気涵養に資せん」とする趣意書を作成した。

初代役員として総裁に小松宮彰仁親王、会長渡邉千秋、副会長壬生基脩をそれぞれ決定し「武道ヲ奨励シ、武徳ヲ涵養スルノ目的ヲ以テ」その事業内容を次のように定めた。

一、平安神宮ニ武徳殿ヲ造営スル事
二、毎年武徳祭ヲ挙行スル事
三、武徳祭ニハ武道ヲ講演シ、以テ武徳ヲ永遠ニ伝フルコト
四、各種ノ演武場ヲ設立シ、武道ヲ講習セシム事
五、現今実用ニ供セザル武芸ト雖モ、保存ノ必要アルモノハ、其方法ヲ設クル事
六、武庫ヲ建築シ、内外古今ノ武器ヲ蒐集スル事
七、内外古今ノ戦史、武芸史、武器史ヲ編纂スル事
八、武徳会誌ヲ発行スル事

明治維新以来欧化主義政策が進められる中で、伝統的な文化の否定にまで及ぶ風潮が見られ、人々は武術に対し冷やかであった。しかしこのような社会風潮の反動として、明治二十年代よりわが国の伝統文化を保護継承し、これを通して国際的に貢献出来る日本人の育成を行おうとする運動、いわゆる国粋主義運動がみられるようになるが、大日本武徳会の設立もこの一環であったと考えられる。

そして明治三十二年大日本武徳会は平安神宮に隣接して武徳殿を竣工し（図83・84）、毎年五月に武徳祭を開催することを恒例とした。同会発足当初は本部を中心とする活動のみであったが、時あたかも日清戦争の勝利によるナショナリズムの高まり、国粋主義の高揚、武徳研究などに乗じてその会員数、支部組織、武徳祭への参加人数も年を

追う毎に拡大充実していった。

そして明治四十年代頃までには全国的に支部組織やその拠点となる支部武徳殿を整備し、全国統一組織としての体制を整え、指導者の養成、優秀な武道家の表彰、各種演武会など、武道の振興普及のためさまざまな事業を展開していったのである。

しかし当時の弓術は柔道・剣道と比較し、かなり見劣りがしていたことが次の史料からうかがえる。すなわち明治四十五年、京都大会の剣道種目に演武のため台湾から出張し、弓術の会場を見学した川島堯は『弓道回顧録』（昭和二十七年）の中で「田舎の物置小屋然たる道場の貧弱さと出演者のあまりの少なさに、京都の大会が日本一の大会、日本一の道場と信じきって来た自分の目に写ったこの光景に驚きあきれたものである。当時は本部において弓は保存武術として剣柔道と別扱いにされ、誠に情けない存在であったことは事実である。都会には営業矢場と称するあやしげな風俗店もあり、賭弓も未だ絶えない時代であり、一般世間から重視されなかったのは内地も台湾も同様であったと思った」とあるように、明治時代末期頃の弓術は、その理解の上においては剣道・柔道と明確な格差があり、一般社会からの評価も

図 83　大日本武徳会本部弓道場の外観
右：遠的場、左：近的場

図 84　大日本武徳会本部弓道場（近的）の内部

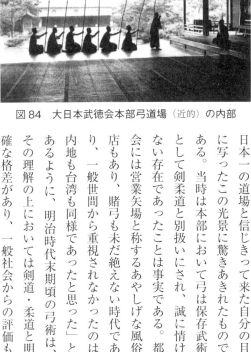

低かったことがうかがわれる。

因みに明治四十二（一九〇九）年の第一四回武徳祭の参加人数をみると、剣術九四一名、柔術二九六名に対し、弓術は二三一名であった。このような状況であった弓術に対して浦上榮は『行射六十年』の中で「当時（大正十一年頃までの）の的中主義に堕した大勢を何とか射技品格のある射に取り戻そうと武徳会が力を入れ始め、段級審査に於いては的中よりも射技品格に重きを置くと云う事になって、それ以来射形は非常に良くなってきたのであるが、今度は逆に的中率が下がってしまってあわてたことがあります」と述懐している。

二　大日本武徳会の事業と弓術

大日本武徳会は毎年武徳祭を開催する一方、次のような事業を行った。

1　称号・段位の制定

大日本武徳会は「優等ノ武道家」に対する表彰規定を設け、これに基づき明治二十八年「精錬証」を授与した。因みにこの時精錬証を授与された弓術家は横浜有仲（愛知・雪荷派）、坂勘右衛門（愛知・大和流）ら一七名（剣術一七名・柔術一六名・槍術三名）であった。しかし明治三十五（一九〇二）年には振興策として「武術家優遇例」を制定し、優れた武道家に範士号・教士号を授与し、範士には終身二五円（弓術は保存武道扱いのため二〇円）の年金を贈ることとなったことにより、前に授与していた精錬証という称号は教士号の下に位置付けられることになった。

この時範士号を授与された弓術家として奥村閑水（愛知）、富田忠正（愛知）の名がみえる。なおこの優遇例は大正七（一九一八）年に「武道家表彰例」と改称、さらに昭和九年には新たに錬士号が加えられた。因みに明治四十五年までに範士号・教士号を授与された弓術家は次の通りである。

《範士の部》

奥村閑水（愛知・印西派）　富田忠正（愛知・尾州竹林派）
岡田　透（京都・尾州竹林派）　生駒新太郎（熊本・道雪派）
岡内　木（香川・紀州竹林派）　横浜有仲（愛知・雪荷派）

《教士の部》

坂勘右衛門（愛知・大和流）　大川義彦（高知・日置流）
問注所康光（長崎・日置流）　大林壮作（広島・印西派）
中村左直（熊本・竹林派）　吉海小平次（熊本・日置流）
生田正八郎（愛知・大和流）　柳瀬正廣（静岡・大和流）
若林正行（東京・道雪派）　人見謹一郎（京都・竹林派）
勝山仲継（京都・竹林派）　浦上直置（大阪・印西派）

一方段位制は大正六（一九一七）年より実施されたが、弓術は同十二（一九二三）年四月よりこの制度が適用された。この時授与された最高段位は六段で、浦上榮（東京　図70）、石原七蔵（福岡）（図85）の両氏が授与されている。参考のために昭和十六（一九四一）年当時における称号・段位受有者は次の通りである。

《称　号》		《段　位》	
範士	三〇名	十段	無

図 85　石原七蔵範士の射影

教士	二〇四名
錬士	六八八名
計	九二二名

九段	無
八段	無
七段	一名
六段	二一名
五段	五八九名
四段	二、四〇三名
三段	八、二三二名
二段	一二、七七九名
初段	一九、六七七名
計	四三、七〇二名

また昭和十年には大日本武徳会初の外国人有段者も現れた（図86）。

2　武道指導者養成機関の設置と弓術

日清戦争を経て明治三十年代になると、武道は国民的な立場で再認識されるようになり、学校でも課外活動を中心として盛んに行われるようになる。このような動向に鑑み大日本武徳会は、学校武術教員養成の必要性を感じ、明治二十八年本部に武術教員養成所（明治四十二年「武徳学校」、同四十五年「武術専門学校」、大正八年「武道専門学校」と改称）を設置し、柔道・剣道の指導者養成に乗り出した。しかし弓道については採り上げられることはなかった。

因みにこの「武術」から「武道」への名称変更により、それまでの柔術・剣術・弓術という呼称も、嘉納治五郎の「講道館柔道」の先例に倣い、それぞれ柔道・剣道・弓道とすることになった。

図86　京都で稽古するアッカー氏（ワシントン博物館員：右）とノアーズ教授（ノースウエスタン大学：左）

一方関東では明治三十九（一九〇六）年から東京高等師範学校（現・筑波大学）の文科兼体操専修科に「体操及柔道又ハ撃剣」が組み込まれ、大正二（一九一三）年には「体操」・「柔道」・「剣道」の三本柱からなる体操専修科が出来、さらには文科・理科と並列して体育科を置き、武道（柔道・剣道）の教員養成を行った。

また昭和四（一九二九）年になって国士舘専門学校（現・国士舘大学）にも武道（柔道・剣道）養成機関が設置され、学校武道の発展に寄与したが、いずれの教育機関でも弓道指導者養成について何らの対策も打たれなかった。またこのような動向に対して弓道界からは何の反応もなかった。

ただ昭和十二（一九三七）年になって国士舘専門学校に国漢弓道科を設置（昭和十九年弓道科と改称）し、定員一五名（剣道一〇〇名、柔道八五名）の募集を行った。しかし弓道関係の入学者数や指導者、授業内容、卒業生の進路などの実態については不明な点が多く、どれほど弓道界に寄与したかについてもは定かでない。

指導者養成において柔道・剣道と弓道の間にこのような決定的な格差があったことが、その後の学校弓道の発展に大きな影響を与えたことは否めない。

3「弓道要則（弓道形）」の制定

すでに制定され、その普及をみている「大日本武徳会柔道形」（明治三十九年制定）、「大日本帝国剣道形」（大正元年制定）からの示唆を受け、弓道においても遅ればせながら本会事業の一環として「弓道形」を制定しようとする機運が高まり、昭和八年五月の武徳祭の折に開催された全国範・教士会の要請を受け、次にあげる弓道家二七名による「弓道形調査委員会」（図87）が設置され、同年十一月十〜十二日、武徳会本部において会合を持った。

「弓道形調査委員会委員名」

範士　　坂元　茂　　　日置流　　　熊本

同	大平善蔵	道雪派	東京
同	河毛　勘	一貫流	鳥取
同	石原七蔵	大蔵派	福岡
同	阿波研造	竹林派	宮城
同	浦上　榮	日置流	東京
同	鱸　重康	小笠原流	静岡
同	三輪善輔	竹林派	福岡
同	酒井彦太郎	雪荷派	兵庫
同	溝口武夫	日置流	鹿児島
同	三沢喜太郎	竹林派	愛知
同	小西武次郎	竹林派	香川
同	小山松吉	日置流	東京
同	祝部至善	竹林派	福岡
同	大島　翼	日置流	兵庫
同	宇野東風	道雪派	熊本
教士	村河　清	大和流	京都
同	種子島常助	日置流	鹿児島
同	渡邉昇吾	竹林派	茨城
同	西牟田砥潔	竹林派	東京

図 87　「弓道形調査委員会」委員の人々　昭和 8 年 11 月　於・大日本武徳会本部

同　堀田義次郎　竹林派　滋賀
精錬証　根矢熊吉　竹林派　東京
本部理事　跡部定次郎
同　膳　鉦次郎
同　高倉永則
本部常議員　田島錦治
本部教授　小笠原清道

弓道の「形」を検討する対象として「礼法（体配）」と「射法」に大別出来るが、この会議では「礼法（体配）」に関しては従来各流各派区々であったやり方を、基本的には小笠原流礼法の在り方に統一し、これに対して特段の異論もなく決定した。

一方「射法」については各委員から活発な意見が出され、統一的な見解を得ることが困難であったようである。中でも「打起」とその前提となる「弓構」について議論が集中し、委員の中に険悪な空気が流れたと伝えられる。そして会議最終日に至り、ようやく次のように決定し、これを「大日本弓道教範」と称し公表した。

そして翌九年五月、一部字句の訂正を行い「大日本弓道教範草案」として、さらに同年十一月に至り正式名称を「弓道要則」（図88）として制定したのである。次にこの「弓道要則」の射法に関する部分を挙げておく。なお「弓道要則」の詳細な内容については「史料編」に掲載したので参照されたい。

一、足踏　矢束ヲ標準トシテ八文字ニ踏ミ開キ両拇指頭ヲ

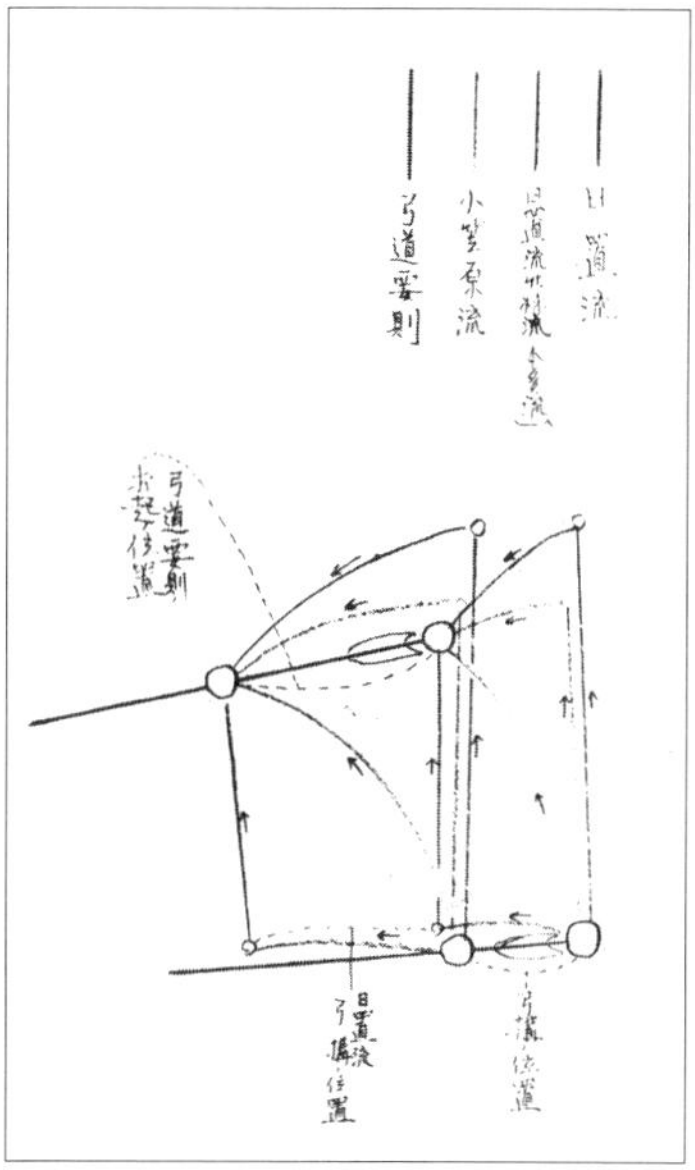

図88 浦上榮範士の作成した「学校弓道射形統一に関する意見書」（部分）昭和8年

一、胴造　　　　足踏ノ儘直立ス
一、弓構　　　　正面ニテ取懸手ノ內ヲ調ヘ物見ヲ定ム
一、打起　　　　正面ヨリ徐々ニ押開キツヽ左斜ニ上グ
一、引取　　　　左右均等ニ引分ケ會ニ到ラシム
一、會　　　　　心身合一シテ發射ノ機ヲ熟セシム
一、離　　　　　胸郭ヲ廣ク開キ矢ヲ發セシム
一、殘身　　　　矢ヲ發シ姿勢ヲ變ヘズ矢所ヲ注視ス

しかし別名「武徳会流」、「中間打起射法」、「新射法」などと呼ばれたこの「弓道要則」の内容をみると、「弓構」から「打起」までの在り方にどのようにも解釈出来る曖昧さの残る表現が見られる。すなわち俗にいう「斜面打起射法」と「正面打起射法」との中間的性格の妥協的射法が採用されたのである。そしてこの「要則」射法を全国に徹底させようとした（図89）。

これに対し弓道界から賛否両論続出し、当時の雑誌や新聞などで大論争が展開され、ついには「鵺《ぬえ》的射法」とまで酷評されるまでになったのである（図90）。因みに昭和十二年当時の主な弓道団体がこの「弓道要則」に対しどのような態度で対処し

図89　「弓道要則」講習会に参加した受講生　昭和12年

たかについて述べた史料によると次のようであったらしい。

・生弓会

今回幹部の申合わせに依り、武徳会流を実行せず。依然本多流を以て終始す。但し武徳会会員にして其試験に応ぜんとする者は武徳会流を妨げず、と決定したと伝えられる。

・小笠原教場

自家の流儀を遵奉しつゝ、あるは論なき処なるも、(小笠原)清道範士(註　武徳会教授)の関係もあり、武徳会員としての高段者も少なからざるを以て、夫れ等の門人に対して自由放任の態度を持し、従って門人には宗家流武徳会流の両流を行ふ射人も少なからずと聞く。

・大日本射覚院

院主(大平射仏)が早くより武徳流を主唱し宣伝実行しつゝ、あるだけに、門人の殆ど全員が既成武徳流にして今更態度決定の必要もない。

・大日本射徳会

今日までは武徳会流に共鳴もせず反対もせず不即不離の態度を持し、門人に対しては自由放任の立場に在りしが、今回の演武祭より敢然として武徳会流に赴く声明書を発した。

・浦上道場

浦上範士は日置当流の第一人者なるも、その穏健なる個性と叡智の閃きに依り、本年の演武会にも自ら武徳会

図 90　「弓道要則」是非論

流を行じたる位なれば、強いて大勢の抗するが如き事無きは論を俟たず。
・学校指導者
（これまで指導してきた射法の関係上）俄かに学徒を転向せしむる事に躊躇しつゝ、ある人もあり、また全然武徳会に関係なき師範もありて、学校に依りて個々別々の流儀に於いて教導せられて居るが故に、是れ等学徒の或る者は正面打起、或る者は横打起、或る者は中間打起を修得している現状である。（雑誌『射覚』昭和十二年八月号要約）

第六節　昭和初期から太平洋戦争終結までの弓道

一　戦時体制と大日本武徳会の改組

昭和六（一九三一）年の満州事変、同八年の国際連盟脱退、同十二年の日中戦争と急速に戦時体制に傾斜していく中で、昭和十五（一九四〇）年開催予定であったオリンピック東京大会の返上をはじめとし、体育・スポーツ界も国家主義・全体主義的色彩を帯びるようになっていく。このような動向は武道界にも及び、武道統合団体としての大日本武徳会も当然ながらその体制に組み込まれていった。

まず政府は昭和十四年十二月、武道振興委員会を設置し、「武道振興策如何」を諮問した。因みにこの委員会の弓道関係委員として小山松吉・千葉胤次両範士が任命されている。そして同委員会からの「……武道の団体に対しては官民一致の強力なる統合統制団体を組織し、政府はこれが監督指導を強化するとともに、適当なる助成を講じ刷新向上を図ること」との答申を受けた政府は、新たに厚生省に錬武課を設け、ここでわが国の武道政策を一括掌握することとしたのである。その後同委員会は昭和十六（一九四一）年十二月改組し、「国民体力審議会」の中の「武道部会」

として位置付けられた。

そしてこの部会は政府の「現下ノ時局ニ鑑ミ、武道綜合団体組織ニ関スル具体的方策如何」（昭和十七年二月廿五日）の諮問に対し、

一、新たに発足する武道綜合団体は政府の外郭団体とし、厚生・文部・陸軍・海軍・内務の五省共管のもとに政府の武道政策に協力すること

二、会長は総理大臣、副会長には前記五省の大臣と、民間から一名の計六名とすること

三、政府は同団体に活動補助金を交付すること

などを内容とする答申を行った。

このようにして昭和十七（一九四二）年四月「（我ガ武道ハ）文教ト共ニ皇道ヲ振起シ、皇国ノ護持発展ヲ目標」とした官民一体の「大日本武徳会」が発足し、極めて国家主義的な性格を鮮明に打ち出したのである。

図91　宇野要三郎範士

図92　鱸重康範士（済寧館師範）

発足当初の役員としては総裁に梨本宮守正王を迎え、会長に総理大臣東条英機、副会長に前記五省の大臣、弓道関係の役員としては弓道部長として宇野要三郎（図91）、顧問として小山松吉、鱸重康両範士（図92）、さらに幹事長として村尾圭介（図93）、廣瀬実光、小笠原清明、千葉胤次、浦上榮、多田勇雄、本多利時（図94）、川崎庄五郎、後藤章、浦田仙造、土屋吉太郎の各氏がそれぞれ就任した。

図 93　本多流村尾圭介氏

図 94　本多利時範士（本多流二代）の射影

この新武徳会は事業の一つとして「称号段位審査規定」の改正に着手し、昭和十八年には従来の称号を範士・達士（教士相当）・錬士とし、段位は従来の初段を五等、五段を一等として、六段以上の段位を廃止したのである。

近代日本が歩む中で、武道が果たしてきた功罪に対する評価はさまざまであるが、少なくともこの改組された「武徳会」の性格は、戦後の武道界活動にとって大きな影響を与えたことは否定出来ない。

二　「弓道要則」と学校弓道

学校教育の場で剣道・柔道と弓道との扱いには大きな格差があったことは既に述べた通りであるが、昭和九（一九三四）年に制定された「弓道要則」は、近々正科教材として採用されるであろうこと見越し、従来流派的色彩が強く、区々であった射法を統一し、学校弓道指導の面での意思疎通を図り、それを内外に示そうとする意図があったものと考えられる。

しかし昭和十二年当時の中学校における弓道の実施がどのようであったかを調査した次の資料を見る限り、学校現場では大日本武徳会の意図通りには動いていないことがうかがえる。

・弓道実施校の内訳
正課として実施　　五四校　　　六、〇三〇名
課外として実施　六一四校　三二、〇七四名
・指導者の流派
武徳会流　二四九名　本多流　　八一名
日置流　　一八七名　弓道会流　一七名
小笠原流　一三五名　大和流　　六名
竹林派　　三六名　吉田流　　四名
昭和十二年「全国中学校ニ於ケル弓道薙刀ニ関スル調査」（文部省大臣官房体育課調べ）

さてこの「弓道要則」が遵守されなかった最大の理由は、先に述べたようにその射法に対する射術的な検討が十分になされておらず、多分に政策的色彩のもとに制定されたところにあったといえよう。

三　「弓道教範」の制定

審議過程当初から異論があり、それぞれの標榜する主義主張のもとに活動していた各民間弓道団体や、伝来の流派射法を踏襲しようとする人との間に微妙な摩擦を生じていたこの「弓道要則」は、昭和十九年に至って遂に新武徳会の中に設置された「弓道教範制定委員会」で審議の結果、従来の「弓道要則」射法を認めながらも、新たに「大日本武徳会弓道教範」を制定し、いわゆる正面打起射法と斜面打起射法のいずれをも認めることとなったのである。

この「弓道教範」は第一章「道念」、第二章「射法」、第三章「射礼」からなるが、「射法」の「射構（弓構）」から

「打起」について次のように規定し、この問題に終止符を打ったのである。なお「弓道教範」全文については「史料編」を参照されたい。

第四　射構

射構ハ引分ニ入ル直前ノ構ヘヲ謂フモノニシテ、正面ニ構ヘタル弓矢ヲ左斜頭ノ高サニ運行シ、概ネ自己ノ肩幅ニ押開キ、両肩、両肘、両拳ノ均衡ヲ正シク保持シツヽ、呼吸ヲ整ヘ、引分ノ移行ニ備フ。

（註　運行ノ方法）

一、弓構ノ位置ヨリ正面に打チ上ゲ、之ヨリ左斜ニ押開ク
一、弓構ノ位置ヨリ押開キツヽ左斜ニ打チ上グ
一、弓構ノ位置ニテ左斜頭ニ押開キ、之ヨリ打上グ

昭和九（一九三四）年に制定された「弓道要則」は、既に制定され定着している柔道形や剣道形からの影響、さらには緊迫化しつつあるわが国の置かれた状況とも無縁ではなかった。特に昭和十一（一九三六）年の「改正学校体操教授要目」の中で弓道正課採用が示されることを予測し、国民的立場での学校弓道の一本化を意図したものと考えられる。しかし制定されたこの「弓道要則」は、「射礼」はともかくとして「射法」に関しては説得力に乏しい内容のものであたことは否めなかった。要するにこの「弓道要則」は弓道における「礼法（体配）」と「射法（技法）」を同じ性格のものとして扱ったところに遵守されなかった最大の理由があったのであり、弓界に何らの意義をもたらすことなく、ただ混乱を招いたのみで、昭和十九年の「大日本武徳会弓道教範」制定に至るのである

四　学校弓道の動向

1　弓道関係刊行物に見る弓道の動向

昭和の時代は同二（一九二七）年の金融恐慌に始まり、同六年の満州事変、同八年の国際連盟脱退、同十二年の日中戦争の勃発など、国際的緊迫化とそれに伴う思想や風紀の在り方が問題視される中で、わが国は国家主義、軍国主義国家へと大きく傾斜し、昭和十二年の「国民精神総動員実施要領」、同十三年「武道振興に関する建議」が国会で承認されるなど、戦時体制を色濃くし、武道界はその大きな波に飲み込まれていく時代であった。

さて明治・大正期の弓術関係出版物の多くが弓術の意義を概ね「兵器より脱化して遊技の具」（明治四十年『新編弓術教範』）、「衛生保健ヲ重シ此技ノタイイクニ必需」（明治二十二年『射術的前之心得』）、「身体各部の運動としては極めて結構なる品」（明治四十二年『弓術講義録』）、「礼儀を講じ膽を練り体育に資するもの」（大正十年『弓矢義解』）などとしていたのに対し、昭和に入ると、徐々に時代を反映する言説へと傾斜していった。このことは昭和時代に出版された次のような関連書籍の意図からもうかがい知ることが出来る。

・昭和三年　竹内尉著『弓道』

（今の弓道は）一種のスポーツとして精神の教養と体育とかね行はるべきもの

・昭和五年　村河清著『弓道階級試験問題解答集』

弓道ハ体育精神ノ修養胆力ノ鍛錬上最モ効果アリ。……要ハ国体ノ精華タル士魂ヲ養成シ、行往坐臥正義人道ヲ外レズ、志操崇高堅実ニシテ水火ニモ辞セズ、胆力ヲ鍛錬シテ泰山前ニ崩ルルモ動ゼザルニ至ラシムルノ徳アリ。……（弓道の修練により）家ヲ整ヘ国家ヲ富国安泰ナラシムル一員タラントスルニアリ。

・昭和七年　桑村常之助著『弓矢と習射』

我が「弓道」は、神ながらの道で、一系の皇統を奉じて天地を貫く誠である。之を象に示して礼と云ふ。即ち「弓道」は誠であり、弓矢は礼であるから、正しきに向って弓を彎かず。之を徳の本とも云ひ、遂には弓矢八幡など云はれて、武士階級の最高道徳の如くにも云はれたが、固より武道でもなければ武器でもない。文武両道に亘るものである。……

・昭和八年　麻生頼孝著『弓』

（弓道は）単に健康を増進させるばかりでなく、精神修養の一助ともなるべき運動で、所謂心身鍛錬に効果を及ぼす。

・昭和十年　小山松吉著「我国の弓道」（雑誌『武道』）

我らの祖先が弓矢を持って武士道を代表する物としたのであるから、我が弓射は礼と離るべからざる関係にあるもので、坐作身体盡礼にかなふことを本旨とするものであって、剛毅なる精神を以て優美なる動作を為すことが我が日本精神の現れとして外国に誇るべきだと思う。

・昭和十年　佐藤洋之助著『弓道を中等学校正課目に編入する建議案理由書』

（外国の弓矢は狩猟や戦争、或いは運動や娯楽のものとして終始しているが）これは射術が心身の練磨と人格の修養とに資する事あるを知らざるが為なり。軽々しく的中を求むるの念慮なからしめ、女子にも亦心身修養のため適当のものなりとす。我国の射術が剛健典雅なる姿勢を以て礼に始まり礼に終わり、因て以て心身修養に資し、且日本精神を発揚せしめ、速やかに弓道を男女中等学校の正科目に編入せられむ事を望む。……

・昭和十一年　桑村常之助著『弓の教え方と習い方』

趣味とか保健とか、自己修養等の上から弓射を学ぶ人のあることは強いて咎むるに足りませんが、芸術至上主義によって我道徳を紊ることは容されません。我弓射は日本の道によって飽くまでも日本人としての内在本具の特性を涵養するにあると云ふ見地に立つものである事を忘れてはなりません。……中略……（維新後弓矢は国民に開放し中りを争い交賭を事としたために）今日も尚未熟不鍛錬な射手を目にするに「中て弓」を以てするのであります。故に今日弓を学ぶ人に対して指導者は宜しく「中て弓」の語を捨て、懇切に之を導く可であります。

・昭和十一年　竹内尉著「現代弓道」（「歴史公論」）

（柔剣道のように実用的なものではない）弓が的を射るものであるとか、競技を行ふものであるとか、単なる体育に過ぎないものであるとすれば、何も古めかしい弓などを持ち出して野蛮人の真似をせぬでも、文化人には文化人としての体育があり競技もあらう。また単に的に射ることなれば、銃を持って的を射れば、弓よりは遥かに命中率も高く実用的でもあり、従って興味もあるかもしれない。しかし弓には弓の伝統があり、数千年の歴史があり、しかも日本人は弓によって養はれて来た民族である。従って日本の弓矢ほど精良を極めたものは世界の何処にも存在しない。道具そのものが発達したばかりでなく、日本の射法の如く精神を主体にした弓の射法はおそらく世界の何処にもないであらう。

・昭和十二年　春原平八郎著『現代弓道教本』

（弓道は）東洋の道であり、大和魂といひ、武士道といふのがそれである。

・昭和十四年　弓道教育研究会編『弓道上達法』

弓道は徒に弓矢を把って的中のみを事とし、或は射形を優美に整ふる事に専念するが如きは、弓矢を用ふる技を会得するに止まり、道の上には何等自得するところがないのである。故に弓道の要は、不断の練磨によって其妙技を通じて道の本体を事證せんとするにある。宜しく弓を行ふ者は之を念願とし、不惜身命の勇気と熱誠を以て実践し、智徳、礼行、相備はる忠良なる国民たることを念ずべきである。

・昭和十七年　竹内尉著『日本の弓術』

図 95　中学校における授業風景

図 97　女性弓道家の活躍
如水荘弓道場主の礼射

図 96　ゴム弓による女学生の稽古風景
昭和 10 年頃

（弓道は）単に運動競技や体育主義の鍛錬といふばかりでなく、むしろ倫理的の精神錬成を意味するものである。

　このような状況の中、教育の場では昭和六年一月の「中学校令施行規則」の改正により中学校において柔道及び剣道は必修扱いとなった。また師範学校においても「師範学校規定」の改正に伴い同様の扱いとなった。しかし弓道は何らの動きもなく、依然として課外活動扱いのみで、正科採用には程遠い状況にあったのである。

２「第二次改正学校体操教授要目」と弓道

　国家主義・全体主義への傾斜、青少年の訓練を強調し人格陶冶を狙いとした体育思想の流れの中で、昭和十一（一九三六）年に「第二次改正学校体操教授要目」が出された。この「改正要目」をみると、「体操、教練、遊技及競技トス。但シ男子ノ師範學校、中學校、及実業學校ニ於テハ剣道及柔道ヲ加フベク、又弓道ヲ加フルコトヲ得。女子ノ師範學校及女子ノ実業學校ニ在リテハ弓道、薙刀ヲ加フルコトヲ得」となっている。

このことから弓道はその取り扱いにおいて剣道・柔道とは格段の差はあったものの、ここにおいて正科の中でようやくその実施が認められたのである（図95）。

特に弓道が女学校の正科教材として認められたことは、女性の弓道普及に意義があった（図96・97）。

さてこの弓道が正科の教材として採用される前段階として、国会において次のような働きかけがあった。すなわち当時の衆議院議員佐藤洋之助が、小山松吉（前法務大臣・初代日本学生弓道連盟会長）、鈴木壮六（大日本武徳会会長）らの諒解のもと、次のような建議案を作成し文部省に働きかけ、遂に本会議で満場一致で可決されたという経緯があった。

　　　　昭和十年三月二日

建議案第一四一号

　　弓道を中等學校正科目に編入する建議案

　　右成規に拠り提出候也

　　　　昭和十年三月二日

　　　　　提出者　佐藤洋之助

　　賛成者　四十一名（氏名　略）

　弓道を中等學校正科目に編入する建議

政府は速に弓道を男女中等學校の正科目と為し、精神の修養と肉体の練磨とを奨励して、剛健典雅の氣風を養成して、以て日本精神の宣揚に努められむことを望む。

右建議す

理由書（省略）

※全文は【近・現代弓道関係史料】参照

昭和十二（一九三七）年の日中戦争勃発を契機に翌十三年に政府は議会の承認なしに人的物的資源を統制・運用出来る広範な権限を持つ「国家総動員法」を制定し、政治の一元化と挙国一致体制を整えた。このような動向に鑑み、国民体力の国家管理、国防第一主義を掲げる体育政策の中で、武道は次第に国家主義的在り方の中に組み込まれていくのである。

すなわち昭和十二年八月の「国民精神総動員実施要領」においてスポーツの自由主義的色彩を批判し、国民教育として武道が重視されるようになる。さらに同十三年には「武道振興に関する建議案」が国家に提出され、同十四年「体力章検定制度」の実施、同十五年「国民体力法」の公布、体操科から体錬科への名称変更などを経て戦時色を濃くしていくのである。

その表れとして、まず昭和十六（一九四一）年三月小学校を国民学校と改称し、翌十七年は「……献身奉公の実践力を培う」ことを目的とする「国民学校体錬科教授要領」及びその「実施要目」が制定され、体錬科は体操と武道となった。そして武道の教材としては国民学校五年以上の男子に「剣道及び柔道を課すこと」、女子には「薙刀を課すことを得」となったが、弓道は採り上げられなかった。

次いで文部省は昭和十八（一九四三）年から中等教育の改革を打ち出した。例えば中学校では昭和十九年三月「……国防能力の向上に力め、献身奉公の実践力を増進する」ことを目的とし、従来の体操科を体錬科と改称し「之れを分かちて教練・体操及び武道の科目」とした。この武道科目の教材として中学校男子では柔道・剣道・銃剣道が課せら

図 100　戦時下の弓道「必殺の狙ひ」

図 98　ドイツ・イタリア大使夫人たちの前で演武する女学生

図 99　戦時中の子どもたちの巻藁稽古の一コマ
昭和 18 年頃

れ、中学校女子では薙刀が必修として課せられ「弓道ヲ併セ課スルコトヲ得」と定められた。またこれに先立つ昭和十八年四月に公布された「師範学校体錬科教授要目」でも女子には薙刀が必修として課せられ、「女子ニ在テハ弓道ヲ併セ課スルコトヲ得」となったのである。

　昭和十六年十二月に始まった太平洋戦争は、時間の経過とともに戦局は悪化の一途を辿るようになる。そして学校体育（体操）は戦技訓練の色彩を帯びるようになり（図98〜100）、剣道を中心とした武道も野外実戦的な性格のものとなっていった。

　そして昭和二十（一九四五）年三月に「国民学校初等科を除いて学校における授業は二十年四月より二十一年三月までの間原則として停止する」との「決戦教育措置要綱」の公布を最後に終戦を迎えるのである。

五　主な弓道競技会

1　紀元二千六百年奉祝天覧試合

昭和初頭より太平洋戦争終結に至る間、全国規模の武道優勝大会が三回行われた。その第一回は昭和四（一九二九）年五月に、昭和天皇御即位御大礼を記念して行われた御大礼記念天覧武道大会、第二回は昭和九（一九三四）年五月の皇太子殿下御誕生奉祝天覧武道大会であり、いずれも皇居内済寧館で皇宮警察主催のもとに行われた。これらの大会で行われた武道は柔道・剣道のみであった。

このことのことについて「弓道がまだ世間から的中第一主義の町矢場的な理解がされており、このことが天覧の光栄に浴さなかった、しかし最近では町矢場の弓術から脱し、品位と格式ある弓道の在り方が浸透しつつあるので、近い将来は弓道の上にも光栄の日が訪れることと思う。」（「アサヒスポーツ」昭和四年六月）という趣旨の記事がみえる。

そしてようやくにして昭和十五（一九四〇）年六月に宮内省主催で行われた紀元二千六百年奉祝昭和天覧試合では柔道・剣道とともに弓道も行われることになったのである。このことは弓道界にとっては画期的な出来事であった（図101）。

そこでこの大会の弓道種目の概要についてみてみよう。

【演武種別と出場選手の資格】

一、府県選士の部

図101　「昭和天覧試合・礼射」風景
射手：鱸重康範士、昭和15年、於・済寧館弓道場

予選試合その他適宜の方法により選出された弓道を専門としない者各一名、計五二名

一、指定選士の部

　宮内省に設置された銓衡委員会で優秀者として銓衡され、指定された者三二名

【演武方法】

—予選—

一、府県選士の部

　三人一立、十八立で各自一手を行射し、それを一二名の審査員が一射につき持ち点を一〇〇点とし、合計二四〇〇点満点で採点した。出場者五二名のうち第一回目二七名、第二回目一二名、第三回目六名と順次絞り込み、第四回目で残った三名が天覧に浴することとなった（図102）。

二、指定選士の部

　選士三二名を三人一立とし、十一立で演武、銓衡方法は「府県選士」と同じ。第一回目一五名、第二回目八名、最後の第三回目に残った三名により天覧試合が行われた。

—決勝—

各部の決勝（天覧試合）は各自一手演武を行い、これを七名の審査員が採点する方式が採られた。その結果は次のようであった。

図 102　「昭和天覧試合（府県選士の部）」演武風景
昭和 15 年、於・済寧館弓道場

府県選士の部　　指定選士の部

優勝　蒔田　闊（長野）　波呂伊助（福岡）
準優勝　中島義人（埼玉）　種子島敬（鹿児島）
三位　寺師高雄（鹿児島）　飯野喜理（群馬）

2　日満交驩弓道大会

改組された新武徳会は、旧武徳会以来毎年実施してきた京都における演武祭を引き続き開催する一方、昭和十七年八月満州建国十周年日満交驩武道（弓道・柔道・剣道）大会を首都新京（長春）の神武殿（図103）で盛大に開催した（図104）。

弓道種目は両国各二五名、各自六射で行い、息詰まる熱戦の末、一〇〇中対九八中を以て日本チームが勝利した。両チームの陣容は次のようであった。なお競技記録については史料編を参照されたい。

武道官　村上　久
審判員　宇野要三郎　浦上　榮　千葉胤次　本多利時

日本側　　満州側

監　督　川口辰之助　福島徳寧
助監督　浜田善朗　藤野愛泉
選　手　川田　厳　光城国喜　乾　次郎　黒田喜久三

図103　新京「神武殿（武徳殿）」全景

村松和人	加藤禎三	大竹尹治	青木　昶
菊池慶孝	土屋吉太郎	中川末太郎	永井辰之助
高松　修	角田正雄	樽井勇蔵	伊藤利吉
松井恭之	清水定市	尾崎一雄	南　忠
森戸康之	菊池量一	山ノ内清	木村源蔵
水野　清	鈴木弘之	松尾俊次	福島勇一
布施荘介	中野慶吉	大石新作	藤好初太郎
北村一誠	小山高茂	渡邊鐵雄	三浦義臣
沼崎　忠	熊沢豊次郎	津島勝一	金子清則
松永　孝	三原平一郎	杉浦正一	魚住儀一
辰巳清八	松井政吉	佐野三郎	加川満喜
寺師高雄		稲葉元次郎	

図104　日満交驩大会における弓道選手団
於「神武殿」（新京）

3　日米親善通信競射会

昭和初頭頃より北米、特に東部州を中心に在米日本人の手により「日本弓道会」が結成され、地元クラブと和弓対洋弓の親善競射会がしばしば行われていた。このような活動の上に立って、昭和十一（一九三六）年に嘉納治五郎IOC委員がオリンピックベルリン大会参加の帰途にニューヨークに滞在した折、全米洋弓会（NAA）会長クロップスティッグ博士、並びにロングアイランド洋弓会会長ヒックマン博士と会見し、日本弓道会名誉会長高見豊彦、同会長伊藤和義との間に次のような取決めを交わした。

一、日米競技会（通信競技）を毎年開催すること
二、昭和十五年開催予定のオリンピック東京大会に、米国洋弓代表団を派遣すること
三、日本弓道代表団の米国派遣を実施すること

これらの取決めの中で、二、三については実現しなかったが、一については日本側は求心会千葉胤次会長を窓口として昭和十二（一九三七）年か

図105　第1回日米女子親善通信競射会に出場した愛知県立第一高等女学校の選手たち

図106　第2回日米女子親善通信競射会に出場した東京上野高女の選手たち
於・芝恩賜公園弓道場

表1　日米親善通信競射会

	国名	開催年月日	場所	出場人数	ルール	総得点	平均点	個人最高点
第1回	アメリカ	昭和 12.10.17	ウッドサイド・エアポート野外弓場	30人	40ヤード、48インチ的30射	4,919点	163.8点	H.ヒル　224点
	日本	12.10.24	目黒アメリカン・スクール	同上	同上	5,851点	195.3点	重野幸吉　232点
第2回	アメリカ	13.10. 1	ジャクソン・ハイツ（ニューヨーク）	同上	50ヤード、48インチ的30射	4,605点	153.5点	ゲート　210点
	日本	13. 9.24	目黒アメリカン・スクール	同上	同上	4,535点	151.1点	根口　204点
第3回	アメリカ	14. 9.30	リンカーン・パーク（ニュージャージー）	同上	60ヤード、48インチ的30射	4,000点	133.3点	
	日本	14.11.12	朝倉氏別邸・松雲荘	同上	同上	3,226点	107.5点	
第4回	アメリカ				米的：40ヤード、48インチ的30射			C.ウィーズ　244点 同　18中
	日本	15.11.24	国士舘大学	20名	日本的：31ヤード、尺二寸的20射			紫野　242点 長谷川　19中

（空欄は記録不明）

ら十五年にかけて四回行われた。その結果、第一回・第四回は日本側、第二回・第三回は米国が勝利した。競技記録の詳細は表1の通りである。

4　日米女子親善通信競射会

前記「日米対抗通信競技」を受け、さらに日米の親善を深めることを目的として、昭和十三・十四年の二回、両国の女子ハイスクールの通信競射会が開催された。第一回の日本側代表は愛知県立第一女学校（図105）、第二回は東京上野高女であった（図106）。その結果第一回は日本側、第二回は米国が勝利した。なお競技記録は表2の通りである。

このような国際競射会も、その後の日米の厳しい国際関係により中止の止むなきに至った。微々たる活動ではあったかも知れないが、何とか日米関係の改善に努めようとした当時の弓道関係者の努力は高く評価されてよいのではないだろうか。

5　明治神宮大会　弓道競技

大正十三（一九二四）年から始まった明治神宮大会は、現在の国民体育大会に相当するもので、弓道種目は日本学生弓道連盟との共催のもとに学徒を中心とし、全国から選抜された選手が技を競い、保存武道的性格であった弓道の競技化を促進

図107　明治神宮大会「弓道種目」の競技風景
昭和9年

表2　日米女子親善通信競射会

	国　名（学校名）	開催年月日	出場人数	ルール	総得点	個人最高点
第1回	日本（愛知県立第一高女）	昭和 13.10.2	20名	十五間、尺二寸的20射	3,084点	
	アメリカ（ヘーガスタウン・ハイスクール）	13.10.2	30名	50ヤード、48インチ的30射	1,434点	
第2回	日本（東京・上野高女）	14.11.19	10名	50ヤード、48インチ的30射	654点	矢野みち子 27中、131点
	アメリカ（ブルームフィールド・ハイスクール）	14.10.30	10名	同上	1,106点	グローリア 29中、167点

（空欄は記録不明）

する役割を果たした（図107）。

6　橿原神宮奉納全国武道（弓道）大会（東西対抗試合）

昭和十五年四月、紀元二千六百年奉祝行事として、東西両軍各一〇名、各自一二射で行われ、九二中対八六中で東軍が勝利した。なお競技記録は史料編を参照されたい。

その他の大会としては、昭和十九年まで行われた済寧館武道（弓道）大会（図108）や、代々木練兵場における全日本繰矢選士権大会（図109）などをあげることが出来る。

図108　済寧館弓道大会の一場面
昭和19年6月

東京朝日新聞
第一萬九千三百九十六

曽根氏・遠矢の譽
全日本繰矢選士権大會

二百間の彼方へ

弓道選士の横顔
本社奉納　橿原神宮武道大會

米國　アマチュアの
學生競技の

図109　第19回全日本繰矢選士権大会の一コマ
昭和15年、於代々木練兵場。大前は367mで優勝した曽根正康氏

7　その他　オリンピック東京大会と幻の東京武徳殿

昭和十五年開催が決定していたオリンピック東京大会に関連して、東京武徳殿が明治神宮外苑に総工費一〇〇万円を以て建設することが予定されていた。この施設は鉄骨鉄筋コンクリート造りの近代様式とし、基本的な設計図はすでに完成しており、実施設計案については広く一般に懸賞募集することになっていた。しかし昭和十二年の日中戦争の勃発など緊迫した国内外の情勢に鑑み、同十三年七月オリンピック東京大会の中止が発表されたことは周知の通りであり、東京武徳殿建設計画も立ち消えとなったという経緯がある。

その二　現代（一九四五〜現在）

昭和二十（一九四五）年八月、わが国は米国・英国・中華民国からの無条件降伏などを内容とするポツダム宣言を受諾し、九月その調印が行われ太平洋戦争は終結した。これによりわが国は歴史上かつて経験のないＧＨＱ（連合国最高司令官総司令部—General　Headquarters）の占領統治下に置かれることとなったのである。

アメリカを中心として進駐してきたＧＨＱは、軍事色の払拭を目的として国家主義、軍国主義思想を助長する組織や体制を抜本的に排除するため、さまざまな政策が打ち出され、武道の存在もその政策の対象となった。そして大日本武徳会に対しては峻厳な措置がとられ、弓道も他武道と同様厳しい状況に置かれたのである。また学校教育活動においても武道活動は全面的に禁止された。まさに戦後数年間は武道界にとって冬の時代であったといえよう。

第一節　戦後から現在までの武道

一　大日本武徳会の解散

昭和十七（一九四二）年四月、従来の民間団体としての組織から政府の外郭団体として改組された大日本武徳会は、昭和二十一（一九四六）年一月新しい時代に対応にするため役員の改選を行い、民間から人材を登用し、民主的な組織に改め純粋な民間団体として出発する一方、寄付行為、支部規定などの改正を行った。また取り扱う種目も軍事的色彩の強い銃剣術、射撃を除く弓道・剣道・柔道の三種目とし、武道という言葉は使用しないことで文部省もこれを認めた。

改組された武徳会の昭和二十一年六月当時の役員は、会長に藤沼庄平、副会長・理事長・弓道部長に宇野要三郎、理事として香坂昌康、小笠原清明など一〇名、監事二名、柔道・剣道各部長一名で構成されていた。

ところが同年九月になって、終戦連絡事務局政治部より文部省体育局振興課長宛に「大日本武徳会解散方針ニ関スル件」についての情報がもたらされた。その内容は、同二十一年七月頃から大日本武徳会に疑義を持っていたＧＨＱのＣＩＳ（民間諜報部―Civil Intelligense Section）が独自に調査したところ、次のような結果を得たというものであった。

（一）全国ニ跨ル強力ナル中央集権的団体デアッテ、単ナル倶楽部組織トハ思ハレナイ。同好者ノ倶楽部組織デアルナラバ差支ナイノデアルガ。

（二）中央・地方ノ役員トカ幹部ノ中ニハ今尚職業軍人、而モ将官タリシ者トカ特高警察ニ関係ノアッタ者ガ残存シテイテ勢力ヲ有ッテイル。コレハ好マシカラザル団体トイフ理由ノ一ツデアル。

（三）其ノ組織及規定ガ過去ノ儘デアッテ、依然軍国主義的団体トシテノ建前ヲトッテイル。
（四）中央本部ガ莫大ナ資産ヲ有シテイルコトモ疑惑ヲ招クニ充分デアル。

これを受けて大日本武徳会は昭和二十一年十月三十一日、所定の手続きを経てついに自主的に解散することを決定するに至った（図110）。これに対しGHQは自主解散を認めず、政府命令による解散を要求してきたのである。これを受けて、時の政府は止むなく次のような内務省令をもって解散を命じた。

図110 「大日本武徳会」解散式
昭和21年10月　於・東京丸ビル

内務省令第四五号

昭和二〇年勅令第五四二号ポツダム宣言の受諾に伴い、発する命令に関する件に基く財団法人大日本武徳会の解散等に関する件を次のように制定する。

昭和二一年一一月九日
内務大臣　大村清一

第一条　財団法人大日本武徳会（その支所、支部及び分会並びにこれらの継承団体を含む、以下同じ）は解散する。
第二条　財団法人大日本武徳会がその全部又は一部につき直接又は間接に所有し、又は支配する資産に関する取引はこれをなすことが出来ない。
第三条　略

第四条　略

このようにして自主的解散も許さず、命令による解散という過酷な処置に対して不満が続出したが、当時のわが国の置かれた立場はそれを表に出すことさえ出来なかったほど厳しい状況に置かれていたのである。

二　大日本武徳会の復活運動と三（志）道会の結成

このような経緯をもって大日本武徳会は解散したわけであるが、その後弓道は柔・剣道に先がけて昭和二十二年五月「全日本弓道連盟」、さらにこれを改組して同二十四年五月「日本弓道連盟」を結成したが、この間次のような経緯があった。

すなわち「全日本弓道連盟」が結成されたわずか二年後にして「(財)日本弓道連盟」に改められた理由について『弓道』（一九五四年一九号　日本弓道研究会）によると、この組織の会長が大日本武徳会弓道部長であり、公職追放にあった宇野要三郎氏であったこと、また称号・段位認許権を行使しており、さらに旧武徳会の体質を持っていたことにあったからであるとしている。

そこで新たに弓道の全国組織創設にあたって文部省から、㈠中央集権的にならないこと、㈡過去の封建的、伝統的態度を払拭すること、㈢旧武徳会追放該当者を関与させないこと、の三条件を遵守することを示唆され、「日本弓道連盟」結成に至るのである。

この弓道の全国組織結成に引き続き同二十四年十月「全日本柔道連盟」、同二十七年十月「全日本剣道連盟」、同二十九年五月「全日本なぎなた連盟」がそれぞれ結成され、各種目毎に普及振興活動に努め現在に至っている。

さてようやく各武道も種目毎にその普及振興活動が軌道に乗りはじめた昭和二十七（一九五二）年十月頃、政界の有力者からの示唆を受け大日本武徳会の復活の声が起こった。弓道界でも水戸で発行された志村國作氏主宰の雑誌『弓　Archery』の記事内容と絡み、この動きが大きな問題となった。

すなわち連盟の理事であった志村國作氏が、雑誌『弓道』と『弓道教本』（日本弓道連盟発行）に対し批判的な言動があったことが問題視され、さらに大日本武徳会再興運動に関係して日本弓道連盟との間にさまざまな摩擦を引き起こした。その騒然とした雰囲気が「第一回定時評議員会議事録」（昭和二十九年五月）に残されている。

そして翌年この問題に関係した志村國作・吉田能安両氏は連盟から授与されていた段位及び称号を剝奪の上除名されるという事態にまで発展したのである。なおこの組織上の紛糾の詳細については紙数の関係上別の機会に譲りたい。

さてこの武徳会復活問題という深刻な問題について弓・柔・剣道の各連盟はそれぞれの立場で鋭意審議を行う一方、文部省は昭和二十九（一九五四）年六月各道の代表を招き、社会教育局長からの「（大日本武徳会の）事務的書類は完備しているが、すでに柔・剣・弓道が全国的団体機構を確立して、円満に発展しつつある今日、更に武徳会を創立することは屋上屋を重ねることとなり、紛争を来すようなことを慮り、茲に各道の意見を承りたい」との挨拶を受け懇談の結果、三連盟代表は一致してその必要のないことを主張したので、この話は終止符を打ったかにみえた。

ところが同年（昭和二十九年）再び大日本武徳会復活運動が町野武馬氏を発起人代表とする京都と井上匡四郎氏を発起人代表とする東京で起こり、所轄教育委員会を通して文部大臣にその設立許可申請を行ったのである。

これに対しても「(財)全日本弓道連盟」（昭和三十二年一月改称）は剣道・柔道連盟と歩調を合わせ、その申請理由が既に柔道・剣道・弓道の各連盟の設立趣旨や事業内容に含まれているものであり、無用の混乱を重ねるだけであるとし、強くその設立に反対の立場をとった。文部省はこの問題に対し慎重に検討した結果、既存各連盟との競合や体育行政上混乱を招くなどの理由から不許可としたのである。

これを機に弓・剣・柔道の三連盟は相互の連絡・協調・親睦のもと武道の普及振興を図ることを目的とし、昭和三十一（一九五六）年五月「日本三道会」を結成した。そして昭和三十二年二月同会に日本相撲連盟が加わり「日本志道会」と改称した。

その後昭和五十二（一九七七）年四月にこれを発展改称し、弓道・剣道・柔道・相撲・空手道・合気道・少林寺拳法・なぎなた・銃剣道の各全国組織および日本武道館相互の親睦・融和を基盤としながら、武道の振興普及という共通の目的を協議する連絡機関として、新たに「日本武道協議会」が発足し今日に至っている。

第二節　弓道の全国組織結成とその展開

一　活動の概要

さてここで昭和二十四年にわが国の弓道を統括する組織として発足した「日本弓道連盟」（後に「全日本弓道連盟」と改称）の活動の概要についてみてみよう。まず組織の主な歴史事項をみると次のようである。

昭和二十二年　五月二十二日　「全日本弓道連盟」（会長　宇野要三郎）を結成
同　十月　一日　機関紙『弓聯会報』を創刊（昭和二四年月終刊）
昭和二十三年十二月　諸般の事情により同連盟解散
昭和二十四年　五月二十二日　「日本弓道連盟」創立（会長　樋口実）
同　八月　一日　機関紙『日本弓道』（月刊）を創刊
昭和二十五年　五月　三日　第一回全日本弓道大会開催（京都）
同　八月　二日　日本体育協会に加盟

同　　　　　　十月二十八日　第五回国民体育大会より正式種目
昭和二十八年　九月　十五日　「財団法人日本弓道連盟」となる
同　　　　　十一月　一日　『日本弓道』を『弓道』（A五判）と改称（通巻四二号）
同　　　　　　六月　　　　射法・射礼を制定し、八月『弓道教本』を発行
昭和三十二年　一月二十八日　「財団法人全日本弓道連盟」と改称
昭和三十五年十一月　十一日　第一一回「全日本弓道選手権大会」より天皇杯下賜
昭和四十三年　十月二十九日　第一回「全日本女子選手権大会」開催
平成　九年　　三月　三日　第三〇回「全日本女子選手権大会」より皇后杯下賜
平成二十三年十一月　一日　「公益財団法人全日本弓道連盟」となる。

二　組織と事業の概要

公益財団法人全日本弓道連盟は「弓道を普及振興して国民体力の向上とスポーツ精神の涵養に資し、もって社会文化の進展に寄与すること」を目的とし、加盟団体は都道府県五四団体からなっている。平成二十七年三月現在会員数は一三万八千人であるが、潜在的な愛好者は相当人数いると思われる。

主催事業としては全日本弓道大会、男・女全日本選手権大会、全日本遠的選手権大会、共催事業としては全国大学選抜大会、国民体育大会弓道競技、全日本勤労者選手権大会、全日本教職員大会、全国高等学校大会（図111）、同選抜大会、全日本少年少女武道（弓道）錬成大会があげられる。

図111　高等学校弓道大会競技風景　昭和39年　於・福井

指導者養成事業としては称号（錬士・教士・範士）、段位（初段〜十段）の両制度に基づく審査会を実施しており、さらに講師の資質向上、指導者の養成強化のための講師研修会、範士研修会、上級指導者研修会、学校指導者講習会、日体協公認コーチ養成講習会などを開催している。また諸外国の愛好者の増加に伴う国際的普及振興のため、欧州、米国でセミナーや審査を開催する一方、指導者を招聘している。因みに平成二十七年三月現在の称号受有者は範士七八名、教士九七〇名、錬士四、七八一名である。

第三節　学校弓道

一　学校弓道禁止の時代

戦後文部省は学校武道の取り扱いについてさまざまな訓令や通牒を発し、軍事色の払拭に努めた。まず体錬科武道について文部省は昭和二十年九月以来ＧＨＱのＣＩＥ（Civil Information and Education Section—民間情報教育部）との折衝の結果、十一月に至り最終的に次のような内容の通牒を発令した。

発体八〇号

昭和二〇年一一月六日

文部次官

終戦に伴う体錬科教授要目（綱）の取扱に関する件

記

（一）略

（二）体錬科武道（剣道・柔道・薙刀・弓道）の授業は中止すること

尚正課外に於ても校友会の武道に関する部班等を編成せざること

右武道の中止に依り生じたる余剰時数は之を体操に充当すること

（三）略

この通牒により武道は学校においては正科は勿論のこと、課外活動においても禁止されたのである。しかし愛好者が個人的な立場で稽古することについての解釈に曖昧な点があったため、その後次のような内容の通牒が発令された。

発体一〇〇号

昭和二〇年一二月二六日

体育局長

学校体錬科関係事項の処理徹底に関する件

（一）略

（二）略

（三）学校又は附属施設に於て武道を実施せしめざること

昭和二〇年一一月六日発体八〇号文部次官通牒により武道の授業は之を中止し、且つ校友（学友）会運動部等学校の関与する施設に於ても之を実施せしめざることと致したるも、個人的趣味等に基く実施に関しては尚誤解を招く處あるを以て、而今学徒の発意の如何に不拘、学校内又は学校附属に於ては之を実施せしめざること尚学校備品としての武道具は個人貸与又は払下その他適当なる方法により之を処理し、学校内に之を保存せざることとし、武道場は体操場其の他に転用すること

ＧＨＱの占領政策の究極の目的が「軍事力の解体と教育の非軍事化」にあったが、これの実施に向け昭和二十一年春に来日した「教育使節団」のチャールズ・マックロイ Charles H. McCloy は「武道」について次のような勧告を行っている。

……薙刀や剣道は現在の学校プログラムには適切でないと考える。弓道は基本的には闘争と言うより儀式的である。さらにそれは中高齢者のための優れた生涯スポーツである。従ってこのスポーツは復活されるべきことを勧告する。……柔道はより肉薄戦型のものについては学校では禁じられるべきである。が、レスリング型の柔道は、真に日本のナショナルスポーツであり、この形態の柔道は学校で許可されるべきで……

当時学校武道に対してはこのように種目によって温度差があったが、「武道」全体に対する理解は決して好ましいものでなく、学校教育の場から完全に追放されたのである。

その後文部省は省令第一〇号で、剣道・柔道・銃剣道・薙刀など武道関係の教員免許状の無効を発令したので、該当する教員は転退職を余儀なくされる者もあり、重大な社会的問題となった。しかし弓道においてはこれまで教員免許を取得し弓道を専門とする教員が他武道に比較して少なく六二名程度（中学校の場合）であったため、特にこの通牒からの影響は少なかったが、剣道では約七〇〇名、柔道では七九〇名がこの省令の対象となった。

一方文部省は機会ある毎にＣＩＥに武道本来の意義を説明した結果、同二十一年六月には「武道」という用語

は「軍事的な技術—Military arts」を意味するもので、総括的な名称でなく各種目毎の名称を使用すべきであること、柔道と弓道とは人格の涵養、身体の鍛錬という本来の性格に復帰さるべきであり、スポーツとしての面目を発揮するよう努力すべきであるなどの好意的なアドバイスを受けた。そして同年十二月、日比谷ホール（公会堂）に司令部関係者を招待し、学校弓道・柔道・剣道の理解を求めるための実演会を開催し好評を博した。

ところが昭和二十二年三月、思いがけず極東委員会（Far Eastern Committee）から「日本の教育制度改革に関する指令」が発表され、その中の武道に関して「……剣道のような精神教育を助長する昔からの運動もすべて廃止せねばならぬ。体育はもはや精神教育に結び付けてはならない。純粋な集団体操、訓練以外のゲームや娯楽的運動にもっと力を入れるべきである。……」とした条項が見られた。

このような厳しい状況ではあったが、柔道は戦前から地道な国際的普及活動もあり、駐留軍兵士の中にも愛好者が増えていった。さらに社会体育の場でも戦前を上回るほどの愛好者の増加がみられ、同二十四年五月全日本柔道連盟が発足し、同年十月日本体育協会に加盟した。

一方弓道は駐留軍将兵とのアーチェリーと交歓競射会の場を持つことを通して理解を深め、昭和二十四年五月、樋口実氏を会長とする日本弓道連盟が発足、翌二十五年八月日本体育協会に加盟した。

学校への武道復活については、比較的好感を持たれている弓道・柔道から実施許可を得ることが得策であると判断した弓道・柔道の関係者は、昭和二十四年七月文部省を通してＣＩＥに弓道・柔道の教育的意義に関する書類を提出し、さらに文部大臣からの請願書を総司令部長官に提出した。この結果柔道は昭和二十五年九月に許可が下り、同十月十三日付で文部事務次官通牒を以てこれを全国に通知した。

二　学校弓道の復活

弓道も同様の動きを示し、昭和二十六年七月文部事務次官名で次のような通牒が発令され、学校における実施が認められたのである。

文部中体第五七七号
昭和二六年七月二五日

文部事務次官

学校における弓道の実施について（通知）

終戦直後文部省は、弓道を学校体育の教材から除外し、その実施を中止してきましたが、その後各種の資料に基き研究した結果、弓道は民主的なスポーツとして新しい内容を備えてきましたので、中学校以上の体育の教材として取りあげ、実施可能な学校においてはこれを行ってもよいと考えるにいたりました。いうまでもなく、新しい教材としての弓道は、学校体育の目標達成に貢献するために、他のスポーツ教材と同ような取扱のもとに指導されるべきもので、その実施方法も過去のものとは異なったものでなければなりません。

貴学（校、都道府県教育委員会）においてもこの趣旨を了解され、指導者や施設、用具についてはさきの学校柔道実施の場合と同よう考慮を払い、その教育的運営に遺憾のないよう御配慮をお願いいたします。……

因みに昭和二十七年末の調査によれば、学校弓道の実施状況は次の通りであった。

（昭和二七年一二月現在　日本弓道連盟調べ）

	大学	高校	中学校
北海道	三	三	三
青森	〇	二	三
岩手	〇	三	二
宮城	〇	四	〇
秋田	〇	一	一
山形	〇	〇	〇
福島	〇	三	三
茨城	〇	〇	〇
栃木	〇	一	一
群馬	一	〇	〇
埼玉	〇	三	一
東京	九	七	〇
千葉	〇	三	〇
神奈川	（報告なし）		
新潟	〇	一	一
長野	一	二	〇
山梨	〇	五	〇
静岡	〇	四	〇

	大学	高校	中学校
滋賀	〇	〇	〇
京都	四	一	一
大阪	二	二	三
兵庫	〇	一	〇
奈良	〇	二	〇
和歌山	〇	〇	〇
岡山	〇	一	〇
広島	一	二	〇
鳥取	〇	〇	〇
島根	（報告なし）		
山口	〇	四	一
香川	〇	三	一
愛媛	〇	二	〇
徳島	〇	〇	一
高知	〇	〇	〇
福岡	〇	一三	五
佐賀	〇	一	一
長崎	〇	六	〇

愛知	〇	六	九	熊本	〇	二	〇
岐阜	〇	〇	〇	大分	〇	七	一
三重	二	三	〇	宮崎	〇	四	二
富山	〇	〇	〇	鹿児島	一	六	三
石川	〇	〇	〇	計	二四	一〇八	四四
福井	一	〇	一				

―『日本弓道』第三六号（昭和二十八年二月一日）―

また昭和三十年代の文部省の調査によれば、当時の高校における弓道部の活動状況は次の通りであった。

	男子	女子
昭和三〇年	五・八％	二・三％
昭和三四年	一五・六％	九・二％

一方なお厳しい状況下にあった剣道界は、剣道をもっとスポーツ化すべきとの意見のもとに、昭和二十五年三月「全日本撓競技連盟」を発足させ、これが同二十七年学校体育教材として認められた。さらに同年十月全日本剣道連盟が結成され、昭和二十八年七月には剣道の実施が高等学校で認められた。

その後柔道・剣道・相撲を「格技」という運動領域として、昭和三十三年より中学校（高校は三十五年）正科体育教材の中に位置付けられたが、弓道はあくまで課外活動としての位置付けに止まり、正科体育教材としては認められていなかった。

三　学校弓道の取り扱いの変遷

1　種目毎の名称と総称としての「格技」

さて前述したように、今次大戦終結まで使用してきた「武道」という用語は戦後その使用が禁止され、それぞれの種目毎の名称を使用してきたが、昭和三十三年になり中学校において柔道・剣道・すもう（高等学校では昭和三十五年より柔道・剣道）の総称として「格技」という名称のもと、正科体育の中の一運動領域を占め、選択必修扱いとなった。因みに「格技」という名称は、これまでの伝統的な武道用語としては耳慣れない用語である。この「格技」の名付け親ともいうべき今村嘉雄氏はその理由について、「格技」はCombative sportsの訳語である。また〝拮技〟とせずあえて〝格技〟としたのは、〝格〟と〝拮〟に際立った意味の違いはないが、〝拮技〟にはつかみあう、くみうちするなどの意味があり、対人的格闘技の意味があるが、弓道など個人的な武技には無理がある。その点〝格〟はあたる、まと、ひきしめるなどの意味もあり、弓道をその範疇に入れる余地もあるからである、（「武道から格技へ」『学校体育』昭和五十六年二月号）と述べている。

この今村氏の学校体育における武道の運動領域の位置付けに対する考え方の背景には、単にスポーツ種目を人数やその運動形式から個人・対人・集団といった視点から分類するという戦後の分類法から脱し、その運動の因って来たる歴史や風土に裏打ちされた文化史的な意義や価値をも考慮に入れるべきであるとする独自の思考がうかがえて興味深い。

2　正科体育教材としての弓道

弓道がようやく正科教材として学習指導要領の中にあらわれるのは昭和四十二年の次のような通達によるものであるが、なおその取り扱いにおいて、柔・剣道との間の格差は歴然としていた。

文体第一二〇号

昭和四二年三月二九日

文部省体育局長　赤石清悦

高等学校における弓道、レスリング、なぎなた等の実施について（通達）

高等学校における弓道、レスリング、なぎなた等については、従来、指導者や施設等が整っている場合は、クラブ活動として実施することが望ましいこととしてきましたが、その後これらの種目の指導者として適当な者が遂次ふえつつある実情にかんがみ、下記のように取り扱うこととしたので通知します。

記

高等学校学習指導要項第二章第五節第二款第一の三の（三）に基づき、指導者として適当な者がいる場合には、体育の時間に弓道、レスリング、なぎなた等を指導することができること。……

3 「格技」から「武道」へ

平成元年に改定された学習指導要領では、昭和三十三年以来領域名として柔道・剣道・相撲（高等学校では柔道・剣道）の領域名として使用されてきた「格技」を「武道」と改め、「我が国固有の文化としての特性を生かした指導ができるようにすること」とした。

振り返ってみると、総司令部CIEからの厳しい指摘を受け、昭和二十一年六月「武道と云う用語は軍事的な技術（Military arts）を意味するので、武道の総括的な名称は之を使用することなく、各種目毎の名称を使用すること」とする通牒が文部省から発せられた。

その後昭和三十三年になり柔道・剣道などの運動領域として「格技」という用語を使用するようになった。さらに平成に入り弓道・柔道・剣道などの種目を総称する用語として「武道」が学校教育の場で公的に認められることとなったのである。

ここで「格技」が「武道」と名称変更されたことについて考えてみると、その背景に次のような意義があることが理解できる。すなわち個人に帰す戦闘技から発展昇華し、今日対人スポーツ形式で行われている格闘技の略称としての「格技　Combative sports」は、洋の東西を問わず多くの民族や地域でも行われている運動文化として存在する。したがって剣道や柔道・相撲などだけでなく、当然ながらフェンシング、レスリング、ボクシングなども「格技」の範疇に入ることとなる。その場合対人形式を採らない弓道やアーチェリーは「格技」の範疇外となる。

しかし視点をかえて、それぞれの運動がその風土や歴史の中で成立・発展してきた文化的背景、すなわちそれぞれの地域や民族が置かれた地理的条件と長年にわたる歴史的経過の中で醸成されてきた独自の「格（闘）技」文化という点から分類するならば、同じ「格技」でも自ずと別の視点で分類することが出来よう。

このような考えのもとに、わが国の風土と歴史の中で育まれてきた特徴ある心身観やそれに伴う独自の技術観を持つ運動文化としての「格技」という観点から、その括りに「武道」という名称を冠したと考えられる。

このような考えからすれば、弓道もその歴史的発展の経緯からして、剣道・柔道などと軌を一にしており、わが国で長年にわたり培われてきた〝個人に帰す戦いの技〟から発展昇華してきた特徴ある運動文化であり、したがって「武道」の範疇に入ることになる。

このように「格技」から「武道」への名称変更は、国際的に広がりをみせる武道の今後の在り方を考える上において特筆すべき重要な歴史的事項として位置付けられよう。

さて平成元年改訂の学習指導要領（高等学校の場合）では「武道」領域の中の柔道・剣道から一種目を選択して履習できるようにすること、また「内容の取扱い」の解説の中で「武道については地域や学校の実態に応じて、相撲、なぎなた、弓道などその他の武道を柔道、剣道に加えて、又は代えて履習させることができること」となり、弓道はその取り扱いにおいて一歩前進した形となっている。

なお参考のため平成元年の改訂学習指導要領（中学校）の内、武道に関わる部分の要旨を抜粋すると次のようである。

中学校の場合

〔体育分野〕

ア　従前の五領域（体操、個人的スポーツ、集団的スポーツ、格技、ダンス）を七領域（体操、器械運動、陸上競技、水泳、球技、武道、ダンス）に改めた。

「武道」については「柔道」、「剣道」及び「相撲」の三種目で構成し、これらのうちから選択して履習できるようにした。また「なぎなたなどその他の武道」についても、地域や学校の実態により履習させることができるようにした。

そして「武道」の狙いの一つとして「……武道に対する伝統的な考え方を理解し、それに基づく行動の仕方を身につけること」をあげ、高等学校では「武道は伝統的な行動の仕方を重視し、礼儀作法を尊重し練習や試合ができることを重視する運動である」とした。

さらに平成十年の改訂学習指導要領においては武道が「我が国固有の文化に触れるための学習が引き続き行われるようにする」ことが特記された。

さて平成十八年十二月に行われた教育基本法の全面改正を受け、学校教育法が改正されたが、その中の「義務教育の目標」として「我が国と郷土の現状と歴史について正しい理解に導き、伝統と文化を尊重し、それらをはぐくんできた我が国と郷土を愛する態度を養うこと……」と表明された。

4　武道の必修化

さらに平成二十年一月、中央教育審議会から出された「学習指導要領の改善について」の答申の中で、武道については「武道の指導を充実し、我が国固有の伝統や文化に、より一層触れることができるようにすること」が重要であるとした。そしてこれを受け平成二十年三月「学習指導要領」の改定が行われ、平成二十四年より実施されることとなった。

これをみると、中学校第一学年・第二学年では体つくり運動、器械運動、陸上競技、水泳、球技、武道、ダンスの七運動領域とした。そして武道で取り扱う種目は柔道、剣道、相撲とし、その中から選択必修とし、総ての生徒に履習させることとなった。ここに至り武道が必修教材となったのである。

また第三学年では器械運動、陸上競技、水泳、ダンスのグループと、球技、武道のグループからそれぞれ一以上を選択して必修とした。なお武道の内容の取扱いとして「地域や学校の実態に応じて、なぎなたなどその他の武道についても履習させることができること」とあり、弓道を含む柔道、剣道、相撲以外の現代武道にも実施出来る余地を残したのである。

また平成二十一年の高等学校における学習指導要領によれば第一学年において体つくり運動の他に器械運動、陸上競技、水泳、ダンスのグループと球技、武道のグループからそれぞれ一領域以上を選択必修とし、二学年・三学年では器械運動、陸上競技、水泳、球技、武道、ダンスの中から二領域以上を選択必修とした。また武道で取り扱う種目は柔道、剣道とし、そのいずれかを選択することとし「地域や学校の実態に応じて、相撲、薙刀、弓道などのその他の武道についても履習させることができる」と明示された。

5　高等学校体育科における弓道の位置付け

参考のために高等学校体育科についてみると、スポーツを「スポーツⅠ　採点競技及び測定競技」、「スポーツⅡ

球技」、「スポーツⅢ　武道等」とし、「スポーツⅢ　武道等」の取り扱いとして、柔道・剣道・相撲・なぎなた・弓道、・レスリングが明示されている。

このように近年になって学校体育の中での武道の位置付けが従来より高まったことが理解出来、弓道の取り扱いにも若干の前進がみられる。しかし現在正科体育の中で弓道を実施している学校数を全国的にみると、中学校、高等学校ともに微々たるものである。

弓道が柔道、剣道と肩を並べて学校正科体育の中に位置付けられるためには、施設設備や用具の充実、さらには安全面での対策や効果的な指導法の研究は勿論のことであるが、何にもまして指導者養成に対する抜本的な対策が必要であり、その前提として弓道界の意識改革が不可欠であろう。

因みに平成二十四年度・二十六年度、中学校正科体育における武道各種目の実施状況は次の通りである。（日本武道館調べ）

	平成二十三年度	平成二十四年度	平成二十六年度	平成二十八年度
調査校総数	一〇、三五六（一〇〇％）	一〇、八七八（一〇〇％）	一〇、三八五（一〇〇％）	一〇、〇二四（一〇〇％）
柔道	六、六三九（六四・一％）	六、七一六（六一・七％）	六、三七七（六一・四％）	六、三八八（六三・七％）
剣道	三、一五一（三〇・四％）	三、五七四（三二・九％）	三、三八〇（三二・五％）	三、〇二九（三〇・二％）
弓道	二四（〇・二％）	一九（〇・二％）	二一（〇・二％）	一八（〇・二％）
相撲	四一六（四・〇％）	三六八（三・四％）	三一九（三・一％）	三〇二（三・〇％）
空手道	一二〇（一・二％）	一七六（一・六％）	一八八（一・八％）	一八二（一・八％）
合気道	一五（〇・一％）	二三（〇・二％）	一八（〇・二％）	二三（〇・二％）
少林寺拳法	五（〇・一％）	九（〇・一％）	一二（〇・一％）	九（〇・一％）
なぎなた	三八（〇・四％）	五五（〇・五％）	五八（〇・六％）	五三（〇・五％）
銃剣道	〇（〇・〇％）	〇（〇・〇％）	〇（〇・〇％）	一（〇・〇一％）
その他	―	―	一二（〇・一％）	一九（〇・二％）

四　「礼儀」と「伝統」について

1　礼（礼儀）

平成元年以降の改定「学習指導要領」を見ると、武道領域では〝伝統的な行動の仕方〟、〝礼儀作法の尊重〟、〝伝統的な考え方〟などが謳われている。因みに武道実践の場では「礼に始まり礼に終わる」という言葉をよく耳にする。この言葉は武術専門学校の剣道主任教授であった内藤高治の「武術の講習は総て礼に始まり礼に終わるを以て肝要とす」（『武徳誌』明治四十年七月）が初見であるという。したがってこの言葉自体はそれほど古いものではない。

さて礼（礼儀）は①「畏敬の礼」と②「和平の礼」に大別出来る。「畏敬の礼」とは人間生活にさまざまな災いや幸福をもたらす人力を越えた自然現象や神・霊魂といった神秘的な対象やカリスマ的能力を持つ人物、さらには個人や集団を物理的力で征服や侵略したり、或いは愛情をもって保護する対象者への畏敬・尊敬の念などの具体的表現といった意義を持っている。また「和平の礼」についていえば、その嚆矢は実際の戦闘の場で敵対している者が停戦や休戦をする場合、互いにその意志を示す具体的な表現法が始まりであるという。

「畏敬の礼」は片務的、「和平の礼」は双務的であるという違いはあるが、その具体的な表現法としては、しかるべき歌舞音曲・調度品・礼物などを伴い、時宜を得た服飾・言語・起居振舞いなどによってその意志を表すのである。

ここでわが国の礼について近世以降の在り方を概観すると、およそ①自他の峻別に立ちながら、しかも和諧を実現していこうとする士道的な礼、②身体を律することにより心を鍛えていこうとする仏教、特に禅思想にみられる修行的礼、③俗世界から清浄神聖な境地に没入するための神道的な礼に分けることが出来よう。

さて武道関係出版物をみると、「礼」の意義について「武道はややもすれば感情に走り粗暴になりやすいので、正しい秩序を保ち互いに相手を尊重することを目的とする」という意味の説明が多い。

また平成二十年改訂の中学校学習指導要領の中の「体育分野―F武道」において「……礼に代表される伝統的な考え方などを理解し、相手を尊重し、……」とあり、(二)態度に関する内容として「……相手を尊重し、伝統的な行動の仕方をまもろうとすること……」とある。

礼や礼儀の意義は、社会生活を送る上において互いに意思の疎通や親睦を図り、円滑な人間関係を保つための手立てとして必要なものであり、それぞれの民族や地域で形作ってきた独自の習慣や仕方があり、互いに尊重すべきものであることはいうまでもない。

武道はわが国の風土や歴史の中で個人の戦闘技術をそれぞれの時代に適応させながら昇華し独自の文化を形成し今日に至ったものであり、その過程の中で互いに敵対する相手へ自分の意志、たとえば恭順や和平・親愛などを表すための具体的な方法として服飾や武器・武具の取り扱い、言語や起居振舞いなどにさまざまな習慣や方法が定められ、武道に関わる儀礼文化が形成されるようになっていったのである。

この「礼」を弓射の歴史の視点からみれば、わが国の礼思想は古代中国からの影響を受け、朝廷において行われた弓射に関する諸儀礼式の中にそれが定着し、中世以降の武家社会における弓射儀礼式へと受け継がれた。今日弓道実践の場で行われるさまざまな礼儀作法の源流を辿れば、その多くは古代に発し、中・近世の武家社会で確立した平時・戦時における儀礼式法に遡ることが出来よう。

さてわが国の「礼―自分の心の在りよう」と「儀―その表現の仕方」の在り方の背景には、何事もまず威儀を正し形を整えることを第一とし、それにより心・技の向上や人間としての深まりが期待されるのだという独特の思考がある。

今日われわれが行っているさまざまなスポーツには、それぞれの風土や歴史的経過の中で形成してきた独自のエチケットやマナーが種目毎にあり、それらを尊重することはいうまでもないことである。

ここでよく話題にされるのが競技の場で勝者の心情の発露として思わず表現される素朴な起居振舞いについてである。少なくとも弓（武）道においては相手の立場に思いを馳せ、競技の場でガッツポーズなどあからさまに勝利を表現したり、規定に反して判定に不服の態度を示したりする行為は、競技規則上の有無にかかわらず厳に謹むべきとされている。野球の世界では本塁打を打った選手が、投手に対し侮辱したり勝ち誇ったような言動をとることは礼を失した態度であるとされている。このような相手の心情を慮る態度を示すことが出来るかどうかは、競技者や指導者の人間性やその種目に取り組む真摯な姿勢の度合いにかかっている問題であり、その種目の教育力の問題であるといえよう。

2　伝統

よく「弓道（武道）はわが国固有の伝統的な運動文化である」という言い方をする。果たして「伝統」とはどのような意義を持っているのであろうか。『広辞苑』によると「ある民族や社会・団体が長い歴史を通じて培い伝えてきた信仰・風俗・思想・学問・芸術など、あるいはそれらの中心をなす精神的在り方」とある。

また一般的には「伝統とは昔からの風俗や習慣・思想などを継承すること」、また「前の時代まで人々がしてきたことを後継者が（自覚や誇りを持って）受け継ぐこと」などと理解されている。これらには①持続的性格を有するもの、②一定の歴史的な経過を経て定着しているもの、③常に将来への創造・発展の可能性を持ち、変更される性格を持っているもの、すなわち伝統とは、すでに創られたものではあるが、それは完了し、以後変えることの出来ないものではなく、時代や社会の要請により改変可能な内容を含んでいるものと考えられる。

この「伝統」についてローパー H. T. Roper は「伝統の捏造」（ホブズボウム E. J. Hobusbaum ら編『創られた伝統』）の中で「伝統は（昔から今日まで）受け継がれてきたものと考え勝ちであるが、実はその中には近代になって創り出されたものがある」といい、その例としてスコットランドのタータン・チェックの民族衣装やバグパイプが自国と他国との文化の違いを強調するために近代になって創り出されたものであることや、英国の伝統であるとされる儀礼文化の中には近代になって創り出されたものが多くみられることなどをあげている。

さらに「伝統」にはその民族や社会が置かれた風土と歴史の中で培われ形成した本来持っている傾向、すなわち、～らしさ、～性などと、このような本質的なものではなく、その時々の政治や経済・思想的傾向などからの影響を受け構築されるものがあるという。

これに関連してわが国には「不易流行」という言葉がある。この言葉は「不易を知らざれば基立ちがたく、流行を知らざれば風新たならず」（芭蕉『去来抄』）にあるとされる。「不易」とはいつまでも変わらない真理や本質的なものをいい、また「流行」は一時的に急速な勢いで社会に広まる性格を持ったものをいう。そしてこの「流行」の特徴としては、①変移性が大きく新鮮さが感じられること、②持続性や伝承性が少ないこと、③伝統のように共同性を持たず、排他的であること、④人為的であること、⑤断続的であること、などがあげられる。

「弓道（武道）はわが国固有の伝統的な運動文化である」という場合、果たして何をもって「わが国固有の伝統的な運動文化である」というのであろうか。道場の神棚設置、大相撲の吊屋根形式、剣道防具の形、柔道着の色と形、また弓道界でみると今日の体配様式の制定、歩射における正面打起し射法、射法八節に「残身（心）」の付加、さらには現代の的場の様式や稽古時の服装等々、これらは少なくとも近代になって創出されたり普及したものであることを承知しておかなければならない。

刻々と移り変わる社会に対応し、わが国の弓射文化として時空を超えて遵守すべき事柄と、流動する社会の要請に応じ再構築が可能な事柄とを峻別する力量を持つことは喫緊の課題であるともいえよう。要するに前時代から現在に伝承されてきた弓射文化の中で、時代を超えて意義あるものとして受容し未来へ継承すべき事柄と、時代に即応して改変することが許される事柄とを明確にしながら、新しい弓射文化を創造する姿勢が必要であるということである。

わが国の弓射文化がグローバルな広がりを持つようになった今日においては、特定の国や地域の人々のみで伝承し、独善的・排他的で第三者の意見を拒否するような弓射文化はいずれ形骸化し停滞・消滅する道を辿ることになる。

例えば学習指導要領の「武道」にいう「伝統的な考え方」、「伝統的な行動の仕方」の〝考え方〟や〝行動の仕方〟は、わが国の歴史と風土に根ざす儀礼文化を背景とする武道文化に見られる「礼」思想に基づく具体的表現法であることを理解し、その上に立って実践されるべきものであるということである。

五　課外活動としての弓

昭和三十年に設立された日本中学校体育連盟下における中学校弓道では、まだ全国大会は行われていないが、全日本弓道連盟主催の全国中学生弓道大会は毎年開催されている。なお日本中学校体育連盟の調査によれば、平成二十六年度の武道関係の活動（登録）人数は次の通りである。

		加盟校	計	登録人数	計
剣道	男	五、五三〇	一〇、三八四	五八、八八五	九五、九〇四
	女	四、八五四		三七、〇一九	
柔道	男	三、一六〇	五、三二九	二六、五九四	三四、四四七
	女	二、一六九		七、八五三	
弓道	男	三一七	六四二	五、八〇一	一二、二〇三
	女	三二五		六、四〇二	
空手	男	三七八	六七七	七六九	一、五六三
	女	二九九		七九四	

相撲	男	三二七	三三六	一、一八一	一、二〇六
	女	九		二五	
なぎなた	男	一五	六四	二五	八二三
	女	四九		七九八	

高等学校においては昭和二十六年に弓道が課外活動として認められ、年を追う毎に盛んとなり、昭和三十一年には全国高体連に弓道専門部が設けられ、第一回全国大会（於・東京）が開催されて以降毎年行われ、春には全国選抜大会も開催されるようになっている。

なお平成二十六年度全国高等学校体育連盟の武道関係の登録数は次の通りである。

		加盟校	計	登録人数	計
弓道	男	一、八九二	三、八八四	三三、九八九	六七、二〇三
	女	一、九九二		三三、二一四	
剣道	男	三、四二九	六、三四三	二九、九九二	四五、七一三
	女	二、九一四		一五、七二一	
柔道	男	二、三六三	三、六七二	一八、一四三	二二、五七三
	女	一、三〇九		四、四三〇	
空手道	男	八八五	一、六〇八	六、三五八	一〇、一八八
	女	七二三		三、八三〇	

少林寺拳法	男	二五四	四六四	一、九五二	三、三三三
	女	二一〇		一、三八一	
なぎなた	男	―	一六八	―	一、四六〇
	女	一六八		一、四六〇	
相撲	男	一七三	一七三	八八九	八八九
	女	―		―	

中学校における課外活動の弓道は年を追う毎に増加する傾向がみられ、高等学校においては武道種目の中でもっともその愛好者が多いことは特筆すべきであろう。弓道が何故これほどまでに愛好されるのか、その理由を分析して正科体育弓道の在り方にも活かすことが肝要であろう。また課外活動で体験した弓道を社会人となっても継続的に実践できるような環境づくりや体制の整備が望まれるところである。

大学では昭和二十八年七月全日本学生弓道連盟が結成され、第一回全日本学生弓道選手権大会（於・橿原市）が開催された。また同年王座決定戦、昭和四十五年から全日本学生弓道遠的大会、昭和六十四年より全国選抜大会が開催されるようになった。なお現在の加盟校は約三五〇校（準加盟校を含む）である。

因みに平成二十八（二〇一六）年三月現在、わが国の連盟への登録者総数の内、中学生一〇％、高校生五〇％、大学生一〇％、社会人三〇％である。

第四節　弓道の国際展開

一　武道の国際展開

1　柔道

起倒流と天神真楊流を学び、この二流派の特徴を組み合わせ、新たな技術体系のもとに明治十五（一八八二）年講道館柔道を創立した嘉納治五郎は、明治二十二（一八八九）年には「柔よく剛を制す」の原理のもとにこれを「精力善用・自他共栄」へと発展させ、さらに「体育法・勝負法・修心法」として教育的意義があることを表明し、学校教育の場を中心として広く普及していった。

さらに嘉納はこの柔道を外国に紹介するため、明治三十六（一九〇三）年頃にはすでに高弟をアメリカに送っており、その後も多くの柔道家を海外に派遣し柔道の普及に努力し、嘉納自身もＩＯＣ委員になる（明治四十二年）とともに、柔道の意義について広く欧米諸国を説いて廻り、欧州では上流社会の中で理解されるようになっていった。このような活動の蓄積があったことが、今次大戦後のわが国が占領政策を受ける中で、ＧＨＱを始め欧米の柔道に対する国際的理解が比較的良好であった理由としてあげられよう。

戦後の柔道の国際組織としては、昭和二十三（一九四八）年には欧州連合、昭和二十六年には国際柔道連盟（ＩＪＦ）が結成され、その後の地道な普及活動の結果、昭和三十九（一九六四）年のオリンピック東京大会で正式種目として採用されるに至るのである。

今や柔道は世界一九〇ヶ国、愛好者数一千万人を数えるまでになり、世界でも指折りのメジャースポーツへと発展した。しかし競技一色となり、嘉納が唱えた柔道の特性を見失い、結果主義、勝利至上主義傾向にあるとして、今日の柔道の在り方に対する懸念の声があることもまた事実である。

2　剣道

剣道の諸外国への紹介は、わが国における移民政策のもと、ハワイや北米・南米へ移住した日本人の中の剣道愛好家による活動に始まるが、中でも将来を嘱望されながら北米に渡り、同地で西洋剣技との交流を深めながら剣道の紹介に尽力した森虎雄の功績は大きいものがあった。

またわが国の植民地拡大に伴う東アジア地域で行われた軍事や教育目的の剣道活動が現地に定着し、戦後もこの影響を受けた各国の剣道家が引き続き実践していたことが国際普及に意義があったとされている。

戦後はわが国の経済復興に伴い、外国に滞在した日本人がその地で剣道を紹介したり、諸外国から何らかの目的で来日した外国人が日本で剣道を学び、帰国後母国で弘める役割を果たした。今日ではわが国の伝統文化としての剣道を学ぶことを目的として来日する外国人も少なくない現状である。

剣道の国際組織の歴史を概観すると、昭和三十九（一九六四）年のオリンピック東京大会におけるデモンストレーションとして世界に剣道が紹介された。これをきっかけにその後昭和四十五（一九七〇）年国際剣道連盟（ＦＩＫ）が結成され、世界選手権大会が三年毎に開催されるようになった。さらに国際競技団体（ＧＡＩＳＦ　現 Sport Accord）に加盟し、国際スポーツ団体としても認められている。

なおここで注目すべきはＦＩＫの目的が「剣道の国際的普及及び振興を図り……」とあり、「剣道の国際化……」となっていないことである。

すなわち剣道という運動文化が異なった文化圏の人々との共通理解のもとにスポーツとして行われる場合は、当然ながらこれまで日本が地理的歴史的条件のもとで形成継承してきた剣道文化を、インターナショナル・スタンダードに変更せざるを得ない状況が発生することが予測される。このような状況、すなわちわが国で培ってきた剣道文化の改変を多くの剣道家は望んでいないというのがこの文章の背景にあり、そのため「国際的普及及び振興をはかり……」となっているというのがその理由であると推察される。

二　弓道の国際交流の歴史

弓道の国際交流に関する史料は大変少ないというのが現状で、国内ではE・ヘリゲルのケースのように、来日した外国人が日本文化を理解する手立てとして日本の弓を手にするという例や、京都で修行したW・アッカーなどの例をあげることが出来る。また国外に目を向ければ明治四十年代にロサンゼルスに、また昭和五（一九三〇）年頃にはサンフランシスコなどの日本人社会の中に弓道愛好家の組織が結成されたという記録がある。

さらに昭和六年頃にはわが国の商社や銀行員などを中心としてニューヨークで「日本弓道会」が結成され、地元洋弓クラブとの稽古会や親善交流競射会を持つことにより、弓道と洋弓の相互理解を深めようとする活動が行われた。このような地道な活動の積み重ねの結果が、その後の日米親善競射大会や日米女子親善競射大会へと発展していくのである。

一方昭和六（一九三一）年にポーランド・フランス・アメリカなど欧米七ヶ国で結成された国際洋弓連盟（FITA）はわが国の大日本弓道会（代表根矢鹿児氏）を通して、昭和七年の国際洋弓大会（於・ワルシャワ）、同八年の同大会（於・ロンドン）への選手派遣方を要請してきた。

根矢らはこれを検討した結果、ワルシャワ大会は準備不足のため不参加の旨、またロンドン大会には「御厚意に従ひ精々早く出場選手を相定め御報告申し候へば、何分宜しくお願い申し上げ候」と積極的な回答はしたものの、諸般の事情により参加することはなく、その後の国際的情況の悪化により国際的な交流は立ち消えとなった。

さて今次大戦後しばらくは弓道の国際的活動については見るべきものはなかったが、昭和四十年代後半（一九七〇

〜）から稲垣源四郎氏を中心とした東京教育大学・筑波大学Ｏ・Ｂのグループがドイツを中心とした欧州地域に対して一貫した弓道理念や指導法のもとに継続的して普及活動を行ってきており、昭和四十七（一九七二）年には欧州弓道連盟連合会、昭和五十五（一九八〇）年には欧州弓道連盟（ＥＫＦ）が結成され、平成十八（二〇〇六）年五月に国際弓道連盟（ＩＫＹＦ）が発足した（図112）。当初参加した国は次の一七ヶ国であった。

・日本　・ドイツ　・フランス　・アメリカ
・イタリア　・スイス　・ベルギー　・英国
・オランダ　・オーストリア　・フインランド　・スペイン
・ノルウェー　・スウェーデン　・ポルトガル　・アイスランド
・ルクセンブルグ　以上一七ヶ国

その後以下の国が加盟した。

・カナダ　・デンマーク　・リトアニア　・ニュージーランド
・台湾　・ルーマニア　・ロシア　以上二四ヶ国（二〇一五年現在）

国際組織の結成に伴い平成二十二（二〇一〇）年東京において第一回世界弓道大会が開催され、団体戦ではフランスチームが優勝した。また平成二十六（二〇一四）年の第二回大会（於・パリ）では日本チームが優勝した。なお

図112　国際弓道連盟発会式　2006年5月　於・京都

二〇一八年現在、日本以外の会員数は約三、六〇〇人である。

三　弓道とアーチェリーとの組織上の関係について

昭和六（一九三一）年、ワルシャワで国際アーチェリー連盟（FITA—二〇一一年に世界アーチェリー連盟〈WA〉と改称）が結成され、世界選手権大会が開催された。そして第二回大会への参加招請がわが国にもあったことは先に述べた通りであるが、当時わが国にはまだ洋弓という文化はなかった。わが国に文献によって洋弓文化がもたらされたのは明治期であるが、実際に洋弓がわが国に導入されたのは昭和十二（一九三七）年菅重義（読売新聞ニューヨーク支局）が日本に持ち帰ったのが最初であるとされる。

また北米で地元の洋弓愛好家と交流を重ねていた日本の弓道家が、帰国の折に洋弓を持ち帰りわが国に普及しようとしたが、当時の国際情勢が影響し定着するには至らなかった。

終戦後の昭和二十三（一九四八）年になり有志が集い日本洋弓会を組織し、当時進駐していた兵士の中の洋弓愛好家とたびたび親善競射会を催し、主だった大学でも洋弓が行われるようになった。そして昭和三十三（一九五八）年にはこれまでの日本洋弓会を日本アーチェリー協会と改称した。

一方全日本弓道連盟は組織の中に洋弓部門を設置し、競技における和弓

図114　五輪東京大会における弓道デモンストレーション

図113　五輪東京大会「武道」デモンストレーション・プログラム

との関係について関心を示している。またＩＯＣは昭和三十九（一九六四）年開催が決定しているオリンピック東京大会の種目としてアーチェリーの実施を決定していたが、その後実施種目数の関係上行われないこととなった。なおオリンピック憲章の規定に基づき国技のデモンストレーションとして武道演武会を開催したが、弓道は剣道・相撲とともにこれに参加し、世界に弓道を紹介する機会を得た（図113・114）。

さて全日本弓道連盟は昭和三十二（一九五七）年ＦＩＴＡに加盟を申請し承認された。これに伴い昭和三十四年の世界選手権大会の視察を行い、昭和三十六年の第二一回大会、昭和三十八年の第二二回大会、昭和四十二年の第二四回大会に選手を派遣した。特にこの第二四回大会の選手団の中に和弓使用の選手が加わっていたことは興味深いものがある。そして昭和四十一（一九六六）年に全日本アーチェリー連盟が設立されるにあたり、全日本弓道連盟でもアーチェリーとの関係を検討した結果、昭和四十三（一九六八）年ＦＩＴＡへの加盟権を新たに組織された全日本アーチェリー連盟に譲渡することを決定した。

第五節　弓道の国際化と国際普及

一　弓道文化の国際発信

今日の柔道・剣道の国際展開の現状については前述した通りであるが、これに対して弓道も国際的組織が発足し、競技大会の開催などを通して普及振興のための事業が展開されつつある。武道の中でもメジャー種目である柔道・剣道の国際展開には〝国際化〟と〝国際普及〟という対照的な方向性がみられ、それぞれに問題点が指摘されているが、後発の弓道が今後どのような方策をもって国際的に展開していけばよいかについては、さまざまな情報を入手、分析をしつつも、しっかりとした基本理念を確立して対処する必要があろう。

日本の柔道の国際的な普及発展の姿が当初描いていた通りに進められてきたか、はたまた予期せぬ在り方となって受容され、変質化していったかについての専門的知識を持ち合わせていないが、少なくともオリンピック東京大会に正式採用されて以来、体重制を採用し、技の内容に段階を設けたりポイント制を採りいれ、近代スポーツに必要な条件を整え、インターナショナルスタンダードに合わせる道を選ぶことによりメジャー種目として不動のものとなったことは衆目の一致するところであろう。

しかしその反面わが国が長年にわたり醸成されてきた技に対する伝統的な評価観、すなわち技の質と量、経過と結果、姿勢・態度などに対する評価法が希薄となる傾向がみられるとの指摘が一部にあることも事実である。

一方剣道においても、国際的普及振興に対してさまざまな事業を行っていることは他武道種目と同様であるが、その発信する内容はあくまでもこれまで日本で長年にわたり培ってきた剣道の理念や意義・価値とそれに伴う技法・技術、明示的規則や黙示的規範（例えば競技規則や技に対する評価観、判定基準、剣道実践にまつわる独自の行動規範の遵守、施設・設備・服装などの規制など）である。

すなわちわが国の風土と歴史の中で形成されてきた固有の運動文化である剣道を、世界に発信し理解を得ることを基本方針としているといえよう。ここに柔道の在り方と決定的な相違をみることが出来るのである。

さてこのような二大武道種目の国際展開への対照的なアプローチの仕方に鑑み、弓道はどのような在り方で対処すればよいのであろうか。

弓射文化は世界のほとんどの地域や民族にみられる文化であり、それぞれに固有の弓射文化を持っており、今日もなお世界には伝統的な弓具や技法にしたがった弓射文化が数多く存在している。その代表的な弓射文化として、ヨーロッパ諸国で武器として発達し、産業革命以降はインターナショナルスポーツとして世界的に普及・発展したアーチェリー競技をあげることが出来よう。

またこれをわが国の弓射文化にみると、世界の弓射に共通してみられる狩猟の具や武器、それから派生した宗教的意義や競技性以外に、近世以降芸道性や教育性に意義を見いだしたことは特筆すべきであろう。

今日弓道と呼ぶ弓射文化は、わが国の置かれた地理的条件と長年にわたる歴史的経過の中で醸成されてきた固有の在り方を有しており、長さ・形状・弣部の位置にみられるような世界に例を見ない特徴を持った弓とそれを操作する心技の法の修練を通して期待される人間を形成することを目的とするものであるといえよう。

要するに弓道と呼ぶ今日のわが国の弓射文化は、わが国特有の弓体を最大に活かした真なる射法・射術の追求を通して得られる芸道性や教育性などにその意義を見いだそうとするところにあるといえよう。このことについて評論家長谷川如是閑は『礼の美』の中で日本の弓体と射法・射術の融合の美について次のように述べている。

弓をひく五体の美しい形は、精神を統一し、五体を整へ、最も効果的に矢を放つ方法から産まれたものに他ならない。すべて動作の形の美は、形そのものが自然と美しくなったのではなく、ある動作をするのに、さういふ形をとるのが最もよくその動作の目的に適ふからです。物の形の美も、その形が一番その物の目的に適ふからです。目的を損ふ形は美ではないのです。

第一、日本の弓のあの美しい形は何処から出来たか。世界に弓を持たない人種はないが、日本の弓のやうに美しい曲線をもった弓はない。世界の弓の弧線は、皆平凡な蒲鉾形で、中心に弣があるが、日本の弓は中心から下の、全長の約三分の一の辺に弣があって、その上下がそれぞれの特殊の美しい曲線—反り—をもってゐます。弾力の強さを適当に弓の全長に分配するために、その曲線に柔剛があります。にぎりの上下は剛く男性的で、末弭に近い辺は柔かく女性的です。……

如何にして我国の弓がかくの如く美しい曲線をもつに至ったかといへば、それはむづかしくいへば弓の力学から出来たのです。……弓を引く動作も同じやうな意味から、すべて礼式になってゐるが、それも最も完全に弓を引くための動作であって、決して形そのもの、美だけを目的としたものではありません。弓を引く最も適した五体の構へがそれ自体もっとも美しい形になっている。……

二　弓道の国際普及と宗教儀礼式

さてこれまで日本という限られた地域で醸成されてきた弓射文化―弓道を国際舞台で普及振興させようとする場合、さまざまな軋轢が生じることは当然ながら予想しなければならない。中でも宗教との関わり合いについては特に留意を要すると考えられる。

世界の人々が信仰する宗教の多くは、唯一絶対の神や預言者に救いを求めようとしたり、最高の生命状態を求めようとするものであるが、わが国では祖先やあらゆる自然物・自然現象の中に、人々の生活に禍福をもたらす超能力的存在が宿ると信じ、それらに対する畏敬の念から発した祖先崇拝・自然崇拝に始まるわが国固有の民族信仰としての神道がある。

弓矢はその機能からして、人々の暮らしを守り恵みをもたらす具として古くから神器・聖器として尊崇され、信仰の対象とされてきた事例は世界各地にみることが出来るが、わが国の人々の心底にもこのような弓矢に対する畏敬の信仰心が古代より連綿として流れていることが認められる。

わが国固有の民族信仰としての神道思想を背景に、古代中国弓射思想を受け入れ行われた朝廷弓射文化、そしてそれを受容しながらも新たに形成された武家弓射文化の流れを汲む今日の弓道文化を国際的に普及しようとする場合、今日弓道界で慣習となっているさまざまな内面的・外面的な在り方の論拠をしっかりと構築しておくことが必要となってこよう。

たとえば、かつて自分の信じる神以外に対して礼をしないと、道場で神棚への礼拝を拒否した外国人のケースが報告されているように、神道儀礼式の色彩の強い礼法に対する疑問が提起されたことがあった。

武道場と神棚との関係を歴史的にみれば、江戸時代は鹿嶋大明神（武甕槌命）や香取大明神（経津主神）などの武神の掛軸を稽古場に掛けていたが、明治三十二（一八九九）年建立された京都の武徳殿には玉座が設置され、これに倣って地方に建立された武徳殿にもこれが設置されるようになった。そして明治末期になり柔道・剣道の「形」を演武する際は玉座に対し敬礼をするようになり、やがて大正時代には警察道場にも神棚が置かれるようになった。因みに昭和九（一九三四）年十一月に制定された「弓道要則」（射礼）では玉座に対する礼について触れられていない。

図 115　中学校における授業前の「弓道」神前礼拝
昭和 10 年頃

学校武道と神棚について見ると、昭和に入り大学では軍部との間で神社参拝や神棚設置問題で激しい対立が見られたものの、昭和十一（一九三六）年文部省の諮問を受けた体育運動主事会議の答申の第四項―二で「道場ニハ神棚ヲ設クルコト」を明記し、各学校ではこれに従って神棚を設置するようになった（図115）という経緯がある。

戦後の新憲法のもとでは政教分離、信教の自由が謳われていることは周知の通りであり、昭和二十二年GHQからの指令により、公立学校からの神社参拝や神道儀式の禁止などとともに神棚は撤去された。

さて現代弓道においては特別の理念や信念、特殊な目的を標榜する私的な団体の活動は別として、少なくとも公的な施設における神棚の設置や諸行事に伴う作法や儀礼式に十分な配慮が必要であろう。

参考のためにこれに関連する司法の判例をみると、かつて地鎮祭への公費支出に関する訴訟の判決文の中では「……社会の一般的慣習に従った儀礼を行うという専ら世俗的なものと認められる……」（昭和五十二年　大法廷判決）としている。また県立高校の武道場の神棚設置問題でも「武道を行う者の安全を願うもので、文化習俗に属し、宗教を助長するものではないので憲法に違反しない」（平成四年十一月　千葉地裁判決　柔剣道場「神棚」公金支出事件〈損害賠償請求事件〉―「凡例タイムズ」八一四号）などがみられる。

このような判例からすると、わが国の弓射文化の成り立ちや歴史的経過からして、現代弓道のさまざまな弓射儀礼式の中に見られる起居振舞いは、決して特定の宗教の布教や宣伝・助長などを意図するものではなく、長年にわたり形成してきたわが国に定着し共通理解を得ている弓射文化固有の習俗や慣行で、一般の社会通念や慣習の範囲のものであり、それが特定の宗教の保護・促進や圧迫・干渉に影響を与えるというほどのものではないというのが現在のわが国における法的解釈であると理解出来る。

ただこのような判例は日本国内における法的解釈の範囲のものであり、弓道が国際的な広がりを持つようになり、多くの異文化の人々が弓道に親しむようになった場合は、予想もしない問題が起きる可能性を含んでいることも充分に承知して置く必要があろう。

また一方において「公の建物や其の構内に、特定の宗教と見られる物（神棚・仏壇・祭壇・神像・仏像・聖像・十字架・鳥居）を礼拝などの対象になるように設けてはならない」ことを理由に公共施設内の神棚設置に疑問を呈している人々がいることも忘れてはならない。

なお現行の「学習指導要領」の解説では、武道を学習する上での態度について「相手と直接的に攻防するという特徴があるので、互いを尊重し合うための独自の作法（伝統的な行動の仕方）に取り組もうとすること、また克己心を表すものとして礼儀を守るという考え方があることを理解させる」とある。

武道には伝統的にこのような考え方があることは誰しも認めるところであり、自分の心の在り方とその表現法としての作法（礼法）には、このような人間関係を保ち円滑な社会生活を送るために意義があることは勿論であるが、礼儀にはこの他にも自己を厳しく律し、心身を鍛えようとする仏教的な修行を行う際の礼儀や、俗世界から清浄神聖な境地へ没入する手続きとしての神道的な礼儀があることも忘れてはならない。

三　弓道の国際的発展への方策

世界の各地域や民族はそのおかれた風土と歴史的経過のもとにそれぞれ固有の文化を発展させてきている。そして往々にして異文化を自文化の視点から価値判断しようとする傾向が見られる。しかしそれぞれの文化は対等であるということを前提に、それぞれが有する文化を互いに理解・尊重しようとする態度が必要であろう。ただこのような場合でも私たちが共通理解として持っている普遍的価値（たとえば戦争・テロ・暴力・人種差別・殺人などの反社会的行為の否定）については論外であることはいうまでもない。

それぞれが持つ文化を認め合い、これを許容しようとすることの意義を理解しながらも、なおその上に立って自文化に普遍的価値を見だし、これに賛同する対象者にのみ自文化を弘めようとする在り方がある。ただこのような在り方は自文化を頑なに強調するあまり閉鎖的な自文化中心主義、いわゆる唯我独尊となり、視野や発想が固定化する傾向に陥り易くなるので、厳に注意すべきは勿論である。

今日のめまぐるしい科学技術の進歩や交通機関・情報機器などの発達に伴い、これまであまり知られていなかったさまざまな情報が飛び交う状況の中で、それらをどのような価値基準で処理・評価すればよいか大変難しい時代となっている。そこで次に弓道を国際的に普及発展させようとする場合、どのような在り方が望ましいかについて考えてみよう。

1　弓道の国際化の立場から

ある地域や民族固有の文化が他の異文化圏に伝播する場合、好む好まざるとにかかわらず、その文化圏に適合するよう改変されることはこれまでの歴史が示しているところである。日本の置かれた風土の中で長年にわたり育んできた弓道文化が持つ社会的規範を異文化圏に弘めようとする時、意に反してそれぞれの国が持っている文化の最大公約数的共通理解のもとに国際的なレベルで改変せざるを得ない事態が起こる場合があるが、それを許容してもなお普及振興を推進しようとする考え方がある。

因みにここでいう弓道文化が持つ社会的規範とは、わが国の風土の中で築かれてきた固有の①黙示的規範としての倫理・道徳的規範（スポーツにおいてはスポーツマンシップやマナー）と、②法的規範としての明示的規範（明文化された規則）を指す。

たとえば弓道実践の場における起居振舞いなどはもとよりのこと、服装・用具・技法・技術・施設・設備の規定や規準、稽古・試合の手順・評価法・判定基準など明示された法的規範が、遅かれ早かれ伝播したそれぞれの地域や国で改変されることは自然の成り行きとして考えられることであり、これを当然のこととして許容しようとするものである。

多数の国や地域で構成される組織では、多数決の原理や力関係によりその運動文化が本来有していた固有の社会的規範が改変されることは歴史の示すところであり、弓道文化を異文化圏に弘めるにあたり覚悟しておかなければならない大変重要な問題である。要するに弓道文化の固有性や独自性が薄められるか、または失われるであろうことを前提とした上で国際化をしようとする在り方である。

特に弓道が競技性（特に的中至上主義）にその評価を傾斜するようになれば、結果主義・勝利主義、さらには商業主義へと大きくその在り方が変質化することは当然の成り行きとなるであろうことは承知しておく必要があろう。

2　弓道文化の国際普及の立場から

それぞれの地域や民族にはその置かれた風土の中で長年にわたり培ってきた誇り得る文化があり、それぞれの文化の間には評価基準や上下・優劣はなく、互いに尊重し敬意を払い認め合うべきであるとする考え方がある。

これを弓道に当てはめてみると、わが国の伝統文化としての弓道の持つ意義や価値観は当然ながら尊重されるべきであるという考え方から、弓道文化が持つ独自性や固有性の遵守を前提とした国際普及を推し進めるべきであるとする立場がある。

すなわち日本人が長年にわたり日本という風土と歴史の中で、特に近世以降醸成してき教育性や芸道性にその意義を見だし築き上げてきたわが国の弓射文化は、世界の弓射文化の中でも特異な存在でありながら、その理念はいずれの地域や民族にも受容されるべき普遍的意義や価値を持ったものであることを確信し、これを普及すべきであるという立場である。

このような立場からすれば、技の経過や質・内容などに価値を見いだし、それを自己の問題としてみつめようとするアナログ的な弓道の在り方と、弓道のスポーツ化、すなわちその技倆の評価を誰もが理解出来るように客観化（数量化）・デジタル化することにより・スポーツの持つ条件の一つである「他者との競争」を全面に打ち出し、そこに意義を見いだそうとする在り方とは自ずと相違するのは当然のことである。

したがって国際的に共通理解を得ているスポーツとして行われる弓射競技と弓道文化の持つ価値や意義に重きを置く在り方とは一線を画すものがある。そしてわが国の弓道文化が持っている固有の価値観や独自性を遵守するという前提のもとに、その文化的価値や意義を広報し、賛同する人々に対してのみ普及振興しようとするものである。

このような立場に立って弓道の国際普及を考える場合、往々にして逸脱した特殊性や独自性を強調し勝ちとなり、独善的・閉鎖的と受け取られる恐れがある。したがって、その意義や理念については十分な説明が必要であり、必要に応じて文化の相違するそれぞれの国への丁寧な配慮は当然のことであろう。

3　弓道の国際化と国際普及の現実的処方

右の二つの立場の中庸的な在り方が現実的ではないかという考え方がある。すなわち弓道が国際的に普及発展していく中で、弓道が持っているさまざまな固有の文化的独自性が、インターナショナルスタンダードの視点から徐々に改変され、気が付けば似て非なる弓道文化が誕生しているということを容認するという在り方と、日本固有の弓射文化としての弓道の意義や理念を堅持し、あくまでその在り方に賛同・遵守する人たちを対象としてのみ普及・振興しようとする在り方の二様のいずれにも偏らず、その中庸的な在り方を探ろうとする考え方である。

すなわち世界の数ある弓射文化の中でも、固有性や独自性を強く持っている弓道文化を、出来るだけ円滑な形で国際的に発展させるためには、異文化の洗礼を受ける中で許容すべきは許容しながらも、これを容認すれば弓道が本来持っている文化的意義を失うと考えられる事柄についてはあくまで拒否すべきであるとする姿勢である。要するに許容できる事柄と許容できない事柄を慎重に見極め峻別し、それぞれの問題に対処すべきであるという考え方である。

そして弓道という弓射文化の固有性を普及するにあたり、決して異文化圏への押し付けと誤解されるような言動がないよう留意することが大切であろう。たとえば日本人の間では当然のこととして行っている所作でも、異文化圏では容認されないこともあり、思わぬトラブルに発展しかねないケースが起きることがある。

要するに相手方にその所作の意味や根拠を明確に説明し、理解を得るようつとめることが必要であるということである。あまりにも弓道文化の特殊性を誇張し過ぎたり、過度に誇示するのも問題がある。それぞれの地域や民族が持つ文化の固有性や特殊性の中に、互いに理解し合うことの出来る普遍的な価値が必ず含まれているとする考えのもとに、その共通項を見いだそうとする努力が必要であろうということである。

弓道が持っている固有の価値や意義についてどのような説明が可能か、他の弓射文化との比較において弓道がどのような文化的意義を持っているのか、などについての一貫性ある論拠をしっかりと構築しておく必要がある。そのためには弓道のあるべき将来像をしっかりと描き、一貫性を持った教育方針のもとに弓道文化を正しく発信できる指導者の養成が急務となろう。

以上、弓道の国際化や国際普及の在り方についてその概略を述べた。今後ますます科学技術が進歩し、急速な情報化社会が展開し、インターナショナリゼーションからグローバリゼーションへと目まぐるしく変貌していく社会の中に生きる人々にとって、弓道は俗世間を離れた閑かな環境の中で自分を見つめ直し、生活の中に人間性を取り戻し、生き甲斐を感じることの出来る極めて優れた意義を持っている運動文化である。

弓道の在り方は一見古そうに見え、また時代に逆行しているようでありながら、実は優れて人間性を取り戻すことの出来る新しい運動文化であることを世界に発信すべきであり、そのためにはしっかりとした理念や意義の論拠の構築と、効果的な普及振興策を真剣に考える必要があろう。

結章

一　スポーツと弓道

それぞれの地域や民族はその置かれた風土の中で育まれた固有の運動文化を持っている。スポーツも産業革命以降イギリスで誕生した一つの運動文化であり、その定義についてはさまざまな説があるが、それらを要約すると、①遊戯（play）の要素、②競争的活動、③身体（全身）運動の三条件を持つ、近代ヨーロッパ社会の中で育った近代的性格を持つ運動文化であるといえよう。

この運動文化の歴史についてはこれまでさまざまな研究がなされており、そこではスポーツの在り方が時代とともに変容していることが論じられている。それらの研究を管見すると、スポーツの近代化として合理化、競争の機会と条件の平等化、数量化、記録万能主義、世俗化などの特徴があげられている。

これを弓道に当てはめて考えてみると、封建身分社会の中で原則として武士階級の専有文化として行われてきた弓術は、その後近代社会を迎え身分社会からの開放、流派的色彩の除去、特定の宗教からの離脱、民主的組織と透明な運営、技術評価の客観化、明確な競技規則の整備等々、近代スポーツとしての条件をクリアーし、近代社会に適応すべくさまざまな改変を行いながら今日に至っている。

二　弓道のすすめ

弓道は他武道と比較して次のような特徴を持っている。まずルールや客観的評価基準の整備という点についていえば、対人形式を採り、その優劣の判定を第三者に委ねる他武道に比較して、的中の有無という規準で誰もが容易に判定できること、また数量化や記録万能主義についていえば、堂射（通し矢）に見られるように、技倆の優劣を別の時間に作られた記録と比較出来るという特徴を持っている。

さらに競争の機会と条件の平等化についていえば、すでに中世末期に日置弾正が弓射普及のために辻的を催した折の制札に「此場におゐて射手見物人等礼儀を正しくすべし、尤も喧嘩口論有るべからず。若堪忍なり難き事之あらば、後日を約して他所にて神妙に本意を達らる可き事、勿論越矢それ矢に中る人は仮令失命に及ぶとも其身の損たるべし。中外勝負付当場の定にして、射手より異論有るべからざる者也」（貞享四〈一六八七〉年『射法一統』）とあるように、古くから行射にあたっては、地位や身分を越えて誰もが平等であるという精神が流れている。

このようにわが国の弓射は、他武道ジャンルに比べて早くからスポーツの近代化の条件のいくつかをクリアし、日本人の生活に深く浸透し広く実践されてきた。

しかし弓道の近代化には今なお残る流派的色彩からの脱却が不可欠の条件であり、特に射法においては現代弓道が小的前であることを前提とした上で、運動学的な見地からの客観的究明が必要であり、単なる受け売り的な言動、さらには自分の経験則からの判断や限定された条件下の実験結果をもとにした排他的な言動は厳に慎むべきであろう。

弓射運動は心身の緊張と弛緩の反復や全身の伸展運動を必要とし、その実践においてはあまり性別・体格・体力・年齢に左右されず、また運動負荷も各自自由であり、季節や時間を問わず、独りでも多人数でも、技倆の巧拙に関係なく一緒に実施出来るという極めて優れた特性を持っている。

ここで参考のために過去二〇年間の主な武道の全日本選手権者の平均年齢をあげると次のようである。この表から他武道に比べ弓道の特徴を垣間見ることが出来よう。

柔道	男	二五・〇歳
	女	二四・五歳
剣道	男	三一・四歳
	女	二六・九歳
弓道	男	五二・六歳
	女	四九・四歳

目まぐるしく変転し、雑然とした現代社会に生きる人々にとって、日常の生活を離れ、清浄な雰囲気の非日常的な環境の中で繰り返す一射々々に没頭するひと時は、自分自身を閑かに見つめ直すには大変有意義な時間となろう。少子化高齢化社会を迎えつつある現代社会において、人生を豊かにする古くて新しい知的運動文化として、弓道は年を追う毎に愛好者が増加している現状であり、生涯体育・スポーツとして国内外からさらなる期待が寄せられている。

#【近・現代弓道関係史料】

（その一）大日本武徳会関係

○武術家優遇例及び施行細則　明治三五年五月制定

第一條　本會ハ武術家優遇ノ趣旨ヲ明カニセンカ為メ、左ノ各項ノ資格ヲ具備スル者ニ就キ銓衡委員會ノ推薦ニ依リ総裁殿下ノ御裁可ヲ經テ範士、教士ヲ授與ス。

範士ノ稱號ヲ授クベキ者ノ資格

一、斯道ノ模範トナリテ兼テ本會ノ為メ功労アル者

二、教士ノ稱號ヲ有シ且丁年ニ達シタル後、四十年以上武術ヲ鍛錬シタル者

但、特別の事由アルモノハ、此制限ニ拘ハラザルコトヲ得。

教士ノ稱號ヲ授クベキ者ノ資格

一、品行方正ニシテ本會ヨリ精錬証ヲ受ケタル者

二、武徳大會ニ於テ武術ヲ演ジタル者

第二條　銓衡委員ハ會長之ヲ推薦ス。

第三條　範士ノ數ハ各武術ヲ通ジテ三十人ヲ超ルヲ得ズ。

第四條　範士、教士ノ稱号ニハ其術ノ名稱ヲ冠ス。

第五條　範士ニハ終身貮拾五圓以内ノ年金ヲ贈與ス。

第六條　本會ノ教授ハ範士、教士ノ稱号ヲ有スル者ヨリ之ヲ招聘ス。

第七條　範士、教士ニシテ其榮譽ヲ汚辱スル行為アリタルトキハ、銓衡委員ノ決議ニ依リ、其稱號ヲ褫奪ス。

第八條　本例施行細則ハ會長之ヲ定ム。

明治三十五年六月制定の本會武術家優遇例規定并銓衡委員会の推薦に依り、去三十六年五月以降、総裁殿下の御裁可を經て範

士、教士を授與せられたる現在員（四十年二月）氏名左の諸氏なりと。
弓道範士
奥村閑水（愛知）　富田常正（本部）　生駒新太郎（故人・熊本）
弓道教士
横浜有仲（愛知）　岡内　木（香川）　坂勘右衛門（愛知）
問注所康光（長崎）　大川義彦（高知）　大林壯作（廣島）
中村左直（熊本）　生田正八郎（愛知）　吉海小平次（熊本）
柳瀬政廣（静岡）　若林正行（東京）
人見謹一郎（故人・京都）　勝山仲継（故人・京都）　浦上直置（故人・大阪）

○武道家表彰例　昭和九年三月一日改正（大正七年四月の武道家表彰例を改正）

第一條　大日本武徳會員ニシテ武道を鍛錬スル者ノ地位ハ稱號及階級ニ依リテ之ヲ表示ス。
第二條　稱號ハ範士、教士、錬士トス。
階級ハ初段ヨリ十段ニ至ル。
會長ハ初心者ノ為段外ニ若干ノ階級ヲ設クルコトヲ得。
第三條　稱號及階級ニハ當該武道ノ名稱ヲ冠セシム。
第四條　稱號ハ會長ノ具申ニ依リ総裁之ヲ授與ス。
第五條　階級ハ會長之ヲ允許すス。
第六條　稱號ヲ受クベキ者ハ左ノ條件ヲ具備スルコトヲ要ス。
範士
一、教士ノ稱號ヲ受ケ且爾後七年以上ヲ經過シ又ハ年齢六十歳以上ニ達シタル事。
二、徳操高潔技能圓熟特ニ斯道ノ模範タル事。

三、武道ニ關シ功労アル事。

教士

一、錬士ノ稱號ヲ受有スル事。

二、五段以上タル事。

三、操行堅實武道ニ關シ相當ノ識見ヲ有スル事。

錬士

一、武徳祭大演武會ニ出演シ審判員會議ノ選抜ニ依リテ試験ヲ受ケ合格シタル事。

以下　省略

○「弓道要則」　昭和九年一一月制定

本要則ハ左記弓道射形制定委員会ヲ嘱託シ昭和八年十一月十日ヨリ十二日迄三日間第一回委員会ヲ本部ニ開キ草案ヲ作製シ之ヲ全國範士、教士ニ頒布シテ意見ヲ徴シ更ニ翌九年五月八日第二回委員会ヲ開催、審議ノ末制定セルモノナリ。

弓道射形制定調査委員名

省略　（本文一四四～一四五頁に掲載）

〔第一　射禮〕

甲　射禮

一、射手ハ控所ニ於テ諜ヲ着ケ矢ヲ抱込ミ本座ニ跪坐（右膝ヲ着ケ左膝ヲ立テ）シ目禮ノ上左足ヨリ立チ左足ヨリ踏ミ出シ射位ニ進ミ兩足ヲ揃ヘ跪坐シ右ヘ廻リナガラ膝ヲ組ミ換ヘ脇正面ニ向ヒ弓ヲ立テ右手ニテ矢摺籐ノ邊ヲ執リ右膝ノ前ニ立テ衣紋ヲ寬ゲ肌ヲ脱ギ左手ニテ弦ノ外ヨリ弓弝ヲ執リ左膝ノ前ニ立テ矢ヲ抱込ミ甲矢ヲ番ヘ乙矢ヲ打込ミ筈ヲ保チ膝ヲ組ミ換ヘ左足ヨリ起チ足踏ヲナシ取矢ヲシテ弓構、打起、引取リテ甲矢ヲ射放シ弓ヲ倒シ右足ヨリ兩足ヲ寄セ跪坐シナガラ弓ヲ左ノ膝ノ前ニ立テ弦ヲ返シ乙矢ヲ番ヘ筈ヲ保チ左足ヨリ起チ足踏ヲナシ甲矢ノ如ク射放シ射終リテ弓ヲ倒シ右足ヨリ兩足ヲ寄セ跪坐シナガラ弓ヲ右膝ノ前ニ立テ肌ヲ納レ左ニ廻リナガラ膝ヲ組ミ換ヘ弓ヲ抱込ミ的正面ニ向ヒ左足ヨリ立チ兩足ヲ踏ミ揃

へ右足ヨリ後退シ本坐ニ跪坐シ目禮ノ上退出スベシ
二、多數演武ノ場合ハ肌ノ出入ヲ省略シ射終リテ後脇正面ニ向ヒタル儘左足ヨリ進出デ順次ニ退出スベシ最後位ノ者ハ脇後方ニ一歩退キ退出スベシ

乙　立射禮

一、射手ハ控所ニ於テ韘ヲ着ケ弓矢ヲ抱込ミ本座ニ立チ目禮ヲナシ左足ヨリ踏ミ出シ射位ニテ兩足ヲ揃ヘ脇正面ニ向ヒ左足ノ爪先ヲ的ニ當テ右足ヲ開キ足踏ヲナシ弓ヲ右横ヘ運ビ右手ニテ鳥打ノ邊ヲ執リ右足ノ前ニ立テ衣紋ヲ寛ゲ肌ヲ脱ギ弓ノ本弭ヲ左斜ニ上ゲ腹部ノ邊ニテ左手ニ弓弝ヲ執リ弦ヲ返シ矢ヲ抱込ミ甲矢ヲ番ヘ其ノ筈ヲ保チ弓ノ本弭ヲ左膝頭ニ置キ乙矢ヲ打込ミ右手ヲ腰ニ取リ取矢ヲナシ弓構、打起、引取リテ射放スヘシ
射終リテ弓ヲ倒シ弦ヲ下ヘ返シ乙矢ヲ番ヘ甲矢ノ如ク射放シ弓ヲ倒シ右手ニテ鳥打ノ邊ヲ執リ右足ノ前ニ立テ肌ヲ納レ弓ヲ抱込ミ右足ヨリ兩足ヲ寄セ的正面ニ向ヒ右足ヨリ後退シ本座ニ立チ目禮シテ退出スベシ
二、多數演武ノ場合ハ列立シ肌ノ出入ヲ省略シ射終リテ後脇正面ニ向ヒタル儘左足ヨリ進出デ順次ニ退出スベシ最後位ノ者ハ脇後方ニ一歩退キ出スベシ

丙　巻藁射禮

射手ハ控所ニテ韘ヲ着ケ弓矢ヲ抱込ミ射位（藁前一杖）ニ進ミ跪坐シ目禮ヲナシ右ヘ廻リナガラ弓ヲ右膝ノ前ニ立テ肌ヲ脱ギ左手ニテ弦ノ外ヨリ弓弝ヲ執リ左膝ノ前ニ立テ矢ヲ抱込ミ甲矢ヲ番ヘテ乙矢ヲ打込ミ乙矢ヲ抽出シ下ニ置キ筈ヲ保チテ起チ足踏ヲナシ弓ノ本弭ヲ膝頭ニ立テ弓構、打起、引取リテ甲矢ヲ射放スト同時ニ矢聲ヲ掛クベシ次ニ兩足ヲ寄セ跪坐シ弓ヲ左膝頭ノ前ニ立テ弦ヲ返シ乙矢ヲ取リテ番ヘ甲矢ノ如ク射放スベシ（乙矢ノ時ハ矢聲ヲ掛ケズ）
射終リテ足ヲ寄セ両足ヲ揃ヘ跪坐シナガラ弓ヲ右膝ノ前ニ立テ肌ヲ納レ左手ニテ弓弝ヲ執リ左ヘ廻リ巻藁ニ向ヒ左足ヨリ起チ三歩進ミ弓ヲ巻藁ニ立掛ケ矢ノ左ノ方ヘ二歩進ミ矢ニ寄添ヒ甲矢ノ方ヨリ三度羽扱ヲナシ三回ニ抽出シ巻藁ニ立掛ケ次ニ乙矢ヲ甲矢ノ如ク抽出シ甲矢ト共ニ持チ二歩退キ正面ニ向ヒ右手ニテ鳥打ヲ持チ左手ニテ弓弝ヲ執リ三歩退キ兩足ヲ揃ヘ跪坐シ目禮シテ退出スベシ
但シ三度弓ノ時ハ二度目マデハ肌ヲ納レズ三度目ニ肌ヲ納レテ矢ヲ抽取ルベシ矢聲ハ三度共甲矢ニノミ掛クベシ

〔第二　射法〕

一、足踏　矢束ヲ標準トシテ八文字ニ踏ミ開キ兩拇指頭ヲ的ト一直線ニ在ラシム
二、胴造　足踏ノ儘直立ス
三、弓構　正面ニテ取懸手ノ內ヲ調ヘ物見ヲ定ム
四、打起　正面ヨリ徐々ニ弓ヲ押開キツヽ左斜ニ上グ
五、引取　左右均等ニ引分ケ會ニ到ラシム
六、會　心身ヲ合一シテ發射ノ機ヲ熟セシム
七、離　胸郭ヲ廣ク開キ矢ヲ發セシム
八、殘身　矢ヲ發シ姿勢ヲ變ヘズ矢所ヲ注視ス

以上

○武道指導者数調べ　昭和一六年三月現在　大日本武徳会

〔一〕段位

	十段	九段	八段	七段	六段	五段	四段	三段	二段	初段	計
弓道	｜	｜	｜	一	二二	二八四	一、七六三	七、二七二	一〇、八九二	一六、三七七	三六、六一〇
剣道	｜	七	一七	七七	二二一	二、四九八	六、〇八五	一〇、三七二	二九、九一〇	六五、六三六	一一四、八二三
柔道	一	一	一九	八七	二九八	一、一三三	一、九一八	四、三九一	一一、九三一	三六、一八四	五五、九六九
銃剣道	｜	｜	三	二	一二	五五	一四五	一〇七	二七三	六二三	一、二二一

〔二〕称号

	範士	教士	錬士	計
弓道	三〇	一六四	六一二	八〇六
剣道	二五	七八四	四、七九一	五、六〇〇

柔道	三三	八八九	一、一五一	二、〇七三
銃剣術	四	八三	二五一	三三八
薙刀道	三	一五	一〇〇	一一八
槍術	一	四	九	一四
居合術	二	五〇	一七八	二三〇
杖術	一	四	一九	二四
棒術	｜	一	一〇	一一
鎖鎌術	｜	｜	三	三
鉄扇術	｜	｜	二	二
游泳術	四	四六	七八	一二八
空手術	｜	三	一七	二〇
計	一〇三	二、〇四三	七、二二三	九、三六九

○称号・等級審査規定　昭和一八年三月二八日　大日本武徳会

第一章　総則

第一條　大日本武徳會ノ稱號、等級ノ審査及授與ハ本規定ノ定ムルトコロニ依ル

第二條　本規定ハ劍道、柔道、弓道、銃劍道及射撃道ニ之ヲ適用ス

第二章　稱號

第三條　稱號ハ範士、達士、錬士トシ當該武道ノ名稱ヲ冠ス。

第四條　稱號ヲ受クベキ者ハ左ノ資格ヲ具備スルコトヲ要ス。

一、範士ハ徳操高潔、技能圓熟、特ニ斯道ノ範タルコト。

二、達士ハ人格、識見共ニ備ハリ指導力ヲ有スルコト

三、錬士ハ志操堅實ニシテ修練ヲ積ミ優秀ナル技能ヲ有スルコト

第五條　範士ノ稱號ハ達士トシテ指導ノ經驗ヲ積ミタル者ニシテ、部會長又ハ支部長ノ推薦ニヨリ稱號審査會ニ諮リ會長ノ具申ニヨリ総裁之ヲ授與ス。

第六條　達士ノ稱號ハ錬士トシテ修練ヲ積ミタル者ニシテ部會長又ハ支部長ノ推薦ニヨリ考査ニ合格シタル後、稱號審査會ニ諮リ會長ノ具申ニヨリ総裁之ヲ授與ス。

第七條　錬士ノ稱號ハ壱等ノ等位ヲ有スル者ニシテ、部會長又ハ支部長ノ推薦ニヨリ考査ニ合格シタル後、稱號審査會ニ諮リ會長之ヲ授與ス。

第八條〜第十一條　省略

第三章　等級

第十二條　等位ハ壱等ヨリ五等トシ当該武道ノ名稱ヲ冠ス。

第十三條〜第二十三條　省略

附則

第二十四條　大日本武徳會武道家表彰例ニヨリ範士又ハ錬士ノ稱號を授与セラレタル者ニ對シテハ本規定ニヨル当該稱號ノ受有者ト見做ス。

教士ハ本規定ニヨル達士ト見做シ銓衡ノ上達士ノ稱號ヲ授与ス。

第二十五條　本規定施行ノ日ニ於テ大日本武徳會武道家表彰例ニヨル段位及會長ノ指定シタル官公署、學校、團体ノ段位フ受有セル者ニ對シテハ左記ノ區分ニヨリ本規定ニヨル等位ノ受有者ト見做ス。段外ノ級位ニ關シテハ別ニ定ム。

初段ヲ五等トス
弐段ヲ四等トス
参段ヲ参等トス
四段ヲ貳段トス
五段ヲ壹等トス

第二十六條　本規定ハ昭和十八年四月一日ヨリ之ヲ施行ス。

以下　省略

○大日本武徳会弓道教範　昭和一九年三月制定

第一章　道念

皇國ノ弓道ハ其ノ淵源ヲ神代ニ發シ、惟神ノ道トシテ皇道ト不離一体ヲ為シ、形影相伴ヒテ肇國ノ大義ヲ闡明シ隆昌無窮ノ國礎を確立セル皇國武道ノ精髄ニシテ、上ハ天皇ノ御稜威ヲ象徵、下ハ臣民ノ忠誠武勇ヲ顕揚シ、世々相繼ギ、相傳ヘテ皇國ノ護持發展ニ寄與シ来レルハ凛然トシテ歴史ノ示ス所ナリ。

今ヤ悠久三千年、斯道精神ハ民族ノ血ト魂トヲ通ジ永久ニ傳承セラレ、亡ブルコトナク、之ニ依テ國民ノ生気ヲ涵養シ、武魂ヲ練磨スルニ最適ノ途ナリトシ皇道ノ普及武道ノ振興ト相俟ッテ益々其ノ隆盛ヲ見ルニ至リタルハ洵ニ其ノ故ナキニアラザルナリ。

抑々弓道ノ修練ハ、動揺常ナキ心身ヲ以テ押引自在ノ活力ヲ有スル弓箭ヲ使用シ、静止不動ノ的ヲ射貫クニアリテ其ノ行事タルヤ、外頗ル簡易ナルガ如キモ、其ノ包蔵スルトコロ心行想ノ三界ニ亘リ相關聯シテ、機微ノ間ニ千種万態ノ變化ヲ生ジ容易ニ正鵠ヲ捕捉スルヲ得ズ。朝ニ獲テ夕ニ失ヒ、之ヲ的ニ求ムレバ弓箭ハ無心ニシテ無窮ナリ。唯々之ヲ己ニ省ミ、心ヲ正シ身ヲ正シウシテ一念生気ヲ養ヒ、正技ヲ錬リ至誠ヲ竭シテ修業ニ邁進スルノ一途アルノミ。

斯クシテ弓道ノ修練ハ、吾等ニ破邪顕正ノ神論ヲ如実ニ垂示シ、敬神崇祖ノ正念ヲ湧出セシメ、禮節信義質實剛健忍耐克己深思果断謙譲大和等人生行路ニ必要ナル凡百ノ教訓ト共ニ鎰箭献身ノ気魄ト一發必貫ノ信念トヲ体得セシメ、心身ノ修養人生ノ陶冶ニ裨益スル所甚大ナルモノニ止ラズ、進ミテハ静動一如、心身合一、神人感時合ノ妙境ニ悟達シテ、皇國武道ノ真髄を把握シ、生死ヲ超越シテ悠久ノ大義ニ活キ、随時随所職ニ活キ職ニ従ヒ分ニ應ジ、其ノ妙力ヲ發揮シ、以テ皇民の使命ヲ全ウスルヲ得ベシ。

サレバ弓門ニ志ス者斯道ノ崇高ニシテ宏遠ナルニ深ク思ヲ致シ、誠心誠意神明照覧ノ下ニ研鑽練磨ノ功ヲ積ミ、其ノ達成ヲ念願スベキモノナリ。

第二章　射法

射法トハ弓矢ヲ以テスル射術ノ法則ヲ謂ヒ、射ヲ行フニ付キ遵守スベキ術技ノ要諦ヲ示スモノナレバ、其ノ實質ニ於テ弓道修練ノ重点ヲ占ムルモノナリ。而シテ弓射ノ行タルヤ、終始關聯シテ一環ヲナシ、其ノ間ニ分離断絶アルヲ許サザルハ勿論、古来射ノ運行ヲ其ノ推移ニ順応シテ七節ニ區チ、之ヲ道ト唱ヘ、或ハ之ニ残身ヲ加ヘテ八節ト為シ、以テ教習ノ便ニ供スルヲ例トス。

本教範ニ於テモ之ニ慣ヒ射法八節ヲ制定シ、其ノ名稱及内容ヲ左ノ如ク定ム。

第一、足踏

足踏ハ射ヲ行フニ當リ其ノ基底トナルベキ足ノ蹈ミ方ヲ謂フモノニシテ、次ノ胴造ト相俟チ、的ニ対シテ安定不動ノ基礎体勢ヲ確立スルヲ主眼トス。則チ射手ハ射位ニ立チ、的ヲ正視シ、左足ヨリ両足ヲ踏開キ、其両拇指頭ヲ的ト一直線上ニ在ラシメ、左右ノ足關節ト膝關節トヲ正シク重ネ両脚ヲ伸バシ、足底ヲ大地ニ安定セシム。両足ノ間隔ハ自己ノ矢束ヲ標準トス。

第二　胴造

胴造ハ足踏ヲ基底トシ、両脚ノ上ニ正シク両腰及両肩ヲ重ネ、脊柱及頸椎ヲ垂直ニ伸長シテ、縦横十文字ノ樞軸線ヲ構成シ、総體ノ重心ヲ腰ノ中央ニ置キ、呼吸ヲ整ヘ雑念ヲ去リ、心氣ヲ丹田ニ納ム。

第三　弓構

弓構ハ弓矢ヲ活動ニ移行スル準備動作ニシテ、足踏胴造ニ依ル基礎體勢ヲ保持シツヽ正面ニ於テ右手ヲ弦ニ絡ミ、矢筈ヲ保チテ取懸ヲ為シ、左手ヲ弓弝ニ纒ヒテ手ノ内ヲ整ヘ、頭ヲ正シク的ニ向ケテ物見を定ム。

第四　射構

射構ハ引分ニ入ル直前ノ構ヘヲ謂フモノニシテ、正面ニ構ヘタル弓矢ヲ左斜頭ノ高サニ運行シ、概ネ自己ノ肩幅ニ押開キ、両肩両肘両拳ノ均衡ヲ正シク保持シツヽ、呼吸ヲ整ヘ引分ノ移行ニ備フ。

（註　運行ノ方法）

一、弓構ノ位置ヨリ正面ニ打上ゲ、之ヨリ左斜ニ押開ク。

一、弓構ノ位置ヨリ押開キツヽ左斜ニ打上グ。

一、弓構ノ位置ニテ、左斜頭ニ押開キ、之ヨリ打上グ。

第五　引分

射構ノ體勢ニ在ル左手右手ヲ其ノ儘気息ニ合セ、水ノ流ニ従フ如ク左右均等ニ引分ケ、左手拳ハ之ヲ的心ニ押進メ、右手拳ハ之ヲ右肩先迄矢束一杯ニ引納メ、弓矢ヲ縦横十文字ノ樞軸線ニ合致セシム。

第六　會

引分ノ究極ヲ謂フモノニシテ、心身弓ヲ縦横十文字ノ一體ニ納メ、満ヲ持シ、氣魄ヲ湛ヘ、發射ノ機ヲ熟セシム。

第七　離

機ノ熟スルニ應ジ、心身弓ノ一軆ヲ十文字ノ規矩ニ従ヒ體ノ中筋ヨリ左右ニ開クガ如ク伸長シ、氣合ノ發動ト共ニ矢ヲ離レシム。

第八　残身

矢ノ離レタル後ノ姿勢を謂ヒ、射ノ品位ヲ反映スルモノナレバ、残身モ亦十字ノ規矩ニ適ヒ、其ノ姿ヲ留ムルヲ肝要トス。射手ハ心氣態容ヲ亂サズ、矢所ヲ注視シ、内ニ省ミテ静ニ弓ヲ倒スベシ。

第三章　射礼

省略

○「武道」という用語についての文部省宛文書　昭和二一年六月一五日

C・I・C（占領軍総司令部）体育担当ノーヴィエル Major　Noviel 少佐よりの示唆

一、今後「武道」という言葉の使用は、左の如く限定さるべきものとする。

A、「武道」とは外国語では軍事的な技術（Miritary　Arts）を意味する故に、公私の団体によって今なお実施されつつあるスポーツ（註　柔道剣道等の意）に関しては、如何なるものに対しても、この言葉を使用することは廃止されるべきものとする。このスポーツの一群を表示するために、一層適当にして穏やかなる言葉が採用される時が来るまでは、各々のスポーツはこの総括的な呼称の代りに、それ自身の名称で呼ばれるべきである。

B、柔道と弓道とは人格の涵養、身体の鍛錬という本来の性格に復帰さるべきである。これらは個人の趣味・嗜好に俟ち、一層明朗健全なるスポーツとしての面目を発揮するよう充分なる努力をなすこと。

C、D　省略

○進駐軍公開演武（概略）

☆鹿児島県支部　三月一六日
　演武種目　柔道・学童相撲
　参観者　英国艦隊乗組員
☆佐賀県支部　一月二八日
　演武種目　柔道・剣道
　参観者　CIC及び司令官以下四名
☆兵庫県支部　四月一九日
　演武種目　柔道・剣道
　参観者　米将兵約四〇〇名
☆茨城県支部　五月一五日
　演武種目　柔道・剣道・薙刀
　参観者　進駐軍約一〇〇名
☆愛媛県支部　五月一五日
　演武種目　柔道・剣道
　参観者　進駐軍約一〇〇名
☆広島県支部　六月九日
　演武種目　柔道・剣道・弓道（射礼並びに競射　一四名参加）

参観者　　進駐軍将兵約四〇〇名

『武徳会々報』（昭和二一年六月二〇日　調整）

○終戦後文部省が大日本武徳会に対して取りたる措置（文部省報告）

昭和二十一年七月十八日

文部省体育局振興課長

終戦連絡中央事務局文政課長宛

学校外の武道に関して終戦後文部省が大日本武徳会にとりたる措置

一、戦時中、特に普及発達したる銃剣道・射撃を中止せしめた。而して軍事的色調無き柔道、剣道、弓道の三種目の実施については、他のスポーツと同様、平和的、文化的効果をもたらせる限りに於て之は認めるやうにした。（本件に関してはＣＩＥと交渉済である。）

二、大日本武徳会は昭和十七年以降政府の外郭団体の形式をとり来りたる組織機構を改め、政府の補助金を中止し、純然たる民間の運動団体たらしめた。

三、大日本武徳会の本部又は支部に於ける役員中軍関係者は勿論、官庁関係者をやめしめ、役員の総ては会員の選挙又は推薦によらしめ、会の運営を一切自主的、民主的なものたらしめた。

四、「武道」なる言葉が、英訳にてMiritary artsと了解されて居るとすれば、純粋なスポーツとして発達せしめんとする柔道・剣道・弓道の総括的言葉として「武道」を使用することは適当ならざる為、今後之を使用せしめざる方針なり。

五、柔道・剣道・弓道の中、剣道は刀剣との関連に於て軍国的色調残すが如き誤解を招き易き処あれば自粛せしめ、政府又は地方庁に於ても積極的斯道推奨をなさざる方針なると共に、目下之が具体的方策を研究中にして、成案を得ればＣＩＥと連絡する考へなり。

六、「武徳」なる言葉も、「武道」と同様の語義を持つものなれば、現状の武徳会は一切の軍国的色調を払拭し新に日本式スポーツとして新しく発足したる柔道・剣道・弓道の連合団体である以上「武徳会」なる名称もふさわしからざる為関係者と目下名称変更に対する協議を重ねつゝあり。

○大日本武徳会解散　昭和二一年九月二八日

昭和二十一年九月二十八日

大日本武徳会会長　藤沼庄平

司令部諜報部　アイソ少佐殿

大日本武徳会解散手続に関する報告書

一、本会は今年三月政府の外郭団体としての性格を廃し、純民間団体に復帰すると共に組織機構を民主的に改め、文化的平和日本の建設に寄与すべき国民的スポーツとしての剣道・柔道・弓道の厚生発展に努力を続けてきたが、諸般の情勢に鑑み如上の目的を完全に達成する為には、此の際従来の行懸りを一擲して、全国的に新たなる気運が醸成せられ、自主的新組織が各道毎に創設せらるるの適当なるを認め、九月十三日常務理事会を招集して解散の方針を決議した。

二、省略

三、右解散の手続は法律上理事会、評議員会に正式に付議して決定するの要あるに付能ふ限り速かに右会議を開催致したきも左記の理由により大体十月下旬召集するの予定である。

理由（一）、（二）省略

四、省略

五、今後剣道、柔道、弓道等の愛好者は地方毎に夫々同好者相集り民主的、自主的に新組織を創設し明朗闊達なる国民的スポーツとして更生発展するの適当なるを認む。従って、之等の組織機構は中央集権的な傾向を避けると共に、指導者には軍国主義又は超国家主義を有する者を完全に排除する様徹底を期する。

六～九、省略

十、九月十三日、解散声明以来一切の事業を中止せるも、正式の解散決定の上は勿論一切の事業は停止する。但目下経営中の京都文科専門学校は、既に明年三月廃校の予定にて最終学年たる三学年生徒のみ、目下文科教員としての素養を教育中に付明年三月卒業する迄清算人に於て経営し卒業と同時に廃校する。

右は文部省の了解を得ている。

○大日本武徳会各支部への解散に関する内定の連絡文書

武発第一一四号　昭和二一年一〇月三日

大日本武徳会理事長　宇野要三郎

各支部長殿

解散手続に関する件

一、省略

二、武徳会解散後新興を予想せらるる団体の組織機構及武徳会所有の財産処理に関しては左記根本方針に従ふものと考える。

（イ）今後剣道、柔道、弓道等の愛好者は地方毎に同好者相集り、民主的組織を創設し明朗闊達なる国民的スポーツとして更生発展する。

従って之等の組織、機構は中央集権的傾向を避けると共に、指導者には軍国主義又は超国家主義を有する者を完全に排除する。

以下省略

○大日本武徳会解散認可願

武発第一二五号　昭和二一年一一月二日

大日本武徳会会長　藤沼庄平

文部大臣　田中耕太郎殿

本会解散ニ関スル許可願

今般終戦後ノ諸情勢ニ鑑ミ、昭和二十一年十月三十一日限リ本会ヲ解散スルコトヲ妥当ナリト認メ十月二十八日理事会十月二十九日評議員会ニ於テ別紙ノ通リ可決致候ニ就テハ之ガ御認可相成度別紙理事評議員会議決書相転ヘ及御願候也

別紙　省略

○財団法人解散ノ件

財団法人　大日本武徳会

昭和二十一年十一月二日付武発一二五号デ申請のあった貴会解散の件は、これを許可する。

文部大臣　田中耕太郎

○財団法人大日本武徳会解散（内務省）令

内務省令第四十五号

昭和二十年勅令第五百四十二号ポツダム宣言の受諾に伴い、発する命令に関する件に基く財団法人大日本武徳会の解散等に関する件を次のように制定する。

昭和二十一年十一月九日

内務大臣　大村清一

第一条　財団法人大日本武徳会（その支所、支部及び分会並びにこれらの承継団体を含む。以下同じ）は解散する。

第二条　財団法人大日本武徳会がその全部又は一部につき直接又は間接に所有し、又は支配する資産に関する取引は、これをなすことが出来ない。

政府は、前項の資産（帳簿、書類及び記録を含む）を接収保管するものとする。

第三条～第四条　附則　省略

（その二）大日本武徳会復活運動と全日本弓道連盟関係

○大日本武徳会設立許可申請書（井上派）の概要　昭和二九年五月一三日（東京都教育委員会経由）

目的（第四条）

この法人は体育、特に柔道、剣道及び弓道等日本古来の体育の総合的研究調査をし、体育としての普及及振興を図るとともに、国民体位の向上とスポーツ精神の涵養に努め格式技術を保存し、もって民主的文化国家建設とそれに役立つ国民の育成に寄与することを目的とする。

事業（第五条）

この法人は前条の目的を達成するために次の事業を行う。

一、体育の総合的研究及び調査
二、体育の普及振興に必要な調査研究
三、講習会、講演会及び研究会等の開催
四、体育に関する競技会等の開催
五、体育に関する資料の収集及び機関誌、図書の刊行
六、その他前条の目的を達成するために必要な事業

発起人代表　井上匡四郎
理事　井上匡四郎　藤原繁太郎　栗原民雄
　高野甲子雄　玉利三之助　広橋真光
　吉田　霞　浅子治郎　吉沢一喜
　坂　義彦
監事　村田晴彦

○大日本武徳会設立許可申請書（町野派）の概要　昭和二九年九月一三日（京都府教育委員会経由）

目的（第三条）

この法人は、歴史と伝統に輝く日本武道を奨励普及し以て健全なる国民精神の涵養振興に資し、広く世界の平和に寄与することを目的とする。

事業（第四条）

この法人は、前条の目的を達成するため次の事業を行う。
一、日本武道の保存、普及振興に関する諸般の企画とその樹立
二、武道大学の創設経営
三、武徳殿の再建拡充
四、毎年恒例武徳祭、大演武会挙行及び随時講習会、講演会等を開催する。
五、武徳を修め武技に秀でたる者及び本会に功労ありたる者の表彰
六、古武道の保存、調査研究
七、武術、武具に関する資料の蒐集
八、機関誌並に刊行物の発行
九、其の他前条の目的を遂行達成するため必要なる事業

発起人代表　町野武馬
理事　町野武馬　泉山三六　大野伴睦
太田耕造　大野熊雄　安岡正篤
志村國作　笹川良一　高野源進
東　舜英
監事　岡村寧次　稲葉太郎

○三連盟（柔道・剣道・弓道）の（財）大日本武徳会設立に対する態度表明　昭和二九年一〇月五日

前略　われわれ三連盟は緊密に連絡をとり、各連盟の総意を文部省へ
一、旧大日本武徳会が昭和二十一年十月三十日を以って自発的解散したあと、われわれ三連盟はわが国柔・剣・弓三道の普及振興をはかるために、それぞれ民主的に結成され、全国的統括団体として斯道の振興に努力し、着々その実績をあげて現在に至っていること。

二、新たに設立しようとする大日本武徳会の事業内容は現在の三連盟の行っている事業内容中に含まれているものであり、更に類似の団体を設立することは、単に屋上屋を重ねるだけであって明らかに三道界を混乱に陥れるものであり、したがってその必要性を認めないこと。

等の理由を申しのべ、これらの説立に対して、善処方を要望してきたのであります。

文部省では旧大日本武徳会解散のいきさつ、三連盟の結成と現状並びに旧大日本武徳会との関係及び出願中の両大日本武徳会の事業内容其他について克明な調査検討を加えているやに聞いておりますので近く裁定があることと存じます。

われわれ三連盟は文部大臣の公正なる裁定に信頼と期待とを持つと共に現下の世相に鑑み、従来にもまして今後益々緊密に相提携し斯道の発展に積極的な努力をいたしたいと考えております。　以下略

昭和二十九年十月五日

全日本柔道連盟会長　嘉納履正
全日本剣道連盟会長　木村篤太郎
(財)日本弓道連盟会長　千葉胤次

○文部大臣より東京都並びに京都府教育委員会を経由しての大日本武徳会設立申請に対する不許可文書

委社第一八二号

昭和三十年八月三日

文部大臣　松村謙三

財団法人大日本武徳会設立代表者　井上匡四郎殿

財団法人大日本武徳会設立許可申請について

昭和二十九年五月六日付で申請のあったこのことについては、わが国体育行政上適当でないので許可しません。

不許可理由

一、現在わが国の柔道では全日本柔道連盟、剣道では全日本剣道連盟、弓道では財団法人日本弓道連盟がそれぞれの全国的統

括団体として組織されている。これら三つの連盟は、終戦直後に財団法人大日本武徳会が解散を命ぜられて後、柔道・剣道・弓道がそれぞれ健全なスポーツとして普及発展することを目的として民主的に結成され、しかも財団法人日本体育協会に加盟して、国内的には勿論、国際的にも活発に活動している現状である。

したがつて、これらの三連盟と別個に柔道・剣道・弓道を対象とする大日本武徳会が財団法人として設立されることは、段級・称号・大会等の事業について、三連盟と競合することが多く、体育行政上混乱を招き、かえつて公益を害するおそれがある。

二、法人許可を申請している二つの大日本武徳会は、同じ事業、同じ性格をもつ全国的統轄団体をめざすものであり、しかも、名称が同一であることは法人の監査の上から不便であるばかりでなく、支障をきたすものである。

委社第四四八号

昭和三十年八月三日

文部大臣　松村謙三

財団法人大日本武徳会設立代表者　町野武馬殿

財団法人大日本武徳会設立許可申請について

昭和二十九年九月十日付で申請のあったこのことについては、わが国体育行政上適当でないので許可しません。

不許可理由

前記不許可理由に同じ

○不許可に対する大日本武徳会設立申請者の文部大臣への質問書

昭和三十年九月一日

財団法人大日本武徳会設立代表者　井上匡四郎

代理人　弁護士　池　留三

文部大臣　松村謙三殿

財団法人大日本武徳会設立許可申請不許可の理由に関する回答要求書（要旨抜粋）

……本法人は純粋の武道家と若干の文化人を以て組織し、経済的に強固な基礎の上に立って運営することが必要なので、特に財団法人として発足せんとするものである。

かかる趣旨を持つ本法人の設立許可申請に対し、主務官庁たる文部省の為した体育行政上適当でないとの極めて抽象的な不許可処分の理由は、設立申請人等の到底承服することのできないところである。本法人の設立が体育行政上適当でないならば、申請当時において判明していたのではないだろうか。申請書提出から既に一年二ヵ月余も経過した今日において、不適当であると云う抽象的な理由を諒解することができない。

具体的理由を明示せざる文部省のなした不許可処分は体育行政上不適当と云う名に籍口した切捨て御免式は非民主的独善的な政治的意図をもつ処置があって、結社自由の基本的人権を侵害するも甚だしい非立憲的処分であると云わねばならない。

依って、本法人の設立許可申請が体育行政上如何なる点において具体的に適当でないか、具体的に文書を以て不許可処分の理由を明示下され度回答を求める次第であります。

※尚、この質問書に対して文部省は文書による回答をしなかったところ、同年九月二一日になって代理弁護士池留三氏より本要求書を撤回する旨の連絡があった。

※これを機に各組織相互の連携を密にすると共に協調・親睦をはかり、武道の普及発展に力を注ぎ、健全な国民育成に寄与することを目的として昭和三一年五月三〇日、日本三道会（柔道・剣道・弓道）が設立された。その後これに相撲が参加し、昭和三四年一二月二三日志道会（柔道・剣道・弓道・相撲）とした。また昭和五二年四月二三日にはこの志道会を発展改称し日本武道協議会（柔道・剣道・弓道・相撲・空手道・合気会・少林寺拳法・なぎなた・銃剣道・日本武道館）が設立され今日に至っている。

○全日本弓道連盟概史

昭和二二年　五月二二日　全日本弓道連盟結成　会長に宇野要三郎氏就任
昭和二三年一二月　諸般の事情により同連盟を解散
昭和二四年　五月二二日　日本弓道連盟設立
昭和二四年　八月　一日　弓道紙「日本弓道」創刊
昭和二五年　五月　三日　会長に千葉胤次氏就任
昭和二五年　八月　二日　日本体育協会に加盟
昭和二五年一〇月二八日　第五回国民体育大会に正式種目として参加
昭和二六年　七月二五日　学校弓道（課外活動として）許可さる。
昭和二七年　二月一四日　『学校弓道指導の手びき』発行
昭和二八年　九月一五日　財団法人日本弓道連盟として許可さる。
昭和二八年一一月　一日　機関紙「日本弓道」を雑誌『弓道』と改称
昭和三二年　一且二八日　財団法人全日本弓道連盟と改称
昭和三四年　七月三一日　会長に宇野要三郎氏就任
昭和三五年一一月一一日　天皇杯下賜（第一一回全日本選手権大会より）
昭和四二年　三月二九日　高等学校における正科体育教材となる。
昭和四三年一〇月二九日　第一回全日本女子選手権大会開催
昭和四四年　三月二四日　会長に樋口実氏就任
昭和四九年　五月　三日　会長に中野慶吉氏就任
昭和五二年　五月　三日　会長に百合野稔氏就任
昭和五九年　五月　四日　会長に武田豊氏就任
昭和六一年　五月　四日　会長に斎藤友治氏就任

平成　九年　三月　三日　皇后杯下賜（第三〇回全日本女子選手権大会より）
平成一八年　五月　三日　会長に鈴木三成氏就任
平成二四年　三月　二日　会長に石川武夫氏就任
平成二七年　七月　七日　会長に柴田猛氏就任

（その三）学校弓道関係

〔明治～昭和二〇年まで〕

○「師範學校長会議答申事項施設方」（抄）　普通学務局通牒　明治四三年七月

第三号　諮問答申

一、男子ニ行ハシムベキ適当ナル運動ノ種類
（一）剣道、柔道（詳細　省略）
（二）水泳及操艪（詳細　省略）
（三）駈足（詳細　省略）
（四）弓術、（五）角力、（六）フットボール、（七）氷滑り、（八）庭球、（九）野球、以上六種ハ便宜上之ヲ行ハシムベシ。（以下略）
二、女子ニ行ハシムベキ適当ナル運動ノ種類
（一）薙刀、（二）水泳、（三）弓術、（四）氷滑り、（五）庭球、（六）羽子ツキ、（後略）

○弓道を中等學校正科目に編入する建議書の提出経過

（昭和一〇年）国会の機運の好転を待ち、本建議案の提出の高潮時を迎えたので、二月二四日に原案を作成し、三月一日に朝野の有識者や著名な弓道界の権威三〇名を日比谷陶陶亭に招待し、前の司法大臣小山松吉範士の指示を仰ぎ、大日本武徳会

鈴木壮六会長の証人のもと原案を決定しこれを発表した。その建議案の内容は下記の通りである。

弓道を中等學校正科目に編入する建議

昭和十年三月二日

建議第一四一号

弓道を中等學校正科目に編入する建議案

右成規に拠り提出候也

昭和十年三月二日

提出者　佐藤洋之助

賛成者　四十一名（氏名　省略）

弓道を中等學校正科目に編入する建議

政府は速に弓道を男女中等學校の正科目と為し精神の修養と肉体の練磨とを奨励して、剛健典雅の氣風を養成して以て日本精神の宣揚に努められむことを望む

右建議す

理由書

（前略）文部省は従来剣道柔道を中等學校に於て正科として認めたるも、弓道は之を未だ正科と為さす。其の理由を知ることは能はさるも、誠に遺憾とする所なり。抑々剣道柔道の如く必ずしも過激の勞力を以て體力剛健ならさる者にも適應し、女子にも亦心身修養の為適当のものなりとす。近時各地の女學校から弓道部を設け、其の成績の良好なるものあることは世人の認むる所なり。近時外國人はわが国の射術か剛健典雅なる姿勢を以て禮に始まり禮に終り悠々として迫らす、而かも勇壮なる競技なることを見て之を研究する者もの尠からす。明治神宮體育大會開催の射場には東京駐在の大公使にして長時間之を観賞し歎賞措かさる者ありたり。之を要するに、我が國の弓道は世界に誇るへき大日本民族獨特のものにして、之を後世に傳ふへきものとす。依て政府は中等學校に在學中の少年男女をして正道を學はしめ、依て心身修養に資し且つ日本精神を肝要せしむる為速に弓道を男女中等學校の正科に編入せられむことを望む。是れ本案を提出する所以なり。以上

○「弓道を中等學校正科目に編入する建議書」の承認　昭和一〇年四月一四日

建議委員会第二分科会における審議経過

・蔭山主査　次いで日程第三十七、弓道を中等學校正科目に編入する建議案　佐藤君

・佐藤洋之助君　本建議案の趣旨は、弓道を男女中等學校の正科目と爲し、精神修養と肉體の練磨とを奨勵して、剛健典雅の氣風を養成し、以て日本精神の宣揚に資せられんことを望むと云うふことでありまして、其理由とする所は非常に長いのでありますが、御手許まで差上げました理由書を是非とも御一讀を願ひたいと存じます。唯此際極めて簡單に其理由を申上げたいと存じます。

明治天皇の御製に「弓矢もて神のをさめしわが國に　うまれしをのこ子心ゆるぶな」と云ふ御製がございます。古事記又は日本書紀にも見られます通り、建國の歴史は弓矢を以て始つて居ります。是が國家を治め表徴とされて居るのであります。神代から戰國時代を經て徳川時代、更に現代に至るまで、一貫して此弓矢の道が尊重せられまして日本精神を根本として進んで來たのであります。

現代御代に於て體育に、德育に、加ふるに知育に、此三大方面を極めて能く調和、融合、統一せしむるには、此弓道か最も良き武道であると私は信ずる者であります。政府は既に劍道、柔道は正科と爲し、弓道は高等學校だけに正科と爲して居るのでありますが、最近弓道が著しく勃興致しまして、全國の男女中等學校に於ては、既に準正科として取扱つて居る男女中等學校が澤山あるのであります。尙ほ近く新聞紙上に依つて見ますると、小學校に於てさへ之を取入れて教へて居ると云うやうなことが見られるのであります。殊に日本精神を鼓吹する體育に惠まれて居りませぬ女子體育に取りましては、弓道が最も適切なりと信ずる者であります。文部省は此若き男女に對して弓道の教授が出來ますやうに、速に是れが正科目に編入せられんことを御願する意味に於きまして、本建議を提出致しました理由であります。

・添田政府委員　弓道が我國に於きましては、柔道、劍道と共に武士の子弟の精神修養と、其品位の向上の爲に專ら修練したものであることは言ふまでもありませぬ。而して今日の學校教育の見地より見ましても、此道が生徒兒童の身體の修練と精神の修養の爲には極めて效果があることを信ずるものであります。然るに現行法に於きましては、劍道、柔道は男子の中等學校、高等學校に於ては是を正科として課せられて居るのでありますが、弓道は高等學校に於ては正科とし、男女

中等學校にありましては課外運動として奨勵されて居る次第であります。

一般の傾向と致しましては漸次準正科として取扱つて居るやうな有様であります。今之を正科として、男女中等學校に課すると云ふ此御建議の趣旨に對しましては、政府としては敢て異存を有するものではありませぬ。併し男女中等學校に必須科目として課すると云ふことは、其設備とか用具の整備は、それ程困難でありますまいが、一校一名として全國二千五百校卽ち二千五百名の指導者を得なければならぬと云ふことは、相當困難があることであらうと考へて居ります。隨て之を直ちに正科とすると云ふことに付きましては、考慮を要する點もあらうと思ひます。併し成るべく此建議の御趣旨に副ふやうに致したい。斯ふ云ふことを考へて居る次第であります。

・佐藤洋之助君　只今政府委員の御答辯で大體諒承致しましたが、吾々も教授の點に付きましては豫々心配を致して居る者であります。過日も、武德會長であります鈴木大將と色々此點に付き懇談を遂げたのでありますが、此點は相當早く解決が出來るものと私は信ずるのであります。そこで文部省に於ては、弓道に對する教授法に付て、或る程度の研究が最早出來て居る譯であります。唯遺憾ながら現在文部省にそれ等に對しての豫算がありませぬ關係上、それを印刷に付して参考に資することも出來ないと云ふやうな現狀でありますから、どうか文部省に於ては、來年度には相當に弓道を中等學校の正科目とする意味に於ける研究費として相當額の予算を計上されて、今現に文部省にありまする研究材料に依つて一段の研究を進めて、速に此目的を達成せしめられるやうに御願致します。どうぞ此意味に於て可決あらんことを御願致します。

・蔭山主査　本案は至極御尤な案でありまするが、可決して御異議ありませぬか。

（「異議なし」と呼《ママ》ぶ者あり）

・蔭山主査　本案は可決致しました。

○弓道を中等學校正課目に編入する建議案理由書

昭和一〇年三月二日提出

武徳会錬士　衆議院議員　佐藤洋之助

（前略）惟ふに各民族は原始時代世に於て弓矢を使用せさるものなかりしも彼らは戰爭狩獵等にのみ之を利用したるものなれは新武器の發達と共に之を捨てて顧みさりしを以て今や世界の文化國民は射術を研究する者殆と是れあるを見す稀に運動

又は娯樂として之を弄ふに過ぎす是れ射術か心身の練磨と人格の修養とに資することあるを知らさるか爲なり然るに我か國の弓は古來七尺以上の長さを有し所謂大弓と稱するものにして世界に類例なく（外國の弓は大概四尺前後にして我か國の半弓に相當す）射法も亦全く獨特のものに屬し坐作進退必す禮に中ることを旨とし己を正うして而して後に發射し若し中らされは己に勝つ者を怨ます反て之を己に求め深く自ら反省する所あらしむ而して弓矢を取て場に臨むや心を氣海丹田藏め輕々しく的中を求むるの念慮なからしめ發射に際しては心身の調和と緊張とを主とするものなれは射手は常に此の境地に到達することを練習するを以て心身の氣力一致を自覺することを得て修養上實に必要にして有益なる武藝なりとす我か國武士道の旺盛なりし時代に於て國民の模範たりし武士を弓矢取る身と言ひ武士道を弓矢の道と稱したるは意義洵に深長なりと謂ふべし。（中略）文部省は從來劍道柔道を中等學校に於て正科として之を認めたるも弓道は之を未た正科と爲さす其の理由を知ること能はさるも誠に遺憾とする所なり抑々射は劍道柔道の如く必すしも過激の勞力を要せさる以て體力剛健ならざる者にも適應し女子にも亦心身修養の爲適當のものなりとす近似各地の女學校か弓道部を設け其の成績の良好なるものあることは世人の認むる所なり

近時外國人は我か國の射術か剛健典雅なる姿勢を以て禮に始り禮に終り悠々として迫らす而も勇壯なる競技なることを見て之を研究するもの尠からす明治神宮體育會開催の射場には東京駐在の大公使にして長時間之を觀覽し歎賞惜かさる者ありたり之を要するに我か國の弓道は世界に誇るへき大日本民族獨特のものにして之を後世に傳ふへきものとす依て政府は中等學校に在學中の少年男女をして射術の正道を學はしめ依て以て心身修養に資し且日本精神を涵養せしむる爲速に弓道を男女中等學校の正科目に編入せられむことを望む是れ本案を提出する所以なり

○「學校における剣道、柔道等の実施に関し特に留意すべき事項如何」に対する體育運動主事会議の答申

昭和一一年五月

答申

剣道及柔道等、即チ武道ハ身体ノ鍛錬、人格ノ陶冶、國民精神ノ涵養ニ資スル所極メテ多ク、體育上寔ニ適切肝要ノモノト信ズ。而シテコレガ學校ニオケル実施ニアタリテハ、學校體育ノ本義ニ鑑ミ、十分ソノ目的ヲ達成スルタメ左記事項ニ留意ス

ルコト緊要ナリ。

一、學校武道ノ種類ニ関スル事項

學校ニ於テ実施スルニ適当ナル武道ノ種類左ノ如シ。

一、劍道

一、柔道

一、弓道

一、薙刀

二、武道ノ教授ニ關スル事項（省略）

三、指導者ニ關スル事項（省略）

四、設備ニ關スル事項（省略）

六、武道団体トノ連絡ニ關スル事項（省略）

昭和十一年五月七日

○學校體操教授要目改正　文部省訓令第一八号　昭和一一年六月三日

一、體操科ノ教材

體操科ノ教材ハ體操、教練、遊戯及競技トス。但シ男子ノ師範學校、中學校、及實業學校ニ於テハ劍道及柔道ヲ加フベク、又弓道ヲ加フルコトヲ得。女子ノ師範學校、及女子ノ實業學校ニ在リテハ弓道、薙刀ヲ加フルコトヲ得。

○中等学校における弓道の実施状況　昭和一三年末現在

実施校数　六八〇校（内正科実施校九九校）

○中等学校における射法の内訳　昭和一三年末現在

武徳會流	三三二	吉田流	六
本多流	九三	大和流	九
竹林派	六二	雪荷派	五
日置流	五五	印西派	四
小笠原流	五一	道雪派	二
大日本弓道會派	二二	不明またはなし	三四
大射道教	八		六八〇

○大学・高専における射法の内訳　昭和一三年末現在

本多流	一六	射覺院	一
小笠原流	一二	大和流	一
竹林派	一二	大射道教	一
武徳會流	八	慶應流	一
日置流	七	なし	三
大日本弓道會派	三		
計	七六		

○戰時學徒體育訓練實施要綱（要点のみ抜粋）　文部省體育局長通牒　昭和一八年三月二九日

一、基本方針

（一）戰力増強、聖戦目的完遂ヲ目標トシ、強靭ナル體力ト不撓ノ精神力トヲ育成ニカムルコト

二、訓練種目

男子之部
イ、戦技訓練
ロ、基礎訓練　　體操、陸上運動、劍道、柔道、相撲、水泳、雪滑、球技
ハ、特技訓練
女子之部
體操、陸上運動、行軍、武道（薙刀、弓道其ノ他適切ナルモノ）、水泳、雪滑、球技、海洋訓練

○武道章検定實施要綱　厚生省制定　昭和一八年一一月（昭和一九年改正）

第一　武道章檢定ノ目的
武道章檢定ノ目的ハ普ク青少年ヲシテ居常武道ニ修練セシメ以テ盡忠報國ノ精神ト剛健ナル氣力體力ヲ錬成育成シ特ニ實戰能力ヲ習得セシメントスルニ在リ。
第二　武道章檢定ノ方針
戰時下青少年必須ノ戰技武道タル銃劍道、射撃ト併セテ我國古来ノ基礎武道タル劍道、柔道抔ニツキ修練ニヨル氣魄、態度、伎倆抔ヲ檢定シ其ノ程度ニ應ジ初級、中級、上級ノ三階級ニ分ツ、而シテ檢定ハ初級ニアリテハ銃劍道、射撃道ノ外ニ劍道、柔道、相撲ノ基本動作ニヨル一斉訓練ヲ行フ。上級、中級ニアリテハ銃劍道、射撃ノ外ニ劍道、柔道、弓道、相撲ノ中一種目ヲ選ビ檢定ス。
第三　武道章檢定實施要綱
省略
第四　武道章檢定科目及標準
省略
第五　武道章檢定實施方法
一、一般的注意事項　　二、銃劍道

三、射撃道　　　　四、剣道
五、柔道　　　　　六、弓道
七、相撲

（一）弓道　検定種目標準

	中級	上級
禮法	立禮	同上
射法	巻藁前　素引又ハ射込ミニ依ル基本體型	弓道八節ニ依ル巻藁前行射
	的前　十五間尺二的	同上

（二）要領及検定ノ注意

イ、素引ヲ引ク場合ハ数人ヲ一組トシ、検定ノ結果動作不充分ノモノハ不合格トス
ロ、的前ニ於ケル行射ハ一手（二本）トス
ハ、受験者ハ自己ノ弓具ヲ使用スルコトヲ得
ニ、弓道修練ノ目的心構ニ付簡易ナル検定ヲ行フモノトス

○中等學校體練教授要目　昭和一九年三月一日

中等學校（男子）

體練科教授要旨

・體練科武道ハ武道ヲ修練セシメ心身ヲ鍛錬シ武道精神ヲ涵養スルモノトス
・體練科武道ハ第一學年及第二學年ニ在リテハ剣道及柔道ヲ併セ課スベシ。但シ事情ニ依リ其一ヲ欠クコトヲ得。第三學年及第四學年ニ在リテハ剣道又ハ柔道ノ一ト銃剣道トヲ併セ課スベシ

中等學校（女子）

體練科教授要旨

・體練科武道ハ武道ヲ修練セシメ心身ヲ鍛錬シ武道精神ヲ涵養スルモノトス
・體練科武道ハ薙刀ヲ課スベシ。但シ弓道ヲ課スルコトを得

〔昭和二〇年～現在〕

○體練科武道の措置に就いて（案）　昭和二〇年九月二〇日

※體練科武道の取り扱いについて、昭和二十年九月二十日の文部省幹部会議で次の案を決定し、即C・I・E（Civil Information and Education Section）のファー少佐及びフォール大尉に提出した文書

一、省略
二、男子中学校以上に於ける体錬科の武道は教練・体操・武道にして武道の内容たる剣道・柔道・銃剣道を全員に必修せしめつつありたるも、銃剣道は之を廃止し剣道・柔道何れかの一を選択せしめること
三、女子中等学校以上に於ける体錬科の科目は体操・教練・武道なるも武道の内容たる薙刀は「課することを得」と改むること

備考

一、武道と云う総括的名称は之を廃し剣道・柔道と称すること

○体錬科武道の措置に就て（案）再提出　昭和二〇年一〇月二三日

一、武道という名称は之を廃止するものとす
二、国民学校初等科に於けける柔道・剣道及薙刀は之をまったく廃止することとす
三、国民学校高等科に於ては柔道或は剣道を自発的に実施したき者の為に、体操時間中の一部を之に充当するものとす
四、中等学校並に之に相当する学校に於ては、男子の柔道並に剣道、女子の薙刀並に弓道は之を自発的にしたき者の為にのみ行うものとす。その目的の為には体操時間中の一部を之に充当するものとす

以下　略

○終戦に伴う体錬科教授要目（綱）の取扱に関する件　昭和二〇年一一月六日

発体八〇号

昭和二十年十一月六日

文部次官

前文（省略）

記

（一）省略

（二）体錬科武道（剣道、柔道、薙刀、弓道）の授業は中止すること
尚正課外に於ても校友会の武道に関する部班等を編成せざること
右武道の中止に依り生じたる余剰時数は之を体操に充当すること

○学校体錬科関係事項の処理徹底に関する件　昭和二〇年一二月二六日

発体一〇〇号

昭和二十年十二月二十六日

文部省体育局長　芝沼　直

記

（一）、（二）省略

（三）学校又は附属施設に於て武道を実施せしめざること
昭和二十年十一月六日発体八〇号文部次官通牒により武道の授業は之を中止し、且つ校友（学友）会運動部等学校の関与する施設に於ても之を実施せしめざることと致したるも、個人的趣味等に基く実施に関しては尚誤解を招く處ある

を以て、爾今学徒の発意如何に不拘、学校又は學校附属の施設に於ては一切之を実施せしめざること　以下略

○第一次米国教育使節団報国書草案（武道関係の要旨のみ）　昭和二一年三月

・戦争観念と結びつく運動の禁止と徒手体操の非軍国主義的方法での教授に加えて、フェンシング以上に薙刀や剣道は現在の学校プログラムには適切でないと考える。弓道は基本的には闘争と言うより儀式的である。さらにそれは中高齢者のための優れた生涯スポーツである。従ってこのスポーツは復活されるべきであることを勧告する。（中略）柔道はより肉薄戦型のものについては学校では禁じられるべきである。が、レスリング型の柔道は、真に日本のナショナルスポーツであり、この形態の柔道は学校で許可されるべきで、民主主義の理念と調和しない伝統的な慣習のもとにある柔道を修正するために、柔道と教育の双方の指導者の会議を開催することを勧告する。

○総司令部（C・I・E）体育担当官ノーヴィル少佐から文部省宛の文書　昭和二一年六月一五日

一、今後「武道」という言葉の使用は、左の如く限定さるべきものとす

A、「武道」とは外国語では軍事的な技術（Military arts）を意味する故に、公私の団体によって今なお実施されつつあるスポーツ（註—柔道・剣道などの意）に関しては、如何なるものに対しても、この言葉を使用することは廃止されるべきものとする。このスポーツの一群を表示するために、一層適当にして穏やかな言葉を使用される時が来るまでは、各々のスポーツはこの総括的な呼称の代りに、それ自身の名称で呼ばれるべきである。

B、柔道と弓道とは人格の涵養、身体の鍛錬という本来の性格に復帰さるべきである。これらは個人の趣味・嗜好に俟ち、一層明朗健全なるスポーツとしての面目を発揮するよう充分なる努力をなすこと

C、D　省略

○「武道」という用語の語義について　昭和二一年八月二五日

文部省の社会武道に対する措置決定（体育局長通牒）

発体九五号　昭和二十一年八月二十五日」

文部省体育局長

地方長官

大学高専学校長　宛

社会体育の実施に関する件

前略

九、剣道、柔道、弓道の取扱について

（一）銃剣道、射撃が戦時中特に軍事的要求により発達したので昭和二十年十月二十五日附健乙第四七号厚生省健民局長通牒により禁止したが、今後之が徹底を図り遺憾なきを期すること。

（二）剣道、柔道、弓道等の総括した名称として従来武道なる言葉を使用していたが、文字自体に軍事的乃至武的意味を持っているので、今後は現に実施されている柔道、剣道、弓道等に対しては武道なる言葉を使用することなく単に柔道、剣道、弓道等とそれ自体の名称を使用するようになすこと

（三）剣道は戦時中刀剣を兵器として如何に効果的に使用すべきかを訓練するに利用された事実があるので、軍国的色調を一切急速に払拭せんとする今日、公私の組織ある団体に於て従来の形態内容による剣道を積極的に指導奨励をなさざるを可とすること。而して剣道が将来他の純粋スポーツと同様の方向に進められるよう、充分なる研究努力をなすこと

後略

○日本教育制度改革に関する指令　極東委員会（The committe for East）　昭和二二年三月

前文及び一～九　省略

一〇、すべての教育機関において軍事科目の教授はすべて禁止さるべきである。生徒が軍国調の制服を着用することも禁止さるべきである。剣道のような精神教育を助長する昔からの運動もすべて廃止せねばならぬ。体育はもはや精神教育に結びつけられてはならない。純粋な集団体操、訓練以外のゲームや娯楽的運動にもっと力を入れるべきである。もし軍務に服

したることのあるものを、体操教師として、又体育スポーツに関係して採用する時は、慎重に適格審査を行わなければならない。

十一、以下　略

○学校における弓道の実施について（通知）　昭和二六年七月二五日

昭和二十六年七月二十五日

文初中第五七七号

終戦直後文部省は、弓道を学校体育の教材から除外し、その実施を中止してきましたが、その後各種の資料に基き研究した結果、弓道は民主的なスポーツとして新しい内容を備えてきましたので、中学校以上の体育の教材として取りあげ、実施可能な学校においてはこれを行ってもよいと考えるにいたりました。いうまでもなく、新しい教材としての弓道は、学校体育の目標達成に貢献するために、他のスポーツ教材と同ような取扱のもとに指導されるべきもので、その実施方法も過去のものとは異ったものでなければなりません。

貴学（校、都道府県教育委員会）においてもこの趣旨を了解され、指導者や施設、用具についてはさきの学校柔道実施の場合と同よう考慮を払い、その教育的運営に遺憾のないよう御配慮をお願いいたします。

なお、学校弓道の指導や競技方法等については、近く文部省から発行される学校弓道指導の手びきにおいて具体的に示すことになっており、これについての講習会も計画しております。各都道府県においても、その趣旨徹底のために普及及講習会などを計画されることが望ましいと考えておりますので念のため申し添えます。

なお、都道府県教育委員会におかれては、各都道府県庁所在の教育委員会（五大都市を除く）に対し、この趣旨伝達方よろしくお願いいたします。

○格技という名称について

格技はCombative Sportsの訳語である。あえて挌技とせず格技とした。その理由は薙刀はともかく対人格闘技のみの総合格技をもって、弓道その他の個人的な武技を含む武道と同義語のものと解釈することに無理があり、将来弓道をも含み得る余地を残したかったからである。もっとも「挌」と「格」にきわ立った意味の相違があるわけではないが、「挌技」は「つかみあう」、「くみうちする」技術であって弓道は含まれないし、厳密には剣道やなぎなたも含まれない。これに対して「格技」は「手で打ちあって戦う」の意もあり、武器を手の延長とみれば、剣道・なぎなたも含まれ、また「格」の字には「あたる」・「まと」、「ひきしめる」等の意味があり、弓道の入る余地もある。……今村嘉雄（昭和三三年当時学習指導要領改訂委員）「武道から格技へ」『学校体育』昭和五六年二月号より

○弓道、高等学校正科教材として採択　昭和四二年三月二九日

文体一二〇号

昭和四二年三月九日

文部省体育局長　赤石清悦

高等学校における弓道、レスリング、なぎなた等の実施について（通達）

高等学校における弓道、レスリング、なぎなた等については、従来、指導者や施設等が整っている場合は、クラブ活動として実施することが望ましいこととしてきましたが、その後これらの種目の指導者として適当な者が遂次ふえつつある実情等にかんがみ、下記のように取り扱うこととしたので通知します。

記

高等学校学習指導要項第二章第五節第二款第一の三の（三）に基づき、指導者として適当な者がいる場合には、体育の時間に弓道、レスリング、なぎなた等を指導することができること。

この場合施設設備を整備するとともに、適切な指導によって体育の目標を達成するようにじゅうぶん留意すること

以上

○臨時教育審議会第二次答申　第一部五節　昭和六一年四月

二十一世紀のための教育体系の再編成

生涯学習体系への移行による教育体系の再編成に際しては、世界各国の優れた経験に謙虚に学びつつも、明治期における欧米からの近代学校制度の導入に先立ち、わが国の社会や文化に定着していた多様で自発的な日本的特色を持った生涯学習の経験、伝統……それは茶道、華道、書道、武道から和歌、俳句、園芸に至る多様な生活文化の伝統の中に見られる……を再発見、再評価して、これを独創的に発展させていくという視点が必要であろう。

○教育課程の基準の改善に関する基本方向について　—中間まとめ—　昭和六一年一〇月

・格技については、わが国の固有の文化である武道としての特性を重視して、より充実させる方向で検討する

・「格技」については、名称を「武道」と改め、その特性と基本的な内容を一層明確にして、効果的、継続的な指導ができるよう検討する

○幼稚園、小学校、中学校および高等学校の教育課程の基準の改善について　昭和六二年一二月

（答申）

Ⅰ—四　教育課程の基準の改善の方針

国際理解を深め、わが国の文化と伝統を尊重する態度の育成を重視すること

・体育の運動領域（中学校）

（ア）体操・器械運動・陸上競技・水泳・球技・武道・ダンス七の領域とする

（ウ）武道の領域については、柔道・剣道及び相撲の中から選択して指導できるようにする。また、学校や地域の実態に応じてその他の武道についても弾力的に取り扱うことができるようにする

・体育の運動領域（高等学校）

（エ）武道及びダンスの領域については男女とも履習することができるようにする

（ア）体操・器械運動・陸上競技・水泳・球技・武道・ダンスの七領域とする

（ウ）武道の領域については、柔道・剣道のいずれかを履習できるようにする。また、学校や地域の実態に応じて、その他の武道についても弾力的に取り扱うことができるようにする

（エ）武道及びダンスの領域については男女とも履習することができるようにする

○改訂学習指導要領　（中学校は平成五年より　高等学校は平成六年より実施）

中学校　平成元年　三月

・改善のねらい

④国際理解を深め、わが国の文化と伝統を尊重する態度を育成すること

・特記事項

②「格技」の領域については、名称を「武道」と改め、わが国固有の文化としての特性を生かした指導ができるようにすること

・改訂事項

④「武道」の領域については柔道・剣道及び相撲の中から選択して指導できるようにする。また、地域や学校の実態に応じて、「その他」の武道についても弾力的に取り扱えるようにする。

・内容の改定　体育分野

運動の領域

ア、各運動をA、体操、B、器械運動　C、陸上競技　D、水泳　E、球技　F、武道　G、ダンスの七領域に改めた。

キ、武道については柔道・剣道・相撲の三種目で構成し、これらのうちから選択して履習できるようにした。また、なぎなた等その他の武道についても、地域や学校の実態により履習させることができるようにした。

《体育分野の内容》

F武道　武道は武技、武術などから発生した我が国固有の文化として伝統的な行動の仕方が重視される運動で、相手の動

きに対応した攻防ができるようにすることをねらいとし、自己の工夫や努力によって、能力に応じた課題の達成に取り組んだり、競い合ったりする運動である。また、礼儀作法を尊重して練習ができることを重視する運動である。したがって、武道では、相手の動きや「技」に対して、攻防する技を習得した喜びや競い合う楽しさを味わうことができるようにするとともに、武道に対する伝統的な考え方を理解し、それに基づく行動の仕方を身につけることが大切である。。

(以下関係部分抜粋)

F武道 (一) 次の運動能力を身に付け、相手の動きに対応した攻防の仕方を工夫して練習や試合ができるようにする。

(二) 伝統的な行動の仕方に留意して、互いに相手を尊重し、計画的に練習や試合ができるようにするとともに、勝敗に対して公正な態度がとれるようにする。

・内容の取扱い

カ Fの (一) の運動についてはこれらのうちから一を選択して履習できるようにすること。なお、地域や学校の実態に応じてなぎなたなどその他の武道についても履習させることができること。

高等学校 (関係部分抜粋)

F武道 (一) 次の運動の技能を高め、相手の動きに対応した攻防の仕方を工夫して練習や試合ができるようにする。

(ア) 柔道 (イ) 剣道

(二) 伝統的な行動の仕方に留意して、相手を尊重し、練習や試合ができるようにする。

・内容の取扱い

カ Fの (一) の運動についてはこれらのうちから一を選択して履習できるようにすること。なお、地域や学校の実態に応じて、相撲、なぎなた、弓道などその他についても履習できること

○幼稚園、小学校、中学校、及び高等学校の教育課程の基準の改善について (答申)

省略

○学習指導要領の改定　平成二〇年三月告示（平成二四年度より実施）

省略

（その四）競技規定関係

○大日本武徳会審判規定　昭和八年

（一）中リ外レノ審判法

一、的ニ矢中リ垜へ矢通リ的面ニ見エザル場合中リ

二、矢侯串ニ立チタル場合、合セ目ニ立チタル場合、侯串ニ立チタル場合外レ、合セ目ハ中リ

三、初メ中リタル矢ノ筈ニ立チタル場合中リ

四、同　飛ビ返リテ的ニ中ラザル場合中リ

五、外レタル矢ニ中リタルタメ的ニ入リタル場合中リ

六、的輪ニ矢中リ、根中ニ入タル場合中リ

七、的ニ矢中リ、輪を射通シテ根外ニ出タル場合中リ

八、的ニ矢中リタルモ筈地ニツキタル場合外レ

九、的ニ矢中リ飛ビ返リタル場合外レ

一〇、ハキ中リノ場合外レ

一一、的ニ中リ的転ビタル場合、矢的ニ着居レバ中リ、離レタルハ外レ

（二）射直シニ関スル規定

一、空放シノ場合射直シヲ許サズ

二、引込ミ中放シタル場合射直シヲ許サズ

三、引込前ニ不慮ニ飛ビ出シタ場合（筈コボレハ許サズ）掛ト弦ト離レザル場合ニ限リ、弓丈以内ニ飛ビ出シタルハ射直シヲ許ス

四、弓ノ内ニ矢ノ根ヲ引込ミ矢折レタル場合射直シヲ許サズ
五、発ツト同時ニ弓折レ矢飛バザル場合射直シヲ許サズ
（三）大的ニ関スル規定
一、大的ニ矢中リタルモ矢取ラザル前ニ抜ケ落チタル場合中リ
二、大的ノ吊縄ナキ部分ハタルミアリ、此ノ部分ニ中リ矢貫通セザル場合中リ

○明治神宮競射審判規定　昭和八年

一、審判ニ關スル規定
1、審判ハ武徳會範士教士及ビ之ニ準ズルモノニシテ準備委員會ノ決議ヲ経テ推薦スルモノトス
2、審判ハ絶対トス
3、審判ハ審判員一名立會審判員一名立會ノ上行ナフモノトス
4、審判上疑義ヲ生ジタル時ハ審判員ハ立會審判員ト會議ノ上審判ヲ下スモノトス
5、審判員中座ヲ要スル時ハ立會審判員之代リ中座長時間ニ亘ル見込ノ時ハ、別ニ審判員ヲ定ム
二、失格ニ關スル規定
1、審判ニ服セザルモノ
2、射手乃面目ヲ毀損スル如キ行為アルモノ
3、競技及ビ其進行會場ノ整理等ニ妨害支障来サシムルモノ
三、中リ外レニ關スル規定
1、左ノ諸項ニ該当スル矢ハ中リトス
イ、的ヲ通ジテ矢垜ニ深入リシ的面ニ見エザル場合
ロ、的輪ノ合セ目ニ矢立チタル場合
ハ、中リ矢ノ筈ヲ射タル場合

ニ、的輪ノ外ヨリ輪ヲ貫ヌキテ射込ミタル場合
ホ、的輪ノ内側ヨリ外ニ射通シタル場合
ヘ、的転ビタル時中リ矢的ニ着居ル場合
2、左ノ諸項ニ該当スル矢ハ外レトス
イ、侯串ニ中リタル場合
ロ、中リ矢ニテモ筈地ニ付キタル場合
ハ、的輪ニ中リ矢飛ビ返リタル場合
ニ、ハキ中リノ場合
ホ、的転ビタル時中リ矢的ヨリ離レタル場合

四、射直シ許否ニ關スル規定
1、打起前ニ於テ射ニ支障ノ起リタル時射直シヲ許ス
2、打起後弓具ノ故障ニヨリ射不能ニナリタルトキノ矢ハ射直シヲ許サズ
但シ他ノ妨害アリタルト認メタル時ハ此限リニアラズ

五、射法決勝ニ關スル規定
1、的ハ尺二トシ一本勝負トス
2、最後ノ二人トナリテ二回共ニ中リ勝敗決セザル時ハ第三回目ヨリ六寸的ヲ使用ス

六、服装ニ關スル規定
1、選手ハ総テ和服着用ノコト
2、奉射射手ハ紋服ニテ袴着用ノコト

七、聲援ニ關スル規定
1、拍手以外ノ聲援ヲ禁ス
2、引取ヨリ發射マデハ拍手ト雖モ妨害ト見做ス

3、競技中ノ選手ニ対シテ注意ヲナスコトヲ得ズ
八、弓具ニ關スル規定
1、弓ニ覘球ノ如キ特別ノ装置ヲ付スベカラズ
2、喋ハ堅帽子タルベシ

○満州帝國武道会　弓道仕合審判規定

第一条　仕合ハ射心、射形、體配及ビ的中ニ依リ審判ス
第二条　射心、射形、體配及ビ的中ノ點数ハ仕合開始前審判員之ヲ定ム
第三条　左ノ各項ニ關シテハ仕合開始前審判員之ヲ指示ス
一、射數及ビ中リ外レニ關スル事項
二、射直シニ關スル事項
三、射形、體配ニ關スル事項
第四条　本規定ニ定メ無キ事項ニ關テハ審判員随時之ヲ判定ス

（その五）主な弓道競技大会の記録

○外務省記録　体育運動競技雑件　昭和一四年二月一三日
日米競射會關係資料
普通第五五号　昭和拾四年二月拾参日接受
昭和十四年一月十八日
在　紐育総領事　若杉　要（印）
外務大臣　有田八郎殿

日米競射會寫真帖転達方依頼ノ件

當地国際弓道競技會長「シー・エス・ヒックマン」氏ヨリ昨年十月當地ニ開催セラレタル第二回日米競射會ノ模様並ニ關係役員ノ寫真帖十三冊ヲ東京市弓身會幹事千葉胤次（下谷区長）ニ寄贈致度趣ヲ以テ、當地日本弓道會岡嶋理事ヲ通シ便宜供與方申出タルニ付別便ヲ以テ送付ス。御査収ノ上ハ右千葉氏ヨリ転達方可然御取計相煩度。尚、同會ハ日米ノ弓道同好者ヲ結付け両國親善ニ貢献シ居ルモノニシテ當館トシテ従来ヨリ好意的支持ヲ與へ居ルモノナリ。右為念申添（外務省外交史料館蔵）

○東西學生対抗試合　昭和一五年一月二一日　於・京都帝國大學弓道場

規定　各一手　一〇回戦　計二〇〇射

	西軍	東軍
一	一二	一五
二	一四	一四
三	一六	一七
四	一六	一七
五	一四	一七
六	一六	一三
七	一七	一八
八	一〇	一八
九	一五	一七
一〇	一二	一六
計	一四二	一六二

○橿原神宮奉納　全國武道大會弓道東西対抗試合　昭和一五年四月六～八日

弓道審判員　堀田義次郎　酒井彦太郎　小澤　濵　広瀬実光　石原七蔵
　小西武次郎　小笠原清明　鱸　重康　浦上　榮　千葉胤次
　祝部至善　宇野要三郎　本多利時

弓道演武委員　飯島政吉　三原平一郎　矢野清一　橋本元二郎　前田志路夫
　西岡松男　上田仁一　前田貞雄　地引　武

	東軍			西軍		
監督	教士	須藤利喜蔵		教士	中村武三郎	
選手	教士	徳武森佐	八中	錬士	平林賢治	一一中
	錬士	土屋吉太郎	九中	錬士	矢野耕之助	一〇中
	教士	鈴木邦衛	六中	教士	福田次郎	八中
	教士	沼崎　忠	一二中	教士	三好清一	四中
	教士	藤原庄左衛門	九中	教士	森永弥久太郎	一一中
	六段	松本　正	一二中	錬士	坂東康雄	九中
	五段	篠原初五郎	一〇中	錬士	福山　庵	一〇中
	三段	小山高茂	一二中	教士	藤野与三	八中
	錬士	戸塚清八	八中	教士	中野八継	七中
	錬士	菊地量一	六中	教士	杉原金久	八中
		合計	九二中			八六中

○紀元二千六百年奉祝　昭和天覧試合　弓道種目　昭和一五年六月

・中り外れについては、審査員の見る所とする。

・選士は、甲矢乙矢二本の矢を以て射位にすゝみ、行射する。
・各審査員は各選士の發射する一本の矢につき百點を満點とし、射心、射形、中りの三目を睨み合はせて採點し、その採點を合算して順位を定める。
・人数の組み合はせは、一立を三人づゝとし、五十二人の選士を十八立とし、第一回より第四回に亙る演武を行はしめ、最後に残る三人の高得點者を天覧演武に出場せしむ。

審判員　鱸　重康　千葉胤次　三輪善輔　酒井彦太郎
　堀田義次郎　浦上　榮　小澤　瀇　小西武次郎
　広瀬實光　大島　翼　渡邉昇吾　大内義一　以上一二名

○日満交驩弓道大会　昭和一七年八月　於・新京神武殿

武道官　村上　久
範士　審判員　宇野要三郎
範士　審判員　浦上　榮
範士　審判員　千葉胤次
　審判員　本多利時

日本軍

監　督　教士　川口辰之助
助監督　教士　浜田善朗
選手　明治大　川田　嚴　五中
　名高商　村松和人　四中
　東醫専　菊地慶孝　四中
　同志社　高松　修　五中

満州軍

範士　福島徳寧
教士　藤野愛泉
三段　乾　次郎　六中
三段　大竹尹治　六中
三段　中川末太郎　四中
四段　樽井勇蔵　四中

早大		松井恭之	六中	四段	尾崎一雄	四中
	錬士	森戸康之	五中	四段	山ノ内清	四中
	錬士	水野　清	四中	四段	松尾俊次	四中
	錬士	布施荘介	五中	四段	大石新作	四中
	錬士	北村一誠	三中	四段	渡邊鐵雄	三中
	教士	沼崎　忠	六中	四段	津島勝一	三中
	教士	松永　孝	五中	錬士	杉浦正一	一中
	錬士	辰巳清八	四中	錬士	佐野三郎	三中
	五段	寺師高雄	五中	錬士	稲葉元次郎	五中
	錬士	光城國喜	四中	錬士	黒田喜久三	四中
	教士	加藤禎三	三中	錬士	青木　昶	三中
	教士	土屋吉太郎	二中	錬士	永井辰之助	五中
	錬士	角田正雄	二中	錬士	伊藤利吉	四中
	錬士	清水定市	四中	錬士	南　忠	四中
	錬士	菊地量一	四中	錬士	木村源蔵	六中
	教士	鈴木弘之	四中	錬士	福島勇一	四中
	教士	中野慶吉	三中	教士	藤好初太郎	五中
	三段	小山高茂	三中	教士	三浦義臣	二中
	四段	熊澤豊次郎	二中	教士	金子清則	五中
	錬士	三原平一郎	三中	教士	魚住儀一	三中
主将	教士	松井政吉	五中	教士	加川満喜	二中
	合計		一〇〇中			九八中

※各自六射

主な引用・参考文献

〈あ～お〉

朝日新聞社「弓道界の現況」(『大阪朝日』明治四一年六月)(渡辺一郎編『史料明治武道史』、新人物往来社)
A・グートマン『スポーツと現代アメリカ』清水哲雄(訳)、ティビーエス・ブリタニカ、昭和五六年
安藤直方『講武所』(東京市史外篇)、聚海書林、昭和六三年二月
井沢蟠龍子『武士訓』正徳五年(刊)(『武士道全書』四、国書刊行会)
石岡久夫『近世日本弓術の発展』玉川大学出版部、平成五年三月
石岡久夫「通し矢を中心とした諸藩の弓道史」(雑誌『武道』)、昭和五四年二月～五七年六月
石岡久夫・入江康平(編)(『日本武道大系』第四巻『弓術』)、同朋舎、昭和五七年六月
伊勢貞丈『安斎随筆』(新訂増補故実叢書)、吉川弘文館、昭和二八年一〇月
伊勢貞丈『四季草』安永七年
一条兼良『尺素往来』(『群書類従』消息部一四一)、群書類従完成会
井上一男『学校体育制度史』大修館、昭和三四年一〇月
井原西鶴『好色二代男』(新日本古典文学大系七六)、富士・井上・佐竹(校注)、岩波書店、平成三年一〇月
今村嘉雄「格技から武道へ」(雑誌『学校体育』)、昭和五六年二月
今村嘉雄『十九世紀に於ける日本体育の研究』不昧堂出版、昭和四二年三月
今村嘉雄『日本体育史』不昧堂出版、昭和四五年九月
今村嘉雄・入江康平(編)『日本の武道―弓道・なぎなた』講談社、昭和五八年一〇月
入江康平『近代弓道小史』(『近代弓道書選集』別冊)、本の友社、平成一四年四月
入江康平「大日本武徳会「弓道形」の研究」(『日本武道学研究』)、島津書房、昭和六三年三月
入江康平『堂射　武道における歴史と思想』第一書房、平成二三年九月

岩佐又兵衛筆『洛中洛外図』（舟木本）、東京国立博物館蔵
鵜殿長快『四芸説』寛政一二年（渡辺一郎『武道の名著』）
浦上　榮「學校弓道射形統一に関する意見書」、昭和一〇年
浦上　榮『行射六十年』浦上同門会、昭和三〇年三月
江戸幕府『講武所御取立御趣意』安政二年
E・S・モース『日本その日その日』平凡社、昭和四五年一〇月
榎本鐘司「通し矢と試合剣術」（『スポーツの冒険』）、黎明書房、平成二一年三月
大田南畝『半日閑話』寛政八年（『日本随筆大成』巻四）、吉川弘文館、昭和二年
大伴英邦『尾張藩弓術竹林教典』自刊、昭和五〇年一二月
大平射仏「弓道を中等學校正科目に編入するの件」（雑誌『射覚』昭和一〇年四月）、大日本射覚院
小笠原清信『小笠原流』学生社、昭和四二年
尾形月耕画『新撰百工図会』（『風俗画報』）明治二九年
小川　渉『志ぐれ草紙』昭和一〇年
荻生徂徠『鈐録』（『荻生徂徠全集』）、河出書房新社、昭和四八年七月
荻生徂徠『鈐録外書』（国文学研究資料館蔵本）
小出切一雲『夕雲流剣術書』（『剣法夕雲先生相伝』）貞享三年、筑波大学体芸図書館蔵

〈か〜こ〉

開国百年記念文化事業会（編）『明治文化史』一〇、洋々社、昭和三〇年八月
貝原益軒『養生訓』正徳三年
外務省「日米親善射会写真帳ニ関スル件」（外務省記録・體育並運動競技雑件）、昭和一四年、外務省資料館蔵
神坂次郎『元禄御畳奉行の日記』（中公新書七四〇）、中央公論社、昭和五九年九月

嘉納治五郎「柔道併ニ其教育上ノ価値」(『嘉納治五郎』講道館)、明治二二年五月
嘉納先生伝記編纂会『嘉納治五郎』講道館、昭和三九年一〇月
寒川辰清『武射必用』享保一七年(刊)
北野重政『絵本吾妻の花』江戸時代中期頃(刊)
木下秀明『スポーツの近代日本史』杏林書院、昭和四五年九月
木村久甫『本識三問答』天保元年一二月(写)
木村礎・藤野保・村上直(編)『藩史大事典』雄山閣、昭和六三年一〇月
曲亭馬琴作・歌川豊広画『雲妙間雨夜月』江戸時代(刊)
近代武道研究会(編)『武道のあゆみ九〇年』商工財務研究会、昭和三六年九月
栗原信充『木弓故実撮要』安政元年(刊)
黒板勝美(編)『徳川実紀』(国史大系)、吉川弘文館
源三郎『人倫訓蒙図彙』元禄三年(刊)
国士舘大学体育学部『国士舘大学体育学部三十年史』同編集委員会、昭和六二年一一月
近藤義休(撰)『新撰江戸名所図誌』(写)、江戸時代後期?
近藤寿俊『安多武久路』(写)、国立国会図書館

〈さ〜せ〉

斎藤月岑(編)『武江年表』(東洋文庫一一六)、嘉永六年
作者不詳『江戸図屏風』江戸時代初期
作者不詳『岡内先生略歴』(写)
作者不詳『射術略伝系譜』東北大学図書館(狩野文庫)蔵
作者不詳『師弟雑話』江戸時代(写)

作者不詳『山崎規矩輔大矢数之図』天明六年、筑波大学体芸図書館蔵
作者不詳『浪人力丸大吉郎小射録』寛政五年（刊）
櫻井保之助『阿波研造　大いなる射の道の教え』阿波研造先生生誕百年祭実行委員会、昭五六年三月
佐藤治美『回顧　旧制高校弓道部　続』自刊、平成元年八月
佐藤　環「福山藩学誠之館における弓術考試の実態」（常盤大学人間科学部紀要『人間科学』二一―二）、平成一六年三月
佐藤宏拓穣「昭和前半期における武道教員養成史」日本武道学会レジュメ、平成一六年八月
三高弓道部史刊行委員会『三高弓道部史』自刊、平成元年一月
鈴木康史「明治期日本における武士道の創出」（『筑波大学体育科学系紀要』二四）、平成一三年三月
須山政遠『射談』寛政三年（写）、筑波大学体芸図書館蔵
全日本学生弓道連盟『学生弓道』同連盟、昭和五年五月
全日本弓道連盟　雑誌『弓道』
全日本剣道連盟『剣道の歴史』平成一五年一月

〈た～と〉

第一高等學校弓道部『部誌　創立三十五周年記念』昭和二年一一月
大日本弓道会　雑誌『弓道』
大日本弓道館　雑誌『唯神大日本弓道』同会
大日本武徳会　雑誌『武徳誌』第四編六号
大日本武徳会本部『大日本武徳会本部写真帖』昭和七年
大日本雄弁会講談社『紀元二千六百年奉祝昭和天覧試合』昭和一五年一二月
高野長英『蘭説養生録』（『高野長英全集』）、同刊行会、昭和一五年
高橋信太郎『弓術捷径』周文館・明文館、大正三年三月

竹之下九蔵『体育五十年』時事通信社、昭和三一年三月
千葉県「大弓楊弓場税制布告」明治七年七月
東京大学弓術部赤門弓友会『鳴弦百年』同会（編）、平成三年一二月
東京都学生弓道連盟『学生弓友』昭和五五年六月
東洋堂『風俗画報』明治二二年二月
徳丸福蔵『第一高等學校部誌』第一高等學校弓道部、昭和二年一一月
徳山勝彌太『日置流弓目録六十ヶ條釈義』昭和二四年八月
豊田市郷土資料館『一弓入魂』（平成二五年度豊田市郷土資料館特別展）、平成二六年一月

〈な～に〉

中江兆民「武術と武道」（雑誌『武士道』二号）、明治三一年
長岡藩『越後長岡年中行事懐旧歳記』（写）、江戸時代末期？
中里介山『日本武術神妙記』大菩薩峠刊行会、昭和八年
中村民雄『史料近代剣道史』島津書房、昭和六〇年四月
中林信二『現代剣道講座』第一巻、百泉書房、昭和四六年一〇月
西川祐信『絵本士農工商』江戸時代中期頃（刊）
西川祐信『絵本大和童』江戸時代中期頃（刊）
西山松之助『蘇る江戸文化』日本放送協会、平成四年一二月
日本弓道研究会　雑誌『弓　Archery』六―一〇、同会
日本弓道連盟『日本弓道』同連盟機関誌
日本史籍協会（編）『会津藩教育考』東京大学出版会、昭和五三年五月
日本新聞社「弓術談（雑報）」（新聞『日本』）、明治三四年三月二一日～四月二四日、東京大学明治新聞雑誌文庫蔵

日本武道社　雑誌『日本武道』

〈は〜ほ〉

橋本周延『千代田之御表』明治三〇年
羽鳥・池田・他（編）『新撰武術流祖録』天保一四年（刊）
速水春暁斎『諸国図絵年中行事大成』文化三年（刊）
菱川師宣『千代の友鶴』天和二年
平瀬光雄『射法新書』寛政九年
廣瀬親英『弓道大系図』貞享二年、岩瀬文庫蔵
廣瀬弥一「廣瀬弥一書状」高知県葉山村教育委員会
武弓社　雑誌『武弓』昭和一〇年四月号
福井河内掾『年代矢数帳』慶安四年、東北大学図書館（狩野文庫）
藤野よし業『射法指南』寛文六年（刊）
編者不祥『古今弓道吉田家由来』（写）、江戸時代中期？
本多利實「回顧」（雑誌『射道』四三・四四）大正四年三月・四月号
本多利實（講述）『弓學講義』長谷部言人（筆）、明治三三年
本多利實講述『弓術講義録』大日本弓術会、明治四二年
本多利實「弓術の改良に就いて」（雑誌『射道』五一・五二）、大正五年一一月・一二月
本多利實「弓道保存教授及演説趣意」明治二二年八月、『本多流弓術書』
本多流弓術書編集委員会『本多流弓術書』平成一五年八月

〈ま〜も〉

前田利保『履行約言』天保六年
松尾牧則『弓道　その歴史と技法』日本武道館　平成二五年
松平君平『士林泝洄』（『名古屋叢書』続編一七）、名古屋市教育委員会、昭和四一年一一月
満州帝国武徳会『満州帝国武徳会要綱』同会（編）、大同元（一九三二）年
宮部義直『江戸三十三間堂矢数帳』正覚寺蔵（写）、寛政一二年（刊）
宮本武蔵『五輪書』正保二年、渡辺一郎（校注）、岩波書店、平成三年一月
村林正美「藤堂藩の弓術」（『鳥羽商船高等専門学校紀要』）、昭和五八年九月
森川香山『弓道自讃書』江戸時代初期（『日本武道大系』〈石岡・入江〉第四巻）
森　銑三『明治東京逸聞史』（『森銑三著作集』一〇）中央公論社、平成六年四月
文部省「全国中等學校ニ於ケル弓道薙刀ニ関スル調査」文部省大臣官房體育科、昭和一二年六月
文部省『学校弓道指導の手びき』昭和二七年二月
文部省『競技種目別運動部設置状況調査』昭和三四年四月
文部省・文部科学省『中学校指導要領』平成元年三月・平成二〇年七月
文部省・文部科学省『高等学校学習指導要領解説』平成元年一二月・平成二一年七月

〈や〜よ〉

八隅景山『養生一言草』天保三年（刊）
山下重民「観流鏑馬記」（『風俗画報』一二号）、明治二三年一月
山城町教育委員会『山城の文化財』昭和六〇年三月
山田奨治『禅という名の日本丸』弘文堂、平成一七年四月

湯浅常山『常山紀談』明和七年（『武士道全書』九、国書刊行会、平成一〇年八月）
雄山閣『弓道講座』昭和一二年～一七年
雄山閣『現代弓道講座』昭和四五年
吉田英三郎『弓矢義解　全』牧瀬弓具店、大正一〇年八月
米内包方『盛岡藩古武道史』自刊、昭和三三年一〇月

〈ら〉

涼花堂斧麿『当世誰が身の上』江戸時代中期（刊）
R・P・エルマア『洋弓』菅重義（訳）、不昧堂出版、昭和四四年三月

〈わ〉

渡辺一郎『史料明治武道史』新人物往来社、昭和四六年七月
渡辺一郎『大日本武徳会の設立とその解散』（『近代武道史研究史料』）、昭和五六年三月
綿谷　雪『図説・古武道史』青蛙房、昭和四二年一〇月
綿谷　雪（編）『日本武芸小伝』人物往来社、昭和三六年一一月図版出典一覧

図版出典・資料所蔵者一覧

図1　八隅景山『養生一言草』天保二年
図2　筆者撮影／愛知県碧南市熊野神社蔵
図3　筆者撮影
図4　豊田市郷土資料館『一弓入魂』平成二十六年一月
図5　下名百手保存会　平成二十六年三月
図6　『読売新聞』昭和五十八年五月四日
図7　菱川師宣『千代の友鶴』稀書複製会叢書　米山堂
一九二七年
図8　斎藤月芩『江戸名所図会』第十八（長谷川雪旦挿図）
図9　甲良宗員『諸国三拾三間堂　堂前射手方稽古之堂形仕様寸法図』元禄十四年／東京都立中央図書館蔵
図10　筆者蔵
図11　礒田湖龍斎筆『風流大和二十四考　せんし』／東京国立博物館蔵　Image: TNM Image Archives
図12　『絵本大和童』
図13　『人倫訓蒙図彙』
図14　平瀬光雄　寛政八年
図15　『絵本吾妻の花』
図16　正倉院蔵／『日本の美術32　遊戯具』至文堂　昭和四十三年
図17　霊鑑寺蔵／『日本の美術32　遊戯具』至文堂　昭和四十三年
図18　宝鏡寺蔵／『日本の美術32　遊戯具』至文堂　昭和四十三年
図19　『江戸図屏風』／国立歴史民俗博物館
図20　『千代田之御表』／筆者蔵
図21　『当世誰が身の上』涼花堂斧磨　江戸時代中期
図22　礒田湖龍斎『万才十二寿　弓初』十八世紀後期／東京国立博物館蔵　Image: TNM Image Archives
図23　『雲妙間雨夜月』／国文学資料館蔵
図24　『千代田之御表』／筆者蔵
図25　石岡久夫・入江康平編『日本武道大系』（第四巻「弓術」）同朋舎出版　一九八二年を追補
図26　筆者撮影
図27　『山崎規矩輔大矢数之図』天明六年／筑波大学体育・芸術図書館蔵
図28　速水春曉斎『諸国図会年中行事大成』
図29　『浪人力丸大吉郎小射録』寛政五年刊
図30　筆者撮影
図31　筆者撮影

図32　筆者撮影
図33　『三十三間堂通矢図屛風』（重文）／公益財団法人　阪急文化財団　逸翁美術館蔵
図34　平瀬光雄『新書後編射学精要』寛政十一年
図35　『新編江戸名所図誌』後編　巻之七／東京都公文書館蔵
図36　松田緑山『大仏三十三間堂後堂射前之図』／天理大学附属天理参考館蔵
図37　石崎長久（反求）『本堂千射分帳（記録簿）』嘉永七年／筑波大学体育・芸術図書館蔵
図39　『人倫訓蒙図彙』十七世紀後期頃
図40　『絵本士農工商』／国立国会図書館蔵
図41　『越後長岡年中行事懐旧歳記』江戸時代末期頃
図42　『日本教育史資料』附録「学校図」文部省　明治二十三～二十五年
図43　E・テロン画『幕末日本図絵』
図44　『日本最後の侍たち』／http://dailynewsagency.com/2013/12/16/samurai-japan-wg8/
図45　ライデン大学写真コレクション
図46　筆者蔵
図47　薩摩日置流腰矢組弓保存会
図48　石岡久夫・入江康平編『日本武道大系』（第四巻「弓術」）同朋舎出版　一九八二年を追補
図49　月岡芳年〈魁斎〉筆「撃剣興行」図／個人蔵
図50　松戸市戸定歴史館提供
図51　筆者蔵
図52　『風俗画報』東陽堂
図53　「大弓楊弓場税則布告」／筆者蔵
図54　『弓道』一一八号　全日本弓道連盟　昭和三十五年
図55　『弓道』一一八号　昭和三十五年
図56　麻生頼孝『弓』三省堂　昭和八年三月
図57　筆者蔵
図58　『射覚』大日本射覚院　昭和十年七月号
図59　小林治道『竹林射道七道』昭和六年
図60　大日本弓道会『弓術講義録』明治四十二年
図61　筆者蔵
図62　尾形月耕『風俗画報』第七三号　東陽堂　明治二十七年
図63　大日本弓道会『弓道講義』大正十二年
図64　川島堯『弓道回顧録』昭和二十七年
図65　松戸市戸定歴史館提供
図66　松戸市戸定歴史館提供
図67　『射覚』昭和十年七月号
図68　筆者蔵
図69　『弓道』四十三年四月号
図70　筆者蔵

図71　中西政次『弓と禅』春秋社　一九八四年
図72　『射覚』昭和十年五月号
図73　『射覚』昭和十三年五月号
図75　大日本弓道館『維新大日本弓道』昭和十六年二月号
図76　『射覚』昭和十年十二月号
図77　『埼玉県女子師範學校写真帖』明治四十四年
図78　『東京高等師範學校校友会誌』筑波大学中央図書館蔵
図79　佐藤治美編『回顧　旧制高校弓道部』一九九〇年
図80　日本學生弓道連盟『學生弓道』創刊号　昭和六年五月
図82　筆者蔵
図83　『大日本武徳会本部写真帖』昭和七年七月
図84　『大日本武徳会本部写真帖』昭和七年七月
図85　『唯神大日本弓道』昭和十六年十一月
図86　『アサヒスポーツ』昭和十年
図87　『射覚』昭和八年十二月号
図88　筆者蔵
図89　『射覚』昭和十二年九月号
図90　『朝日新聞』昭和十六年
図91　筆者蔵
図92　筆者蔵
図93　日本學生弓道連盟『學生弓道』創刊号　昭和六年五月
図94　筆者蔵
図95　大内義一『學校弓道』昭和十一年十二月
図96　『射覚』昭和十二年五月号
図97　『射覚』昭和十三年九月号
図98　『朝日新聞』昭和十八年五月
図99　日本武道社『日本武道』昭和十八年九月号
図100　『読売報知』昭和二十年七月
図101　筆者蔵
図102　筆者蔵
図103　筆者蔵
図104　『射覚』昭和十七年九月号
図105　『射覚』昭和十三年十一月号
図106　R・P・エルマー、菅重義訳『洋弓』昭和四十四年
図107　筆者蔵
図108　『讀賣』焼付版　昭和十九年六月
図109　『東京朝日』昭和十五年
図110　『日本弓道連盟創立三十周年記念特別号』昭和五十五年十月
図111　『弓道』昭和三十九年九月号
図112　日本武道館『月刊武道』二〇〇六年六月号
図113　筆者蔵
図114　『弓道』昭和三十九年九月号
図115　大内義一『學校弓道』昭和十一年十二月

著者紹介

入江康平（いりえ　こうへい）

1939年　徳島県生まれ

1964年　東京教育大学体育学専攻科修了

筑波大学教授（体育科学系）、同大学体育専門学群副学群長、同大学附属中学校校長、日本武道学会副会長、全日本弓道連盟主任講師研修会講師、国際弓道連盟理事、全日本剣道連盟総務・資料小委員会（東日本）委員長などを歴任

現　在　筑波大学名誉教授　博士（学術）

日本武道学会顧問、大倉精神文化研究所客員研究員・評議委員

弓道教士

〈主要編著書〉

『日本武道大系』全10巻（同朋舎）、『日本の武道』全16巻（講談社）、『弓道書総覧』（木立出版）、『武道傳書集成』全10巻（筑波大学武道文化研究会）、『弓道資料集』全15巻（いなほ書房）、『近世武道文献目録』（第一書房）、『武道日本史小百科』（東京堂書店）、『弓道指導の理論と実際』（不昧堂出版）、『近代弓道書選集』全9巻（本の友社）、『武道文化の探求』（不昧堂出版）、『堂射—武道における歴史と思想—』（第一書房）、その他

2018年5月25日　初版発行　《検印省略》

弓射《きゅうしゃ》の文化史《ぶんかし》【近世《きんせい》～現代編《げんだいへん》】

—射芸《しゃげい》の探求《たんきゅう》と教育《きょういく》の射《しゃ》—

著　者　入江康平

発行者　宮田哲男

発行所　株式会社 雄山閣

東京都千代田区富士見2-6-9

ＴＥＬ　03-3262-3231 / ＦＡＸ　03-3262-6938

ＵＲＬ　http://www.yuzankaku.co.jp

e-mail　info@yuzankaku.co.jp

振　替：00130-5-1685

印刷・製本　株式会社 ティーケー出版印刷

ISBN978-4-639-02549-8 C1021

N.D.C.210　293p　22cm